实例

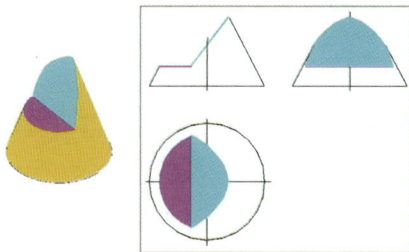

图 3

第 2 章　实例　曲面立体切割体

第 4 章　实例 1　灯笼摇雪花飘

实例 2　星星闪烁

实例 3　打乒乓

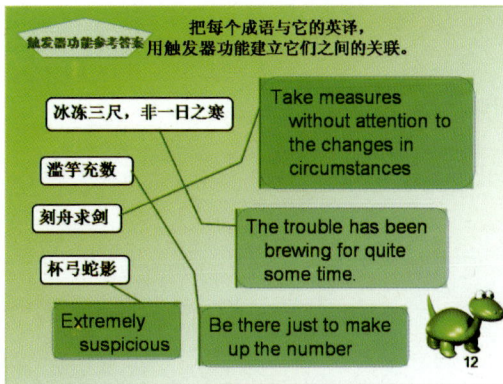

实例 4　成语-释义-英译

实例 5 《纳米科技讲座》测验题（触发式）

实例 6 小鸡诞生记

第 5 章 实例 1 下拉菜单

实例 3 振动和波小结

实例 4 小学英语练习互动应答

实例 5 视频播放屏幕文字提示

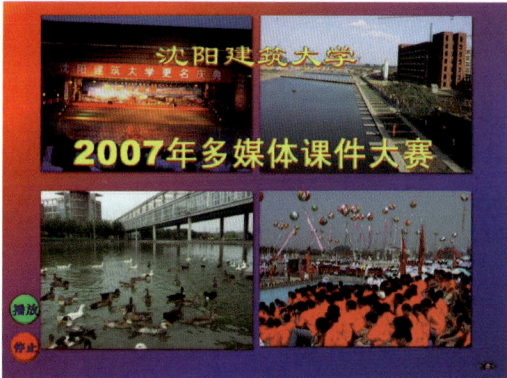

第 6 章　实例 1　活动电子屏幕——背景音乐的播放及关闭

实例 2　三种方式插入 Flash 动画

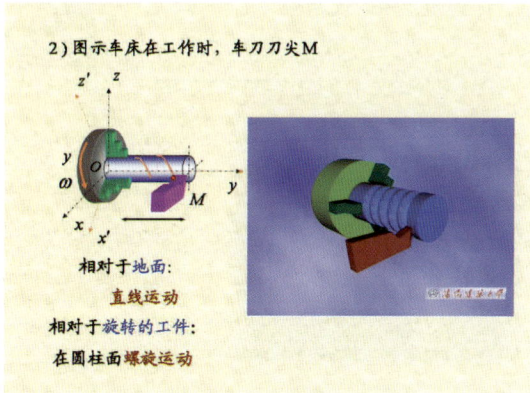

第 10 章　综合实例

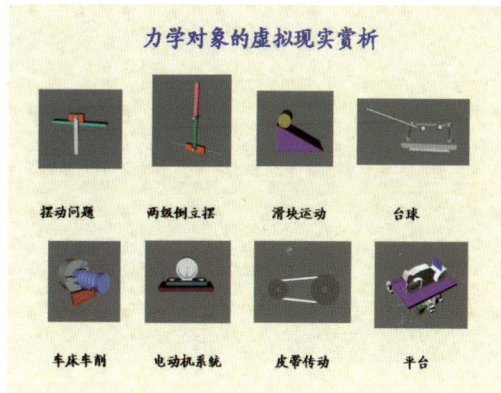

实例 1　理论力学

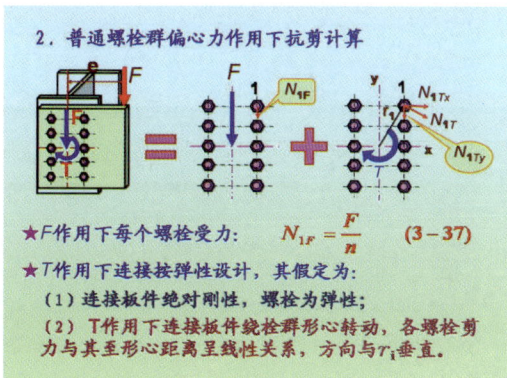

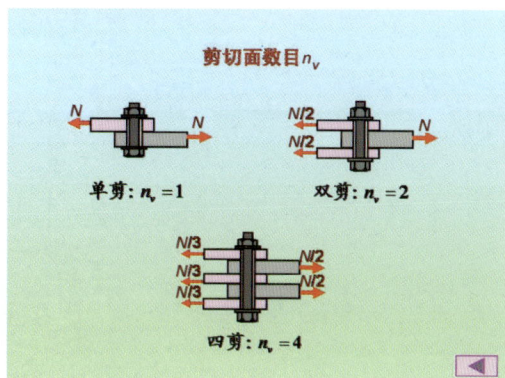

实例 2　钢结构设计原理

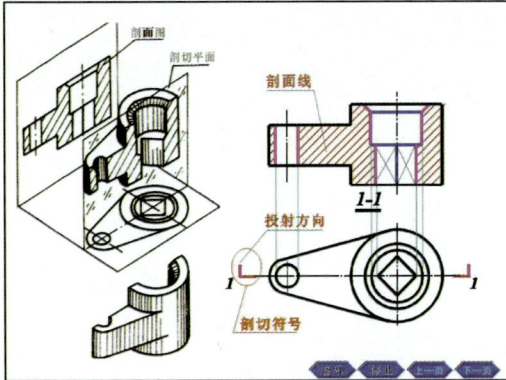

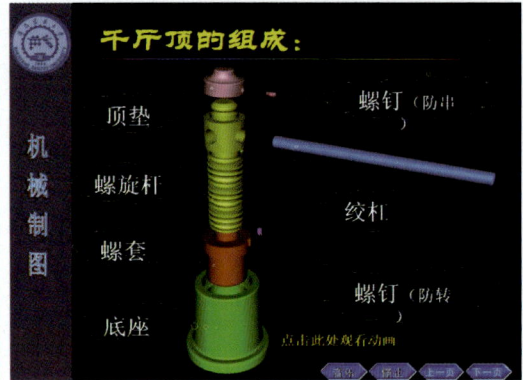

实例 3　工程图学 CAI

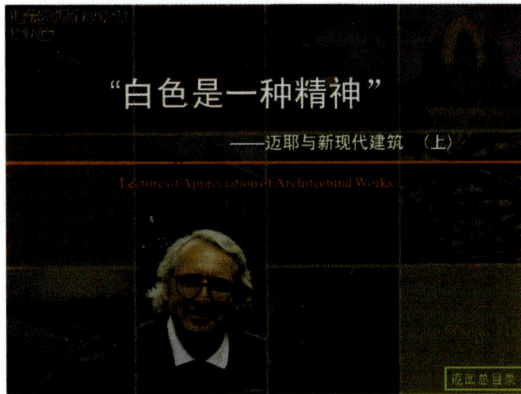

实例 4　建筑大师作品分析

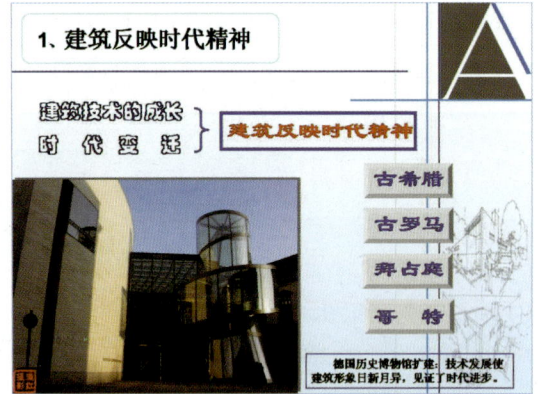

实例 5　建筑概论

实例 6　多媒体 CAI 集锦

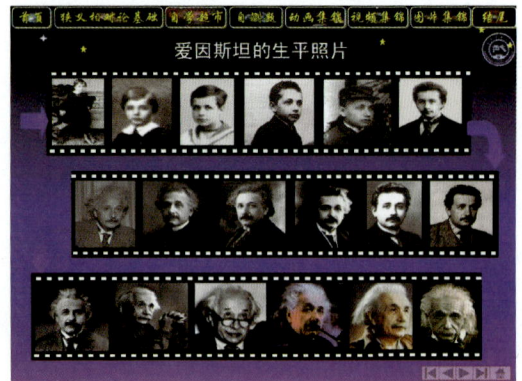

实例 7　狭义相对论基础

实例 7　狭义相对论基础

实例 8　静电场中的导体

实例 9　新视野大学英语预备二级

实例 10　单排休闲轮滑

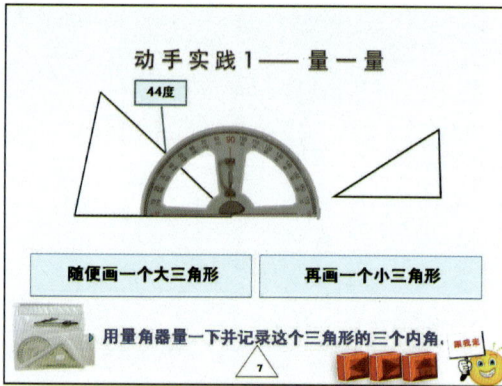

实例 11 三角形内角和

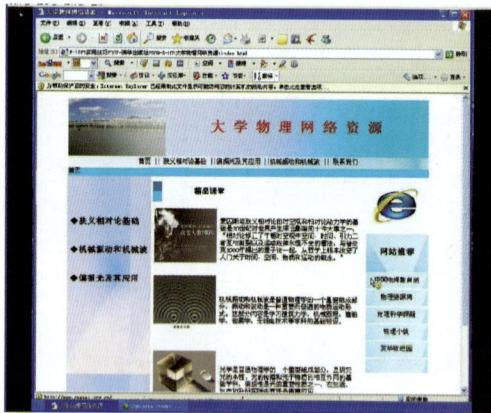

实例 12 大学物理网络资源

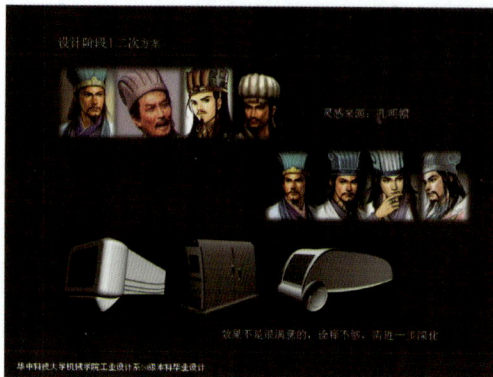

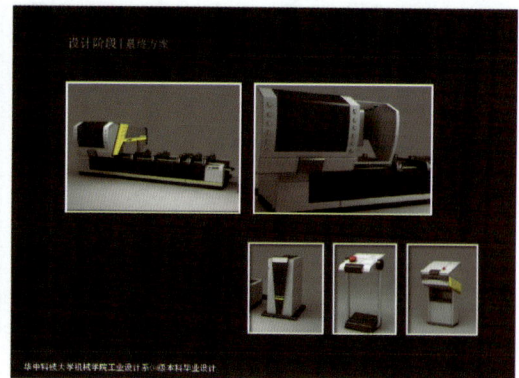

实例 13 毕业设计答辩

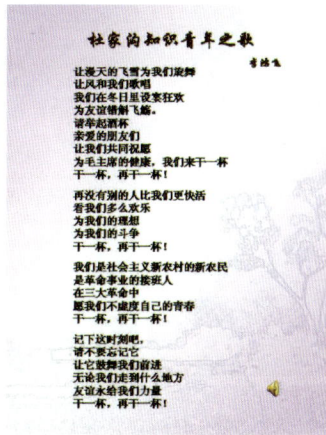

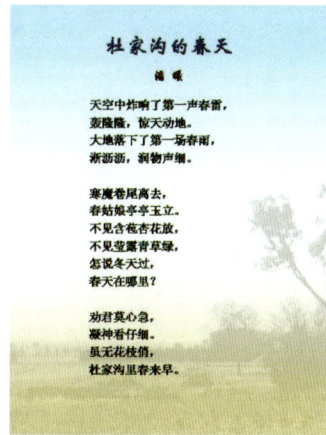

实例 14　知青的诗

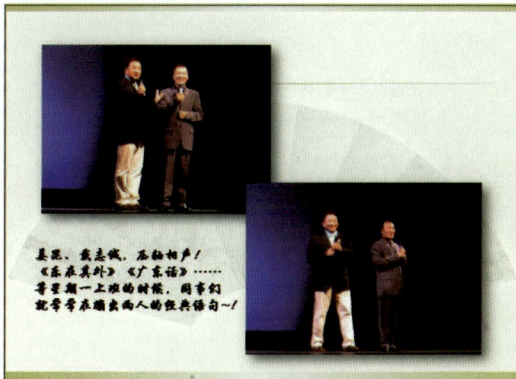

实例 15　天涯共明月

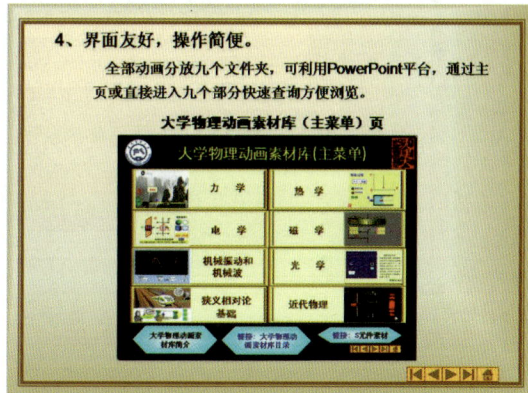

实例 16　大学物理动画素材库简介

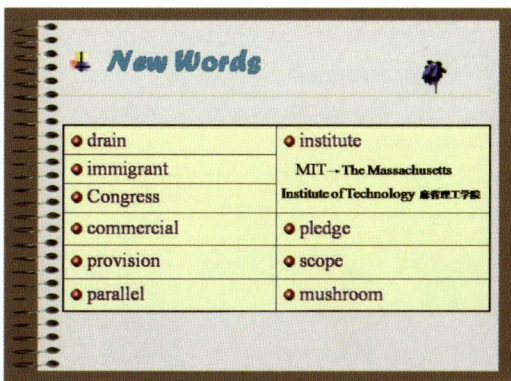

实例 17　动态表格 New Words

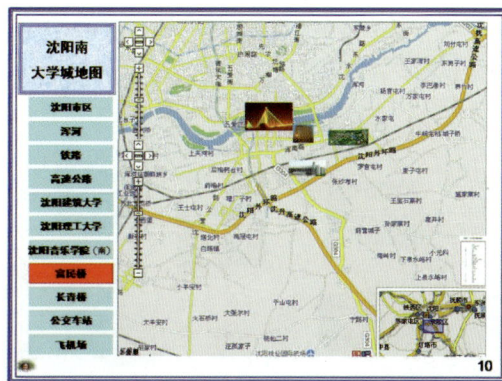

实例 18　沈阳南大学城动态互动地图

实例 19　新校区教学楼导游

实例 20　春节贺卡

练习题参考答案

第 1 章　练习题答案

第 2 章　练习题答案

第 2 章　练习题答案

4) 浏览Office收藏集。

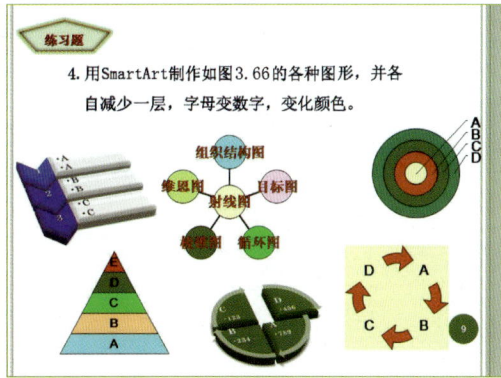

4. 用SmartArt制作如图3.66的各种图形，并各
自减少一层，字母变数字，变化颜色。

第 2 章　练习题答案　　　　　　　　　　第 3 章　练习题答案

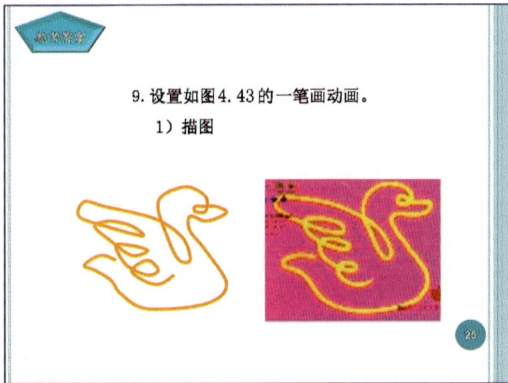

9. 设置如图4.43的一笔画动画。

1）描图

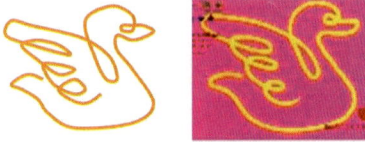

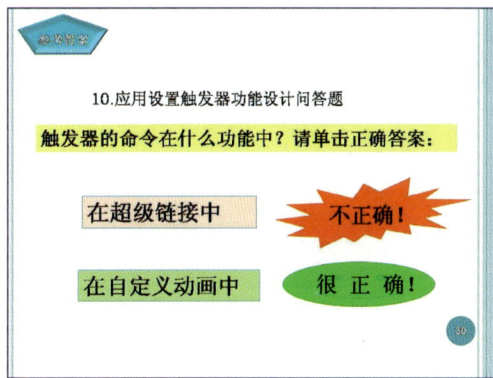

10. 应用设置触发器功能设计问答题

触发器的命令在什么功能中？请单击正确答案：

在超级链接中　　不正确！

在自定义动画中　　很 正 确！

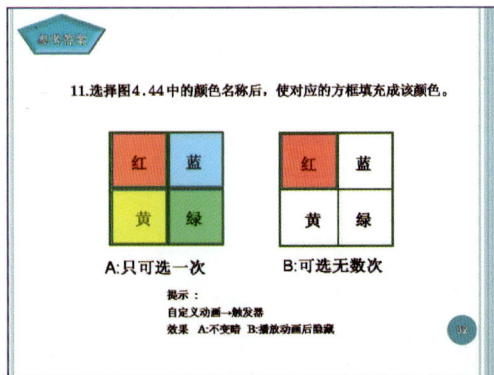

11. 选择图4.44中的颜色名称后，使对应的方框填成该颜色。

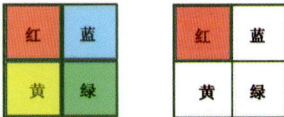

A:只可选一次　　B:可选无数次

提示：
自定义动画→触发器
效果　A:不变暗　B:播放动画后隐藏

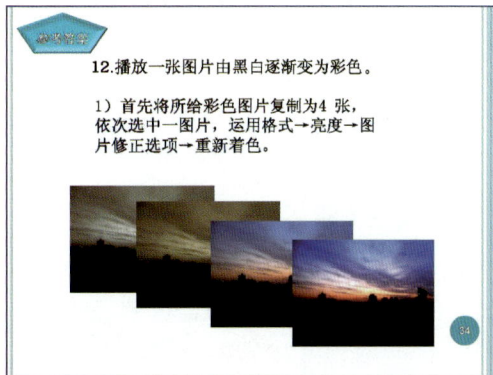

12. 播放一张图片由黑白逐渐变为彩色。

1）首先将所给彩色图片复制为4 张，
依次选中一图片，运用格式→亮度→图
片修正选项→重新着色。

第 4 章　练习题答案

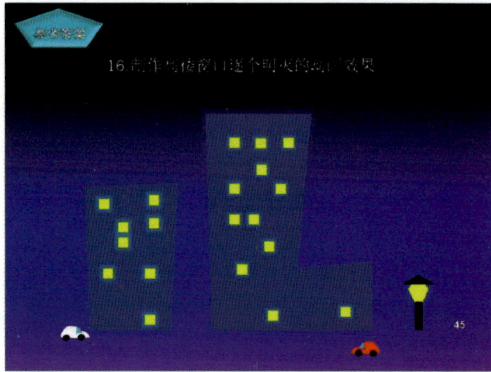

第 4 章　练习题答案

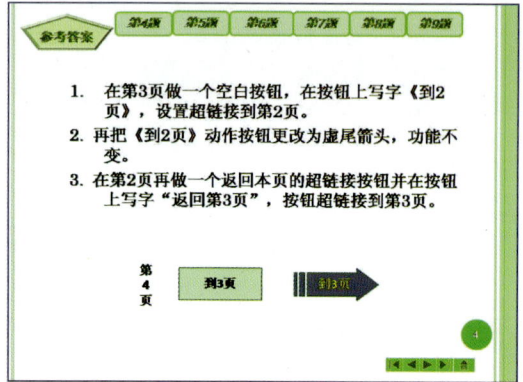

第 5 章　练习题答案

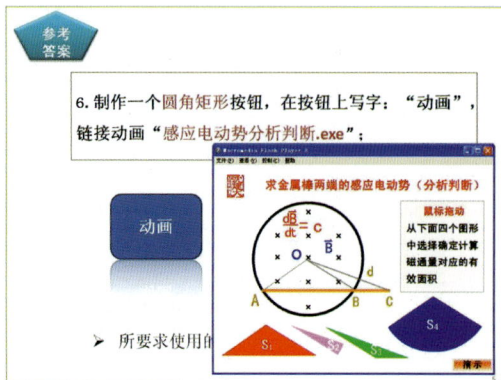

第 6 章　练习题答案

6. 利用千千静听对CD中的一首歌进行格式转换，分别转换成MP3和Wave文件，再插入本页。

我亲爱的祖国.MP3　　　　**我亲爱的祖国.wav**

◆ "我亲爱的祖国.cda" 文件在本文件夹内提供。

13

7. 利用Photoshop把下面图片变成透明背景。

原图

透明背景

16

第 8 章　练习题答案

8. 利用数码相机拍两张照片，插入本页。再用 "图片效果" 进行处理。

17

第 8 章　练习题答案

用 PowerPoint 2013 制作多媒体课件实用技巧

付朝军 程丹春 编著

清华大学出版社

北京

内 容 简 介

本书是一本介绍 PowerPoint 2013 应用的实用教程。书中由浅入深、系统细致地讲解了有关使用 PowerPoint 2013 制作多媒体课件的实用技巧,包括 PowerPoint 2013 的基本操作,图片、绘图和艺术字,应用表格、图表、组织结构、公式和符号,动画和幻灯片放映,超链接,制作多媒体幻灯片,打包演示文稿,需要掌握的相关软件简介,演示文稿在移动设备上放映以及综合实例等 10 章内容。此外,本书还配有一张 DVD 光盘。其中除与本书同步的演讲文稿外,还含有大量插图、实例、练习题并附有参考答案。

本书既是初学者的入门指南,又可作为具有一定基础用户的参考速查手册;非常适合从事教学、多媒体课件制作、培训、办公处理等读者阅读,也可作为中等、高等职业技术学校有关专业和各类计算机培训班的教材或自学教材。

图书在版编目(CIP)数据

用 PowerPoint 2013 制作多媒体课件实用技巧/付朝军,程丹春编著.--北京:清华大学出版社,2015
ISBN 978-7-302-40370-8

Ⅰ. ①用… Ⅱ. ①付… ②程… Ⅲ. ①多媒体课件-图形软件 Ⅳ. ①G434

中国版本图书馆 CIP 数据核字(2015)第 114494 号

责任编辑:邹开颜
封面设计:何凤霞
责任校对:王淑云
责任印制:宋 林

出版发行:清华大学出版社
　　　网　　　址:http://www.tup.com.cn,http://www.wqbook.com
　　　地　　　址:北京清华大学学研大厦 A 座　　　　　邮　　编:100084
　　　社 总 机:010-62770175　　　　　　　　　　　　邮　　购:010-62786544
　　　投稿与读者服务:010-62776969,c-service@tup.tsinghua.edu.cn
　　　质 量 反 馈:010-62772015,zhiliang@tup.tsinghua.edu.cn
印　装　者:北京鑫海金澳胶印有限公司
经　　销:全国新华书店
开　　本:185mm×230mm　　印　张:14　彩　插:6　字　数:319 千字
　　　　　(附 DVD 光盘 1 张)
版　　次:2015 年 7 月第 1 版　　　　　　　　　　　印　次:2015 年 7 月第 1 次印刷
印　　数:1~3000
定　　价:35.00 元

产品编号:060052-01

　　PowerPoint 是一个演示文稿制作软件，利用它能够生成生动的幻灯片，并达到最佳的现场演示效果。PowerPoint 制作的幻灯片可以包含视频、音频、图片和动画等多媒体对象。PowerPoint 的应用非常普及。用 PowerPoint 制作的幻灯片已被教师、学生、干部、科研和商务人员等广泛使用在教学、讲演、报告、毕业答辩等许多方面，它有易学、易用、生动、易修改等诸多优点，还与互联网有紧密的联系。与以前的版本相比，PowerPoint 2013 具有更加优越的新特性。

　　许多人迫切希望对 PowerPoint 知道得更多，使之在教学中和工作中发挥更大的作用。但有些人对 PowerPoint 的强大功能，尤其是和多媒体结合的应用还不甚了解，我们在制作多媒体课件过程中积累了一些经验，希望和大家分享，在普及 PowerPoint 的应用中起到抛砖引玉的作用。

PowerPoint 2013 介绍

　　Microsoft Office 2013 是微软公司推出的办公套件，PowerPoint 2013 是其中的一个组件，和 Office 套件中的其他应用程序一样，PowerPoint 2013 相对于上一版本有了很大的改善。

　　与以前的版本相比，PowerPoint 2013 具有更加优越的新特性：

　　(1) 更多的开始选项。PowerPoint 2013 提供了多种方式来使用模板、主题、最近的演示文稿或空白演示文稿来启动下一个演示文稿，而不再是直接打开空白演示文稿。

　　(2) 改进的演示者视图。演示者视图允许在演示者计算机屏幕上查看备注，而观众只能查看幻灯片。改进的演示者视图使用起来更加简单方便。

　　(3) 联机会议。PowerPoint 2013 可以使用多种方式通过互联网共享演示文稿。可以发送幻灯片的链接或启动 Lync 会议。观众可以从任何位置的任何设备使用 Lync 或 Office Presentation Service 加入会议。

　　(4) 更好的主题和变体。PowerPoint 2013 提供了可以一键更改的主题和变体。此外，还提供了新的宽屏主题以及标准大小主题。

　　(5) 更加方便的排列工具。PowerPoint 2013 提供了更加方便的排列工具。当对象距离较近且均匀时，智能参考线会自动显示，并显示对象的间隔均匀。

（6）更加方便的动作路径设置。当创建动作路径动画时，PowerPoint 2013 会显示对象的结束位置，而且原始对象始终存在，"虚影"图像会随着路径一起移动到终点。

（7）改进的视频和音频支持。PowerPoint 2013 支持更多的多媒体格式和更高清晰度内容。PowerPoint 2013 包含了更多内置编解码器，因此，不必针对特定文件格式安装它们即可正常播放视频和音频。

（8）新的取色器。PowerPoint 2013 提供了新的取色器。可以从屏幕上的对象中捕获精确的颜色，然后将其应用于任何形状。

（9）改进了在触控设备上的使用。可以使用典型的触控手势，在幻灯片上轻扫、单击、滚动、缩放和平移，来操作 PowerPoint 2013。

（10）使用云来共享和保存演示文稿。PowerPoint 2013 可以轻松地将演示文稿保存到自己的 OneDrive 或其他存储网站，还可以与其他人同时共同处理同一个文件。

本书的内容

本书不是全面系统介绍 PowerPoint 2013 的书，而是在 PowerPoint 2013 环境中讲解用 PowerPoint 2013 制作多媒体课件实用技巧的书。本书知识点的安排遵循由易到难、由简单到复杂的原则，充分考虑了大多数读者的学习习惯。本书实例丰富，图文并茂，通俗易懂，收录 34 个实例供读者学习参考。

第 1 章讲述 PowerPoint 2013 的基本操作，主要包含 PowerPoint 的入门操作、制作演示文稿的途径、设计和制作 PowerPoint 多媒体电子教案、修饰幻灯片外观、插入批注、录制音频和文件加密等内容。

第 2 章讲述有关图片、绘图和艺术字的使用技巧，主要包含搜集图片的途径、插入图片的方法、图片的编辑、绘图方法与技巧、艺术字等内容。

第 3 章讲述如何应用表格、图表、组织结构、公式和符号，主要包含制作表格、图表、组织结构图，公式和符号常见问题等内容。

第 4 章讲述动画和幻灯片放映，主要包含动画设置、幻灯片放映等内容。

第 5 章讲述超链接的使用技巧，主要包含超链接的范围、超链接的方法、设计制作主菜单、不同文件夹下文件的链接、"透明薄膜覆盖"技巧、程序的超链接等内容。

第 6 章讲述制作多媒体幻灯片的实用技巧，主要包含制作课件时的重要准备工作，插入音频、视频和动画等内容。

第 7 章讲述打包演示文稿，主要包含如何打包演示文稿等内容。

第 8 章介绍需要掌握的相关软件，主要包含暴风影音 5、百度音乐 2014、Premiere Pro CS6、Photoshop CS6 等内容。

第 9 章讲述演示文稿和移动设备，主要包含演示文稿在平板电脑和智能手机上的放映方法等内容。

第 10 章收录 20 个精彩实例。这些实例涵盖范围广，向读者展示了 PowerPoint 演示文稿的多种用途，每个实例都有编者点评。

随书光盘提供与书同步的 10 章 PowerPoint 演讲文稿，包括章后 14 个实例、各章练习题及参考答案、20 个综合实例。

本书形成的过程

本书是作者参加 PowerPoint 培训和课件研制实践 10 余年的积累。作者从 1999 年开始研制 PowerPoint 多媒体课件；2002 年本随书光盘的前身"PowerPoint 培训教程"（电子版）获校级 CAI 立项一级资助和优秀教材奖；2003 年本书的前身《跟我边学边练 PowerPoint 实用技巧》校内出版。前光盘和教材参编作者有葛运培、付朝军、翟彦博、艾立平、李莹、杨科飞等 6 人；2003 年第一期"PowerPoint 实用技巧培训班"开班以来，每年作者进行"PowerPoint 实用技巧"培训和光盘内容的更新；2009 年《用 PowerPoint 2007 制作多媒体课件实用技巧》在清华大学出版社出版。书中全部实例曾用于培训。沈阳建筑大学 10 余年来对 CAI 工作的重视，造就了本书生长的土壤、环境和作者以及本书的出版。

本书的作者

第 1～8 章、第 10 章由付朝军撰写，第 9 章及彩页由程丹春撰写。随书光盘提供 PowerPoint 演示文稿（付朝军制作）、练习题及参考答案（程丹春制作）、章后实例 14 个、第 10 章综合实例 20 个。提供 34 个实例的作者除本书作者外有：葛运培、侯祥林、张曰果、周佳新、李绥、满红、叶选、于智清、汪青杰、单亚拿、吴明海、杜忠杰、李鹏、李文彬、潘曦、梁晓彤、梁应普、李星、马婷婷、许崇、邹惠芬。

本书主要特色

（1）重点介绍实用技巧。本书是作者在多年制作 PowerPoint 多媒体课件和培训基础上的积累，包含 PowerPoint 加密、绘图、动画、超链接、多媒体应用及在移动设备上的应用等核心功能，融入体会和经验，介绍了大量实用技巧，内容重点突出。

（2）注重实用方便练习。功能和示例紧密结合，用户可在浏览随书光盘中演示文稿的同时跟随实例边学边练。

（3）循序渐进由浅入深。教材和演示文稿的内容安排、所有练习的选择和参考答案、章后实例和综合实例，一环套一环。

（4）提供大量精彩实例。14 个章后实例和 20 个综合实例涵盖范围广，向读者展示了 PowerPoint 演示文稿多功能、多方面和深层次的应用及广泛用途。

（5）随书提供光盘。光盘含同步演示文稿、练习、参考答案、实例、综合实例。

使用本书的说明

本书是一本介绍 PowerPoint 2013 的书，PowerPoint 一个很大的优点是其连续和兼容性强。PowerPoint 97、PowerPoint 2000、PowerPoint 2003、PowerPoint 2007、PowerPoint 2010 等低版本制作的 PowerPoint 演示文稿可以在 PowerPoint 2013 中正常播放和修改，并可以保存为 2013 版本格式。本书介绍的 PowerPoint 许多实用技巧在不同版本中也可以应用。但反过来，保存为 PowerPoint 2013 的演示文稿，在低版本的 PowerPoint 中不能打开和编辑。当然如果要在 PowerPoint 2003 中打开这种演示文稿，可以到微软官方网站下载

"Microsoft Office Word、Excel 和 PowerPoint 文件格式兼容包"。安装这个兼容包之后，在 Office 2003 中就可以打开 Office 2013 格式的文稿了，但是不可以修改。

考虑到目前有相当多的读者还没有安装 PowerPoint 2013，为了满足更多读者的需要，我们介绍 PowerPoint 2013 的演示文稿和练习题及答案是 2013 格式，但 PowerPoint 实例和综合实例提供的文档全部为 2003 版本。其中在 PowerPoint 2013 中制作后另存为 PowerPoint 2003 格式的对象在 PowerPoint 2003 中有一部分不能修改，它们一旦在 PowerPoint 2013 中打开将恢复为全部可修改。

按照实例作者的要求，部分综合实例为节选。5 个实例用录屏保存为 Flash 的 swf 格式，9 个实例保存为 exe 格式及 ppt 或 pps 格式，有密码限制可以打开只读浏览。

致谢

感谢参加"跟我边学边练 PowerPoint 实用技巧"校内培训光盘和教材参编作者葛运培、翟彦博、艾立平、李莹、杨科飞；感谢提供实例作品的作者：葛运培、侯祥林、张曰果、周佳新、李绥、满红、叶选、于智清、汪青杰、单亚拿、吴明海、杜忠杰、李鹏、李文彬、潘曦、梁晓彤、梁应普、李星、马婷婷、许崇、邹惠芬；感谢清华大学出版社邹开颜编辑对本书出版所做的努力。

虽然我们尽力认真构思验证和反复审核修改，但由于笔者水平所限，书中的错误和疏漏在所难免，恳请读者批评指正，并欢迎广大朋友介绍新的实用技巧与我们交流。

联系方式，电子邮件：cjf@sjzu.edu.cn。

作者

2015 年 3 月

目录 contents

基本操作——动手做演示文稿

多媒体课件设计原则：

解决传统教学方式解决不了的问题，深挖教学思想、创新。

成功秘诀：

想干 爱干 肯学 肯干

PowerPoint 是设计、制作和演示幻灯片的软件。它能够制作出集文字、图形、图像、声音、动画和视频等多媒体于一体的演示文稿，把作者要表达的信息组织在一组图文并茂的画面中，通过投影仪和计算机屏幕进行展示。本章将介绍使用 PowerPoint 的入门操作、制作演示文稿的途径、设计和制作多媒体电子教案、修饰幻灯片外观、插入批注、录制声音和文件加密等。

1.1 PowerPoint 的入门操作

如果读者有 Microsoft Office Word 的应用基础，就可以很轻松掌握 Microsoft Office PowerPoint 的入门操作。

1.1.1 PowerPoint 的启动

鼠标单击"开始"按钮→"所有程序"→"Microsoft Office 2013"→"PowerPoint 2013"，即可启动 PowerPoint(图 1.1)。

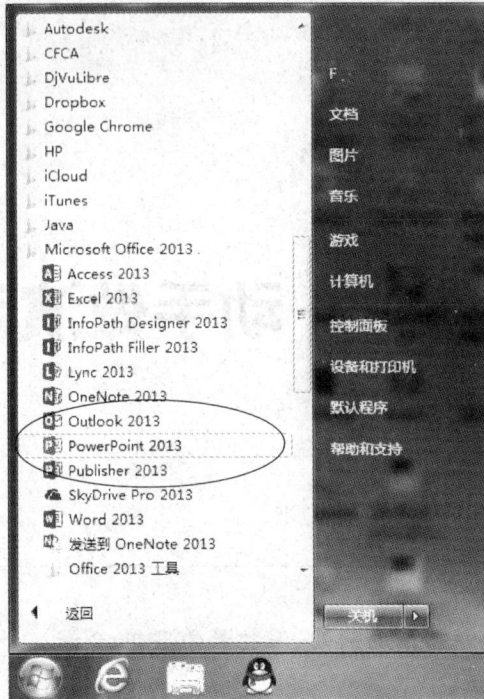

图 1.1

1.1.2 创建新幻灯片演示文稿

单击"空白演示文稿",即可创建新幻灯片演示文稿(图1.2)。

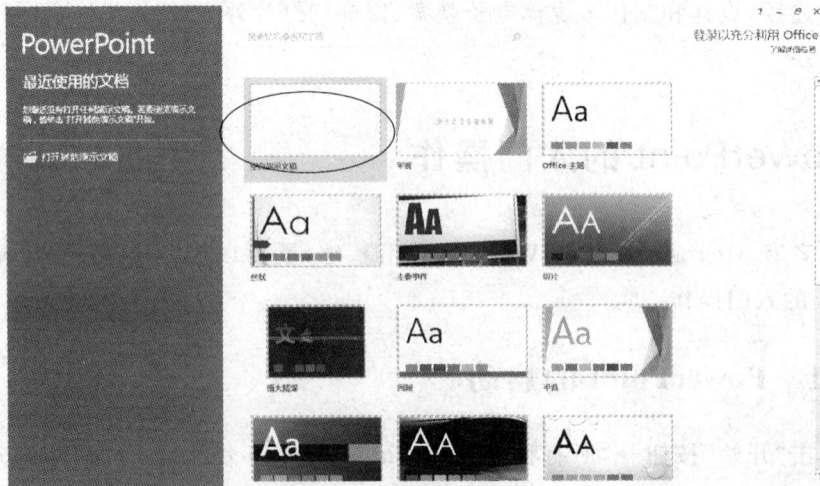

图 1.2

1.1.3 选取幻灯片版式

（1）单击"开始"→"新建幻灯片"，结果如图 1.3 所示。

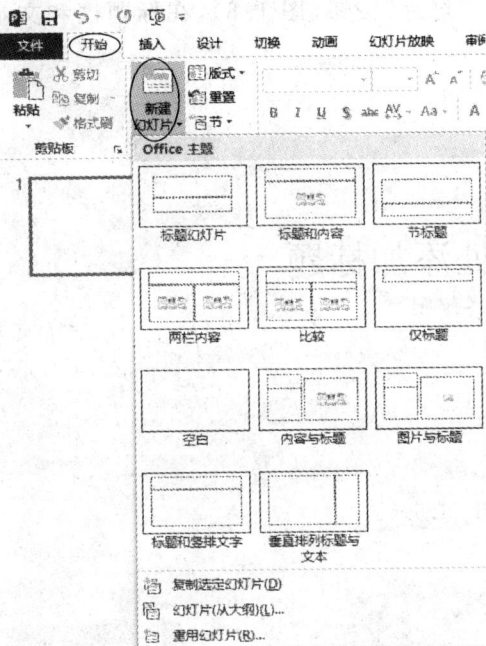

图 1.3

（2）单击"开始"→"版式"，从中选择版式，可以改变当前幻灯片的版式（图 1.4）。

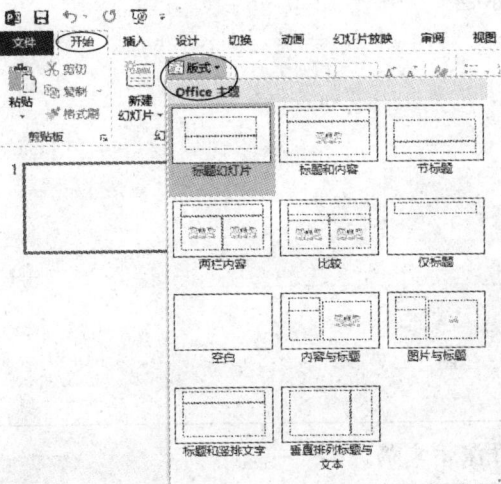

图 1.4

1.1.4　文本输入

在第一页的幻灯片上,单击标题框添加大标题和副标题内容(图 1.5)。然后单击快速访问工具栏上的"新建幻灯片"按钮(图 1.6),在标题框和文本框中添加小标题和文本(图 1.7)。

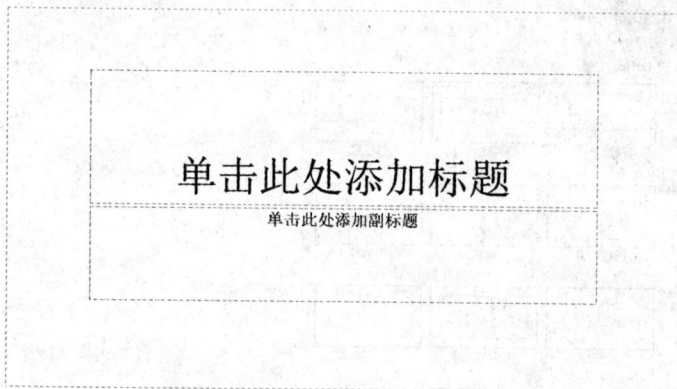

图　1.5

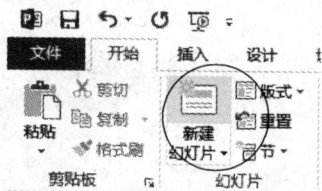

图　1.6

1.1.5　保存

单击快速访问工具栏上的"保存"按钮保存当前演示文稿(图1.8)。

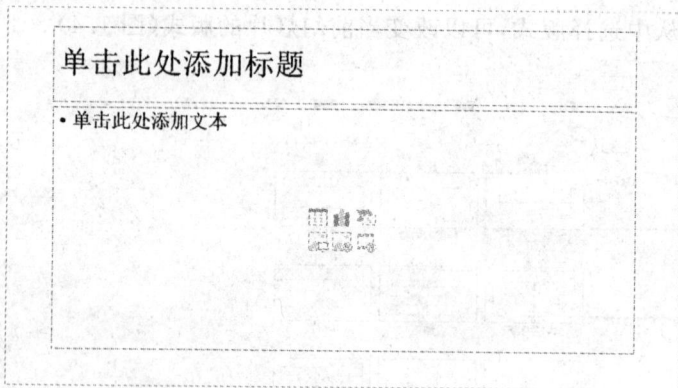

图　1.7

图　1.8

注意:切记及时保存演示文稿。

第一次保存演示文稿,会打开"另存为"窗口(图1.9)。单击"浏览"按钮,打开"另存为"

对话框(图 1.10)。在这个对话框中,先选择保存位置。在"文件名"文本框中,可以修改默认的演示文稿名称。在"保存类型"选择框中,可以选择要保存的演示文稿类型,常用的保存类型有 pptx、ppt、potx、ppsx 和 jpg 等。

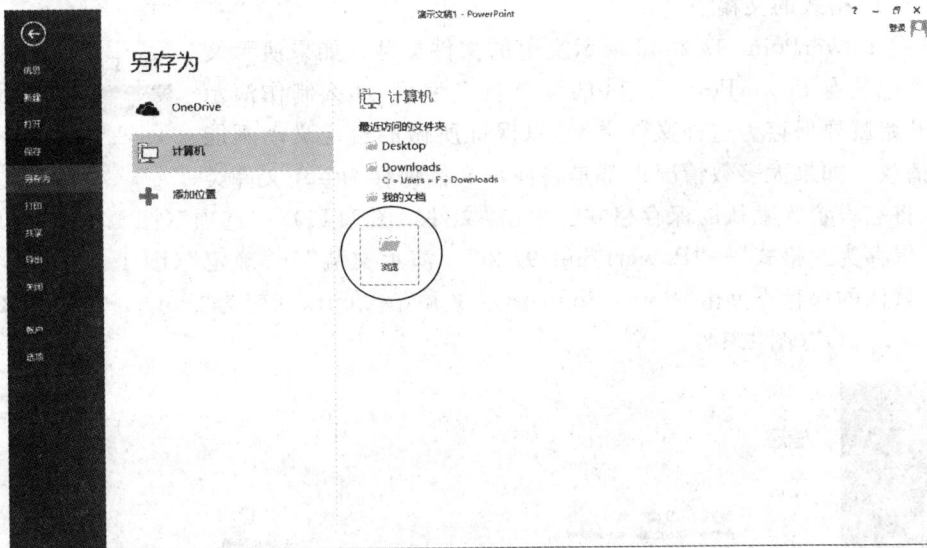

图 1.9

图 1.10

pptx 是 PowerPoint 2013 和 2007 演示文稿的文件类型。如果要在 PowerPoint 2003 中打开这种演示文稿，可以到微软官方网站下载"Microsoft Office Word、Excel 和 PowerPoint 文件格式兼容包"。安装这个兼容包之后，在 Office 2003 中就可以打开 Office 2013 和 2007 格式的文稿了。

ppt 是 PowerPoint 97-2003 演示文稿的文件类型。如果演示文稿要在其他装有 PowerPoint 2003 的计算机上编辑，那么制作演示文稿一开始就要保存为这种文件类型，以保证所做的自定义动画能够正确播放。如果大多数情况下都是将演示文稿保存为 ppt 文件类型，可以将它设置为默认的保存格式。单击"文件"(图 1.11)→"选项"(图 1.12)→"保存"→"将文件保存为此格式"→"PowerPoint 97-2003 演示文稿"→"确定"(图 1.13)。再保存演示文稿，默认的保存类型由"PowerPoint 演示文稿(＊.pptx)"变为"PowerPoint 97-2003 演示文稿(＊.ppt)"(图 1.14)。

图　1.11

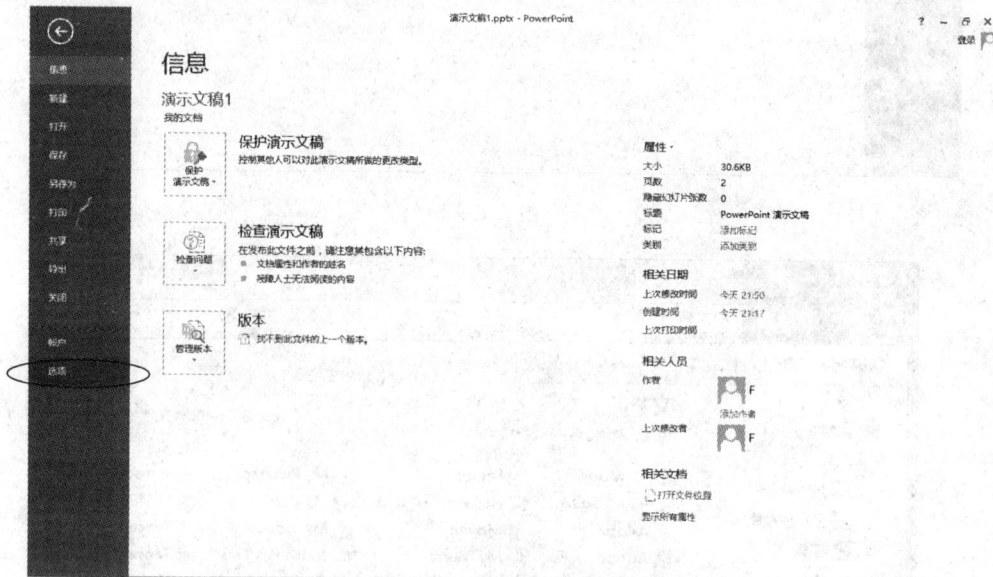

图　1.12

potx 是 PowerPoint 2013 演示文稿的模板文件。

ppsx 是 PowerPoint 2013 演示文稿的放映文件。直接运行这种演示文稿，会进入该演示文稿的放映状态，不能进行编辑。如果先打开 PowerPoint 2013，再单击"文件"→"打开"，浏览到要打开的 ppsx 演示文稿，再单击"打开"。这种方式打开的 ppsx 演示文稿，另存为.pptx 文件类型，然后就可以进行编辑。还可以将其另存为其他类型的演示文稿。

jpg 是最常用的一种图片格式。选择这种文件类型，可以将"所有幻灯片"或"仅当前幻灯片"导出成图片(图 1.15)。

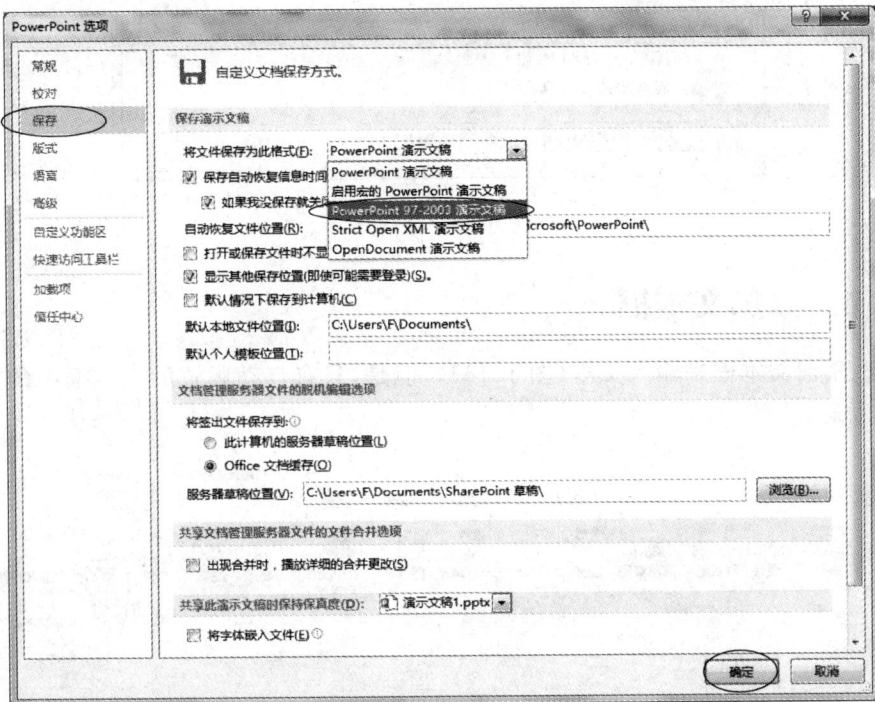

图 1.13

图 1.14

图　1.15

1.1.6　添加文本框

可通过添加文本框来输入文本(图 1.16)。但是,只有自动版式的文本框中的文本会在大纲中自动显示。

图　1.16

另外,可以添加标注框,输入标注文本来进行说明。要添加标注框,单击"插入"→"形状"→选择标注框(图 1.17)或单击快速访问工具栏中的绘图工具栏上的"其他"按钮(图 1.18),选择标注框(图 1.19),然后用鼠标在幻灯片上画出标注框大小。如果想在标注框中输入文字,在标注框对象上右击,在弹出菜单中选择"编辑文字"(图 1.20)。

(1) 关于文本框的说明。

① 文本框有两种状态:虚线框、实线框。虚线框表示:处于文本编辑状态,用于录入文本,在框上单击可转换为实线框状态(图 1.21)。实线框表示:相当于该框整体选中,用于复制、改字体、改变行距等,在框内单击可转换为虚线框状态(图 1.22)。

② 添加的文本框,如果没录入内容,则会自动消除。

③ 如果出现文本框重叠,选择下层的文本框有困难,单击"开始"→"排列"→"选择窗格"中的图形名称(图 1.23)。

(2) 字体、项目符号、颜色、行距的设置。

如果要设置字体、项目符号,在"开始"快速访问工具栏中单击"字体"或"项目符号"按钮(图 1.24)。

如果要设置行距,单击工具栏上的"行距"下拉箭头按钮→"行距选项"(图 1.25)。在弹出的"段落"对话框中,可以改变"行距"或"段前"、"段后"间距(图 1.26)。

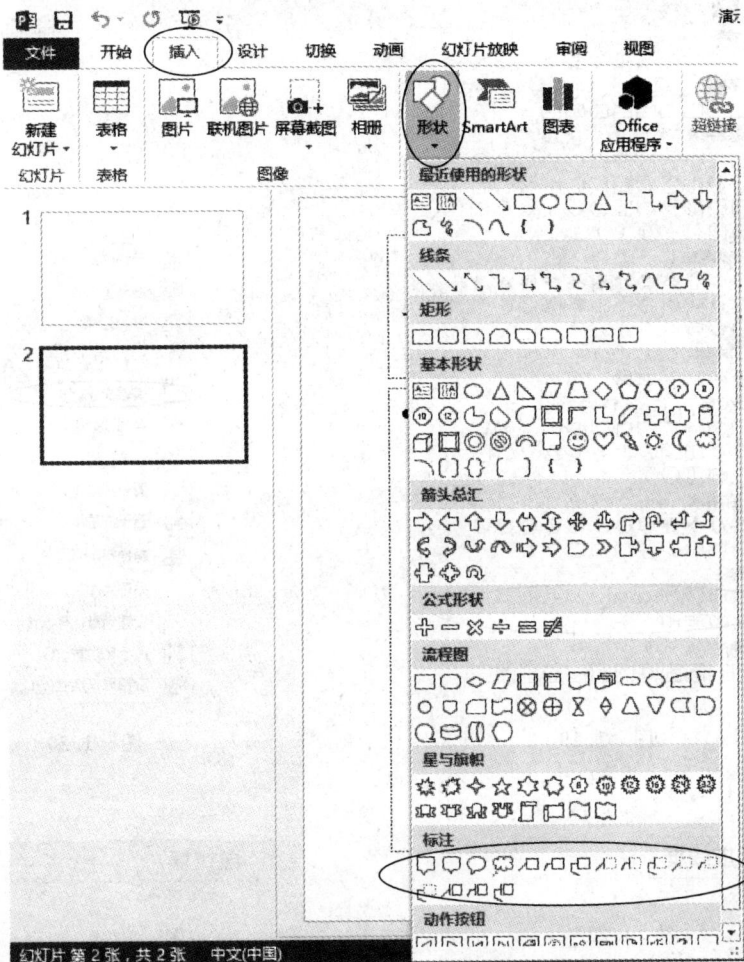

图 1.17

图 1.18

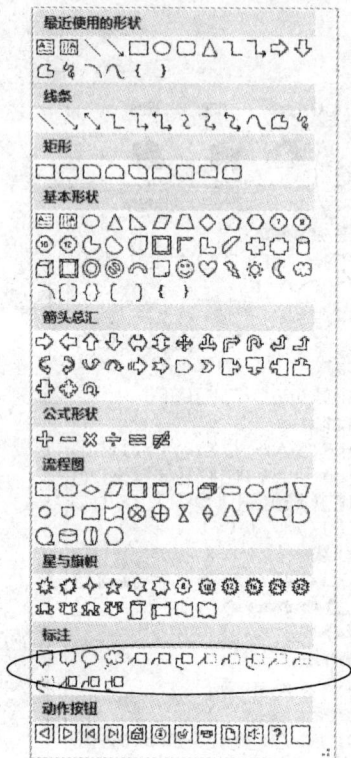

图　1.19

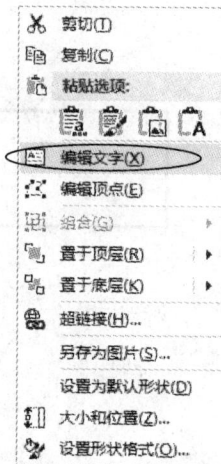

图　1.20

图　1.21

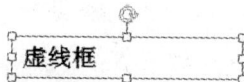

图　1.22

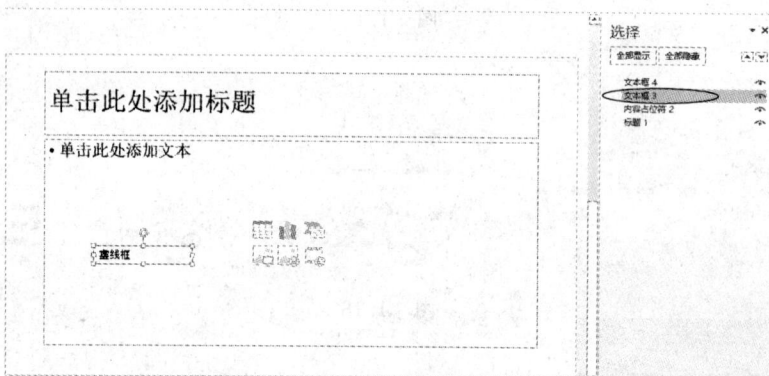

图　1.23

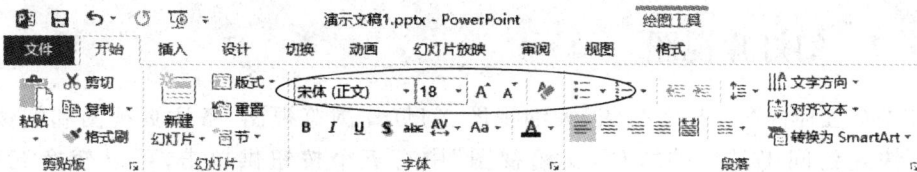

图 1.24

图 1.25

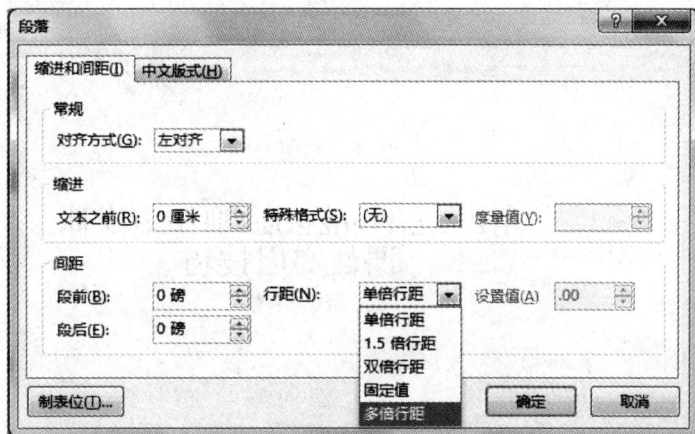

图 1.26

如果要设置字体颜色及形状填充、轮廓、效果,单击"开始"快速访问工具栏上的相应按钮(图 1.27)。

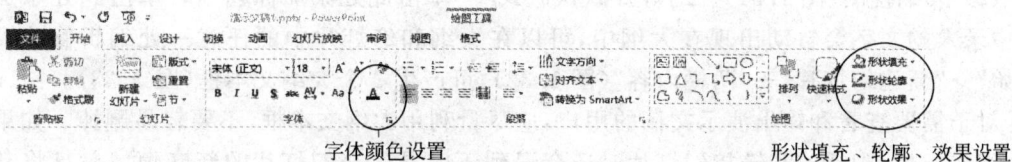

字体颜色设置　　　　　　　　　　　　　　　形状填充、轮廓、效果设置

图 1.27

1.1.7　幻灯片视图

幻灯片有五种视图：普通视图、大纲视图、幻灯片浏览视图、备注页视图和阅读视图。在"视图"快速访问工具栏的"演示文稿视图"中有五个按钮供单击，可以变换五种视图（图1.28）。在窗口右下角有三个按钮供单击，可以变换普通视图、幻灯片浏览视图和阅读视图三种视图（图1.29）。

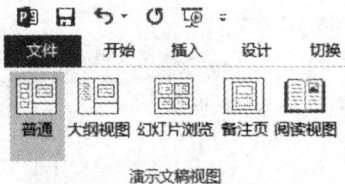

图　1.28　　　　　　　　　　　　　　　　　　　　图　1.29

（1）普通视图（图1.30）。在普通视图中，在窗口左侧可以看到每页幻灯片的缩略图。

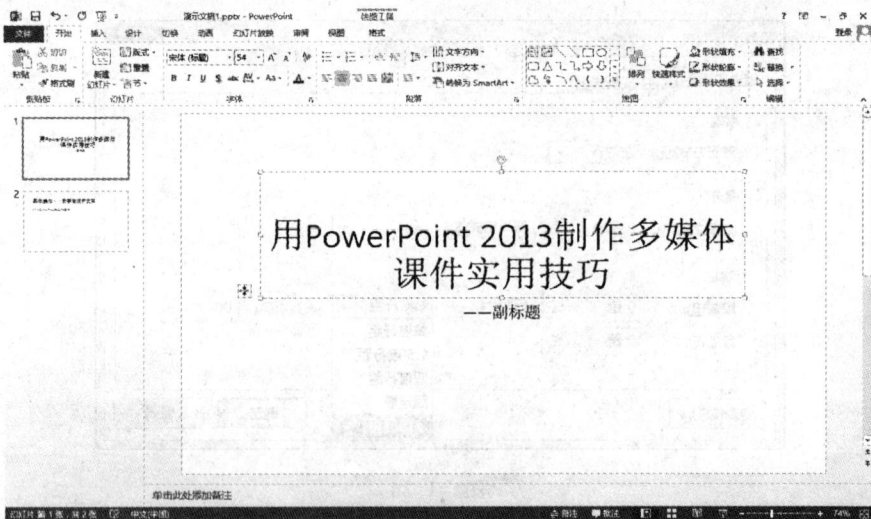

图　1.30

（2）大纲视图（图1.31）。幻灯片默认版式中"单击此处添加标题"和"单击此处添加文本"中录入的文字会自动出现在大纲中，可以在大纲和幻灯片中的任意一处编辑修改。用"开始"→"新建幻灯片"→"两栏内容"（图1.32），可产生3个大纲文本框（图1.33）。

对于需要查看和输出演示文稿的用户，应尽量利用大纲文本框，不要轻易删掉。如果不用大纲文本框，到播放和链接幻灯片时还会遇到不容易区分幻灯片的新麻烦。一旦将其删掉，可以在左侧大纲中直接输入文字，在幻灯片上就会出现相应文本框。

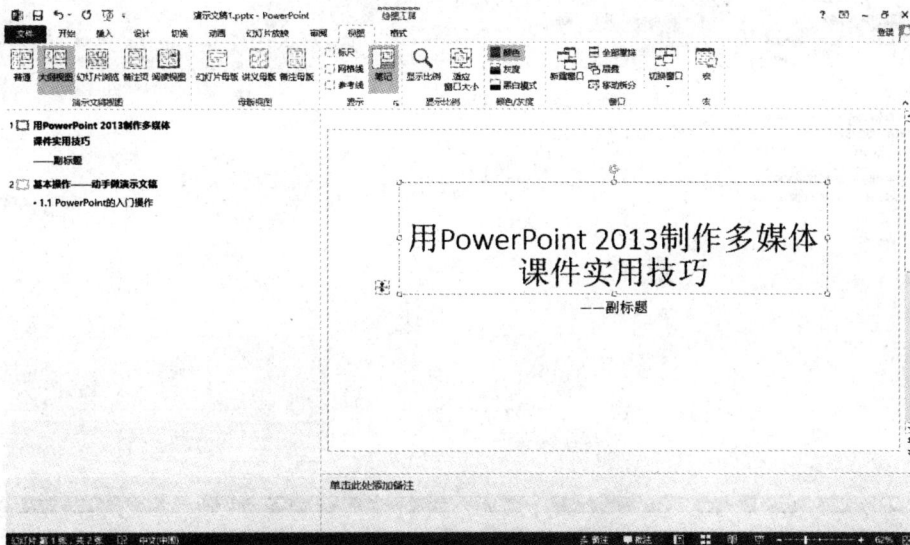

图 1.31

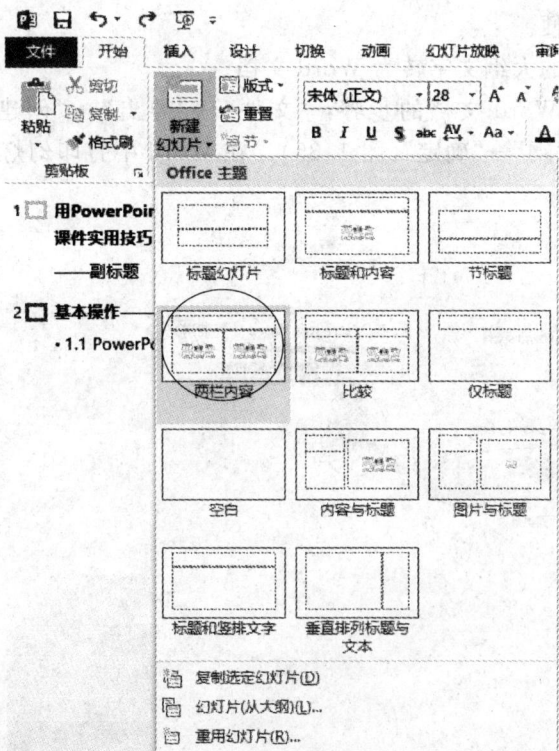

图 1.32

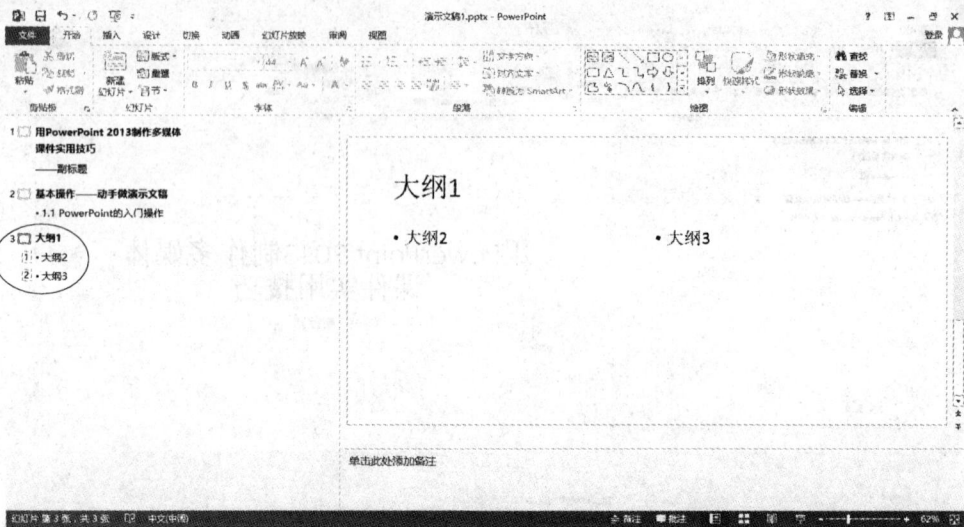

图　1.33

大纲的部分用途：

① 查看幻灯片方便。

② 可以把幻灯片的大纲文字转为 Word 文档。

将演示文稿转成 Word 文档的步骤："文件"→"导出"→"创建讲义"→"创建讲义"（图 1.34）→"只使用大纲"→"确定"（图 1.35）。在 Word 中打印幻灯片见第 2 章"图片、绘图和艺术字"。

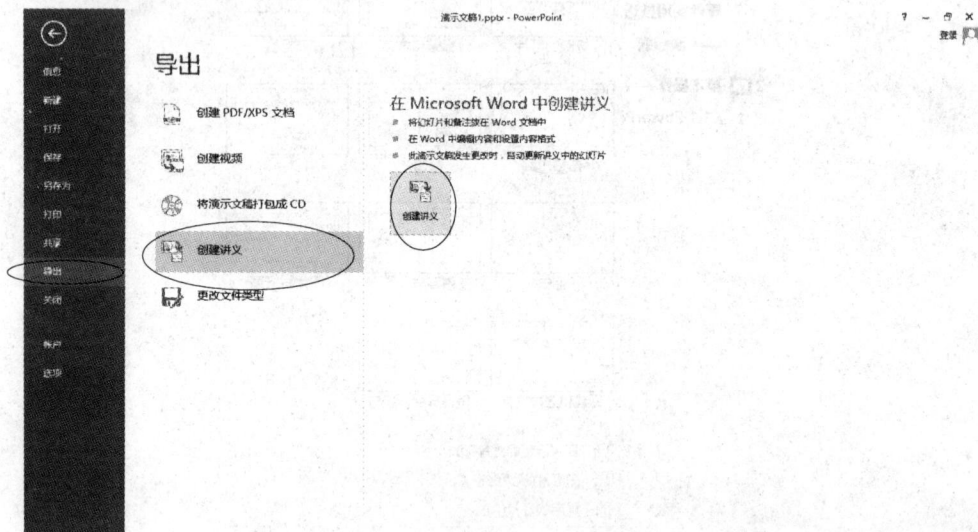

图　1.34

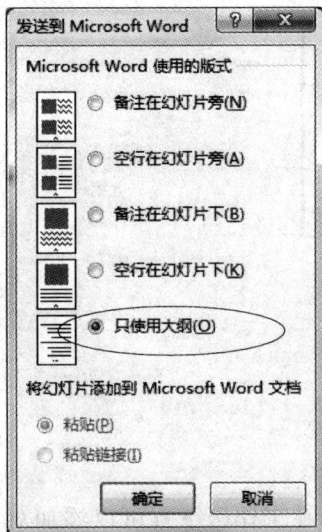

图 1.35

（3）幻灯片浏览视图（图1.36）。在幻灯片浏览视图中，如果要复制幻灯片和改变幻灯片顺序，可以在幻灯片上右击，在弹出菜单中选择复制（或剪切）（图1.37），然后在要粘贴处右击，在弹出菜单中选择粘贴选项（图1.38），也可以选中幻灯片后直接拖动至新位置。

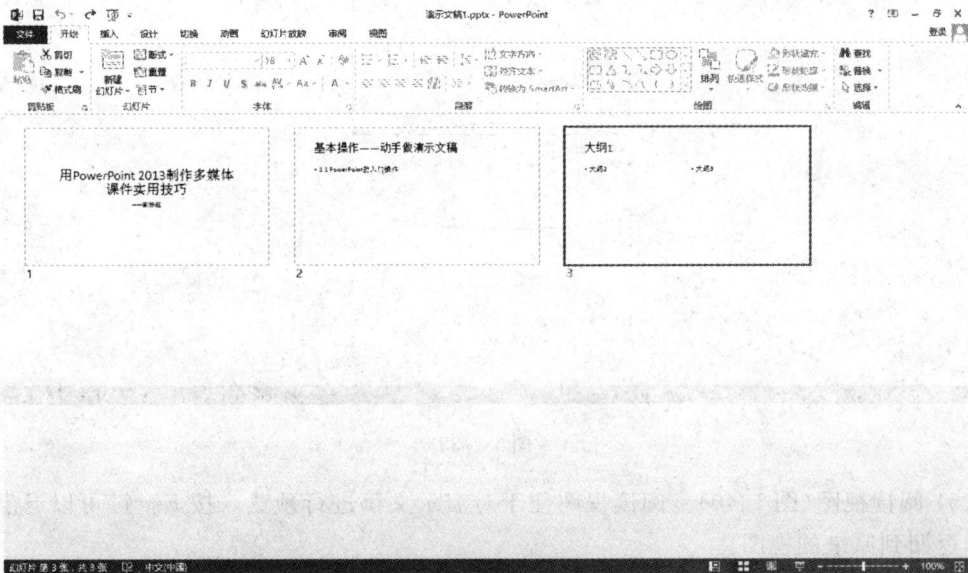

图 1.36

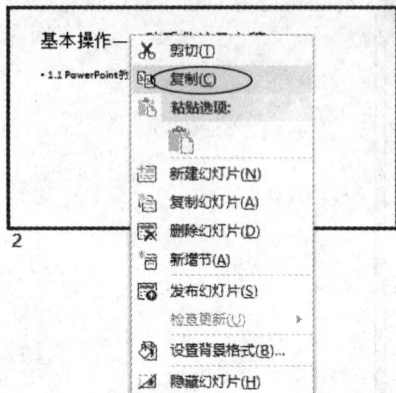

图 1.37

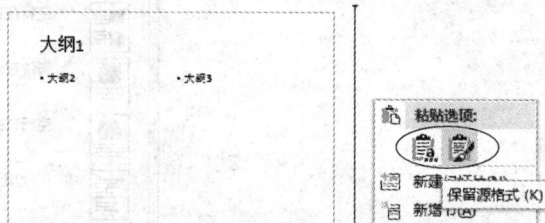

图 1.38

（4）备注页视图（图1.39）。在工作区下方可以添加对该页幻灯片的备注文字，供作者或使用者备忘。备注文字演示时不显示，可以打印输出。

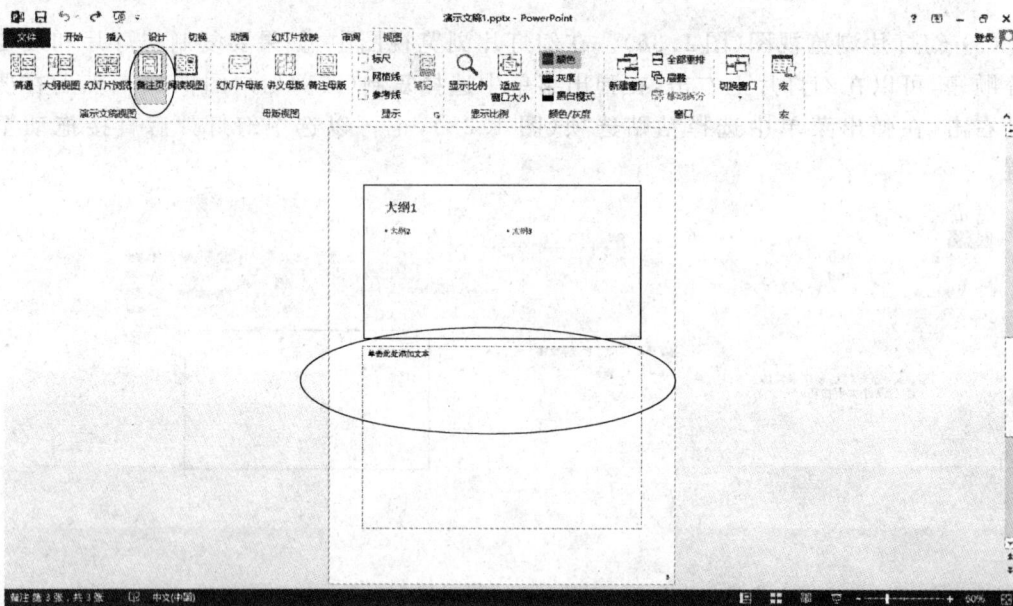

图 1.39

（5）阅读视图（图1.40）。阅读视图便于对演示文稿进行预览。按 Esc 键可以退出阅读视图，返回到原来的视图。

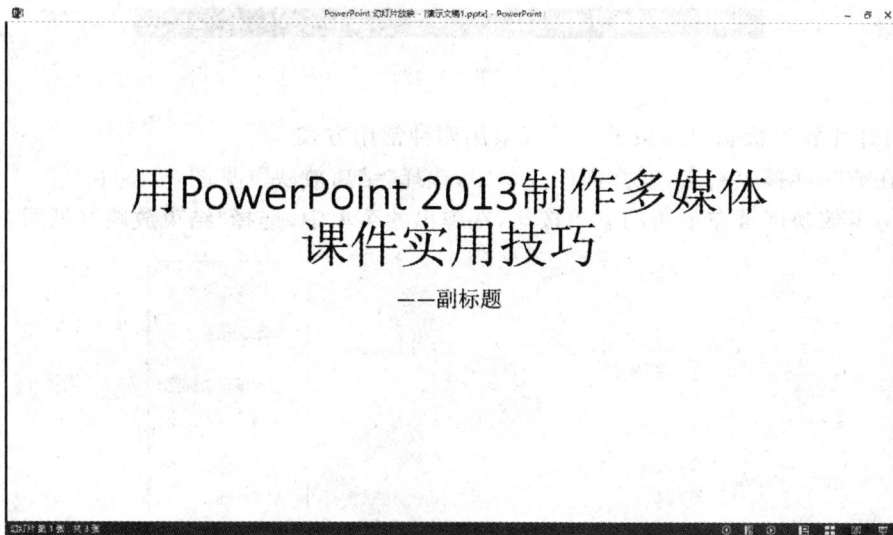

图 1.40

1.1.8 幻灯片放映

按功能键 F5，或单击"幻灯片放映"→"从头开始"（图 1.41），从首页开始放映当前演示文档。也可以从当前幻灯片开始放映，单击窗口右下角的幻灯片放映按钮（见图 1.42），或单击"幻灯片放映"→"从当前幻灯片开始"（见图 1.41）。

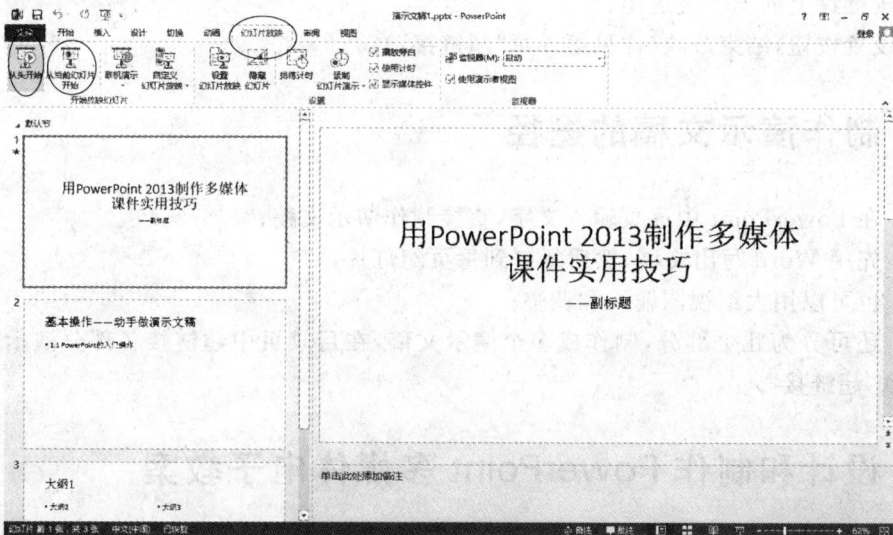

图 1.41

图　1.42

在幻灯片放映状态要结束放映可以采用四种常用方式：

① 在放映屏幕上右击，在弹出的菜单中，选择"结束放映"（见图1.43）；

② 单击放映屏幕左下角的菜单按钮，在弹出的菜单中，选择"结束放映"（见图1.44）；

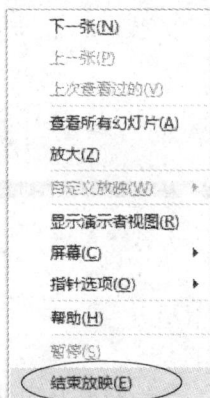

图　1.43

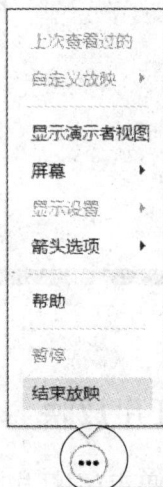

图　1.44

③ 按键盘上的 Esc 键退出；

④ 设置按钮，结束放映（详见第 5 章"超链接"）。

1.2　制作演示文稿的途径

（1）在 PowerPoint 中逐页输入文字，直接制作演示文稿；

（2）先用 Word 写出文稿，然后复制到每页幻灯片；

（3）也可以用大纲视图输入和调整；

（4）还可分为几个部分，制作成多个演示文稿，在目录页中超链接各部分演示文稿（详见第 5 章"超链接"）。

1.3　设计和制作 PowerPoint 多媒体电子教案

第一步，策划；

第二步，撰写脚本（文字要简练，最好写分页脚本）；

第三步,搜集和制作图片,加工和制作视频、声音、动画等多媒体素材(详见第 2 章"图片、绘图和艺术字"和第 6 章"制作多媒体幻灯片");

第四步,制作演示文稿;

第五步,选择和美化背景(母版、配色、模板、背景);

第六步,插入图片和视频、声音、动画等多媒体文件(详见第 6 章"制作多媒体幻灯片");

第七步,调整页面的安排、文字的格式字体、项目符号、颜色、行距等;

第八步,设计幻灯片放映(详见第 4 章"自定义动画和幻灯片放映");

第九步,设置文档内及文档之间的超链接(详见第 5 章"超链接");

第十步,加入适当的背景音乐。

1.4　修饰幻灯片外观

> 设置字体、项目符号、颜色、行距、母版、配色、模板、背景等的原则:
> 醒目但不造成视觉疲劳,颜色和声音不过分分散观众注意力。

1.4.1　对使用多媒体电子教案的建议

(1) 充分应用多媒体手段,包括自定义动画等功能,在必要和适当的地方插入动态和形象的材料,达到提高教学效果的目的。电子教案是要下功夫制作的,要重视教学设计,不能书本搬家。学生不欢迎教师上课快速放映仅由文字和扫描书本插图制成的幻灯片。

> 使用多媒体要能达到传统教学手段达不到或难以达到的效果。

(2) 要特别注意实际的视觉效果。字体的种类、大小、粗细及颜色要讲究;行距不要过密;背景的选择很重要;要注意在教室的实际效果有时和在计算机上的差别很大。

> 要使观众看得比"粉笔加黑板"还清楚。

建议:"板书"要少而精;字和行距要大些;忌背景与文字色调相近的花纹,线条要够粗,文字要够大。

1.4.2　背景颜色的选择

根据许多师生的实践经验,深冷色背景和浅冷色文字搭配,连续观看放映时眼睛最舒服,也比较接近传统的板书黑背景(但对打印讲稿可能不便)。完全白背景,会刺伤眼睛,视觉容易疲劳。背景的花纹不要太乱,否则会影响文字效果,要突出主体。最简单且效果较好的是用近似白色有简洁边框的朴素背景。

1.4.3 背景的制作方法

（1）把图片插入当前幻灯片后拉大是一种常用方法。但多次插入大尺寸图片作为背景会使演示文稿变大，甚至打开时速度很慢。

（2）背景填充法，利用"设计"→"设置背景格式"（图1.45）的方法是另一种常用的方法。设置完背景后，如果该背景应用于全部幻灯片，单击"全部应用"（图1.46）。可以单击"重置背景"按钮来修改背景。

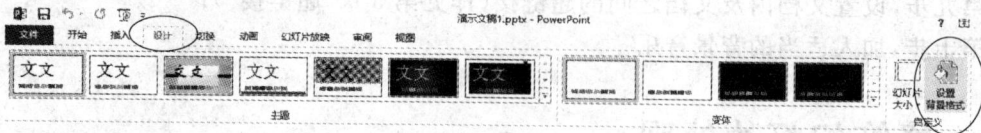

图 1.45

可以用各种颜色、渐变色、纹理、图案和图片等填充整张幻灯片的背景。

下面以图片填充为例：

① 在"设置背景格式"对话框中，选择"图片或纹理填充"→"文件"（图1.47）；

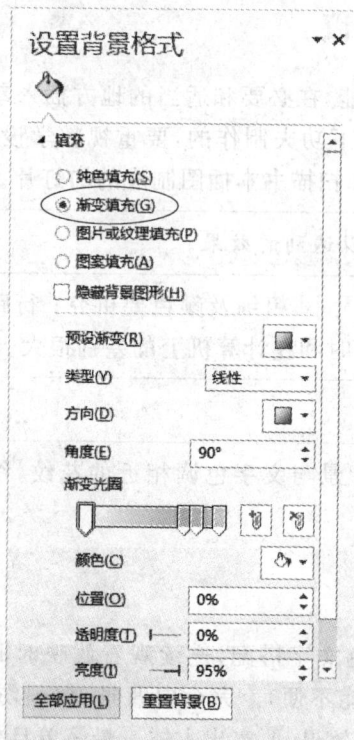

图 1.46

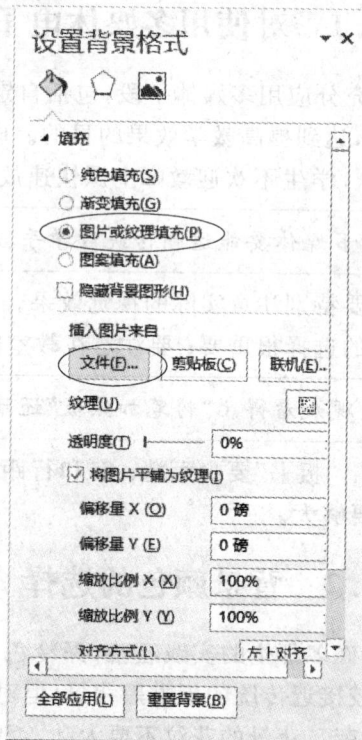

图 1.47

② 从自己的图片库中选取适合的图片作为背景,单击"打开"按钮(图 1.48);

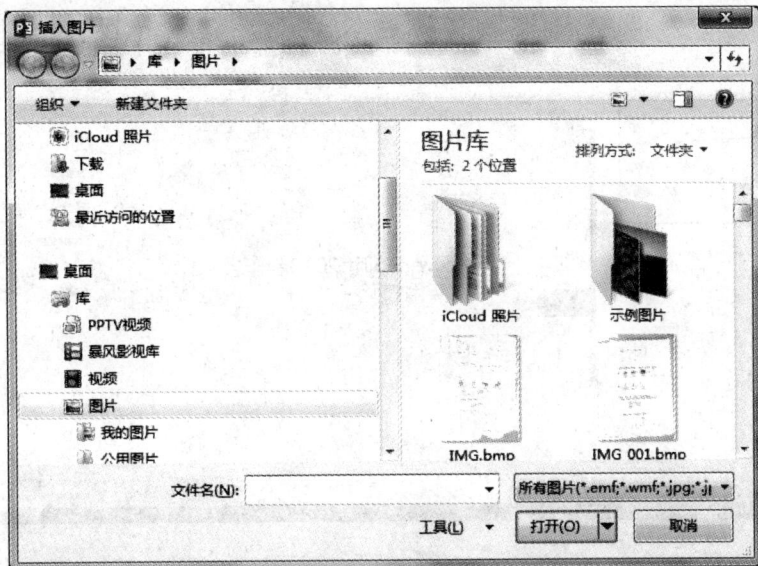

图 1.48

③ 如果应用于全部幻灯片,单击"全部应用"按钮。

以渐变填充为例:

在"设置背景格式"对话框中,选择"渐变填充"(图 1.49)。设置好各个参数之后,如果应用于全部幻灯片,单击"全部应用"按钮。

(3) 应用主题,单击"设计"→"主题"(图 1.50)。

(4) 创建自己的模板,PowerPoint 提供了大量专业设计模板。它们都可用来创建演示文稿统一的外观。设计模板包含配色方案、具有自定义格式的幻灯片母版和标题母版以及字体样式等。应用设计模板之后,新添加的每张幻灯片都有相同的外观。如果为某个演示文稿修改或创建了特殊的外观,可存为模板格式以备调用。

在 PowerPoint 中,幻灯片母版是一个设置幻灯片背景,保证演示文稿演示风格一致的设置工具。如果要修改多张幻灯片的背景,不必逐张进行修改,只需在幻灯片母版上作一次修改即可。一个 PowerPoint 演示文稿只能应用一个模板,一个模板可以包含多个幻灯片母版。

下面将介绍如何修改模板,并在母版中插入图标等。

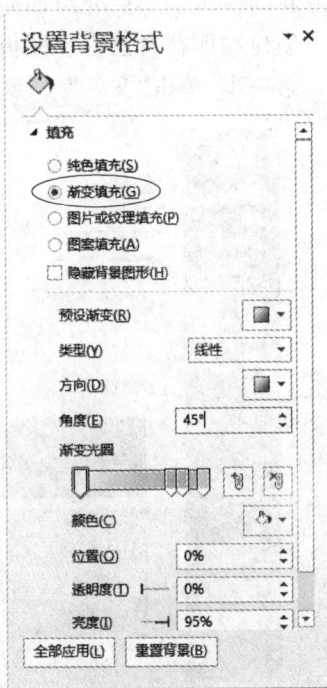

图 1.49

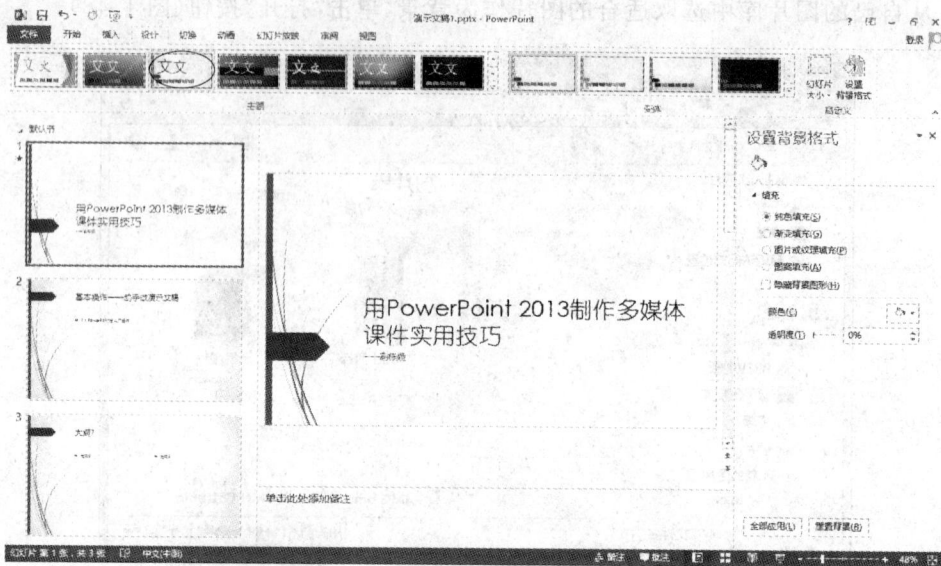

图 1.50

如果你要设计的完全是自己的模板,还必须在空白的幻灯片母版上填充背景和插入图片等,制成新的模板。最后介绍如何进行保存。

创建和保存自己内容模板的步骤:

第一步,单击"文件"→"新建"(图 1.51)。

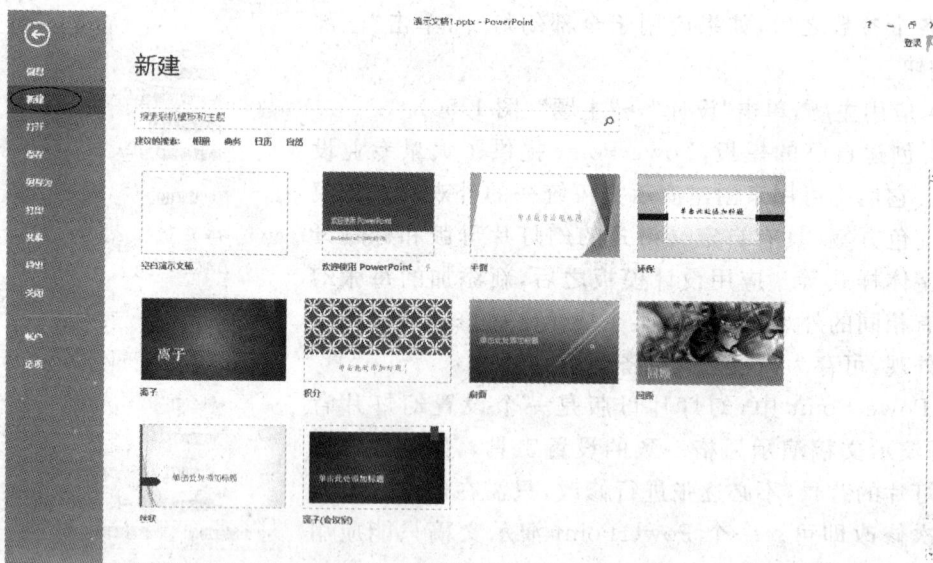

图 1.51

第二步,单击选择的模板,然后单击"创建"按钮,打开一个演示文稿模板(图1.52)。

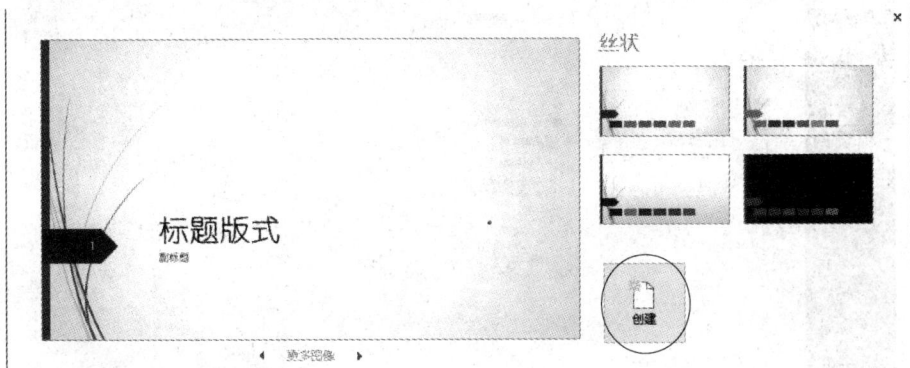

图 1.52

第三步,单击"视图"→"幻灯片母版"(图1.53)。

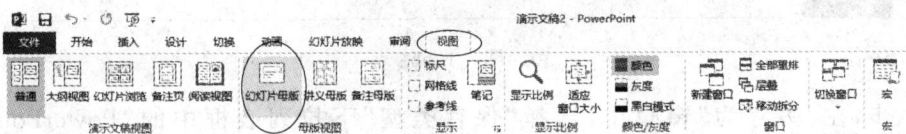

图 1.53

第四步,更改该模板下的母版内容以符合需要(例如替换内容、更改颜色设置、设置和定义按钮的功能或更改背景等项目,图1.54)。

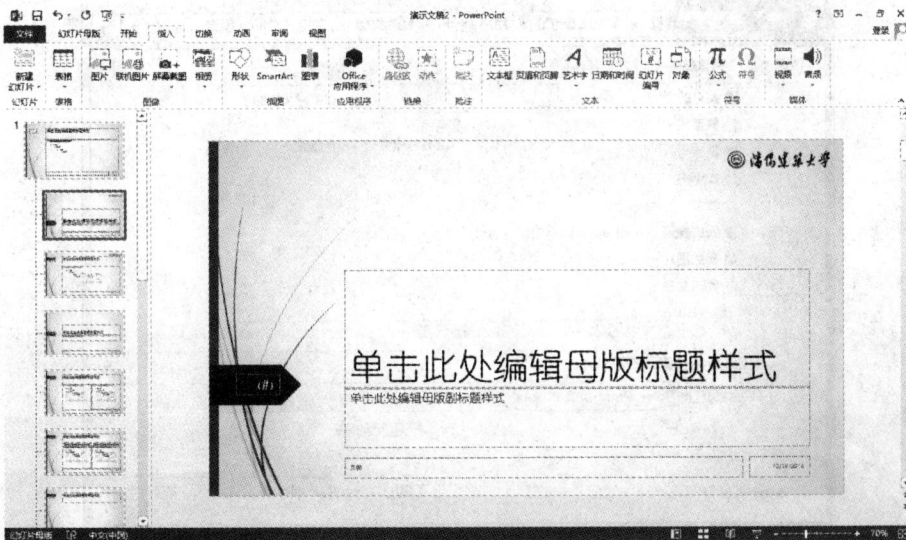

图 1.54

第五步,单击"文件"→"另存为"→"浏览"(图1.55)。

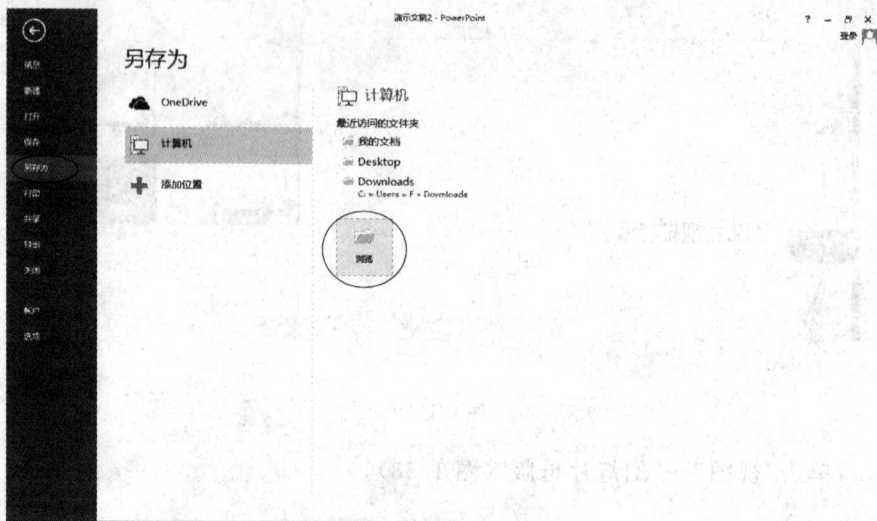

图 1.55

第六步,在"另存为"窗口中,选择"保存类型"下拉列表框中的"PowerPoint 模板(*.potx)"。在选择"保存类型"下拉列表框中的"PowerPoint 模板(*.potx)"之后,Microsoft Office 将自动打开"自定义 Office 模板"文件夹,作为默认保存位置(图1.56),如果需要保存到其他文件夹,可以自行选择。

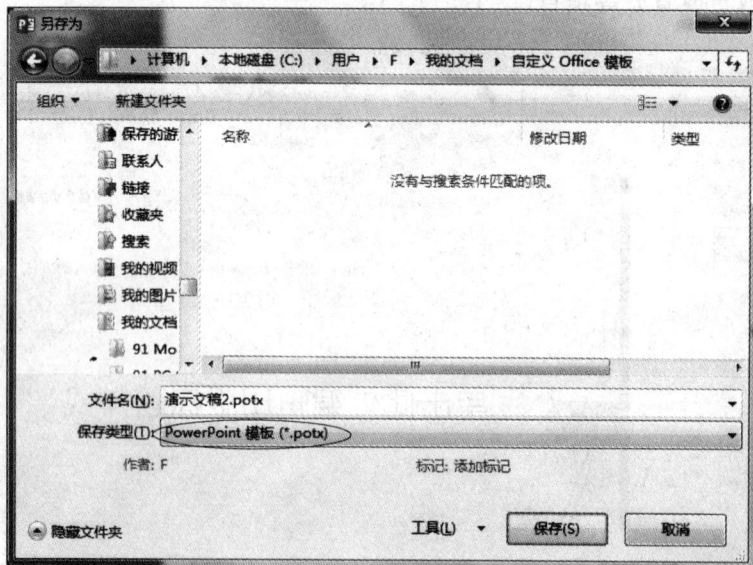

图 1.56

第七步,输入新模板的名称,然后单击"保存",则保存为"PowerPoint 模板",即. potx 格式。

也可以使用现有的演示文稿作为新模板的框架。方法是:打开该演示文稿,删除不需要的文字和第 3 页以后的幻灯片,再按照第三步到第七步的步骤操作。

各个幻灯片共用的部分,如按钮、图标和幻灯片编号等,都可以在母版设置。这样做的好处是可使幻灯片编辑版面简洁。不用这些部分的少数幻灯片常使用"隐藏背景图形"或遮盖等方法。

每个演示文稿中只能使用一个幻灯片模板。要使演示文稿有不同的模板,可使用超链接跳转到其他演示文稿,被链接的演示文稿可以具有不同的设计模板和幻灯片母版。如果要使个别幻灯片的外观与母版不同,请直接修改该幻灯片背景,但要选择"隐藏背景图形"(图 1.57)。

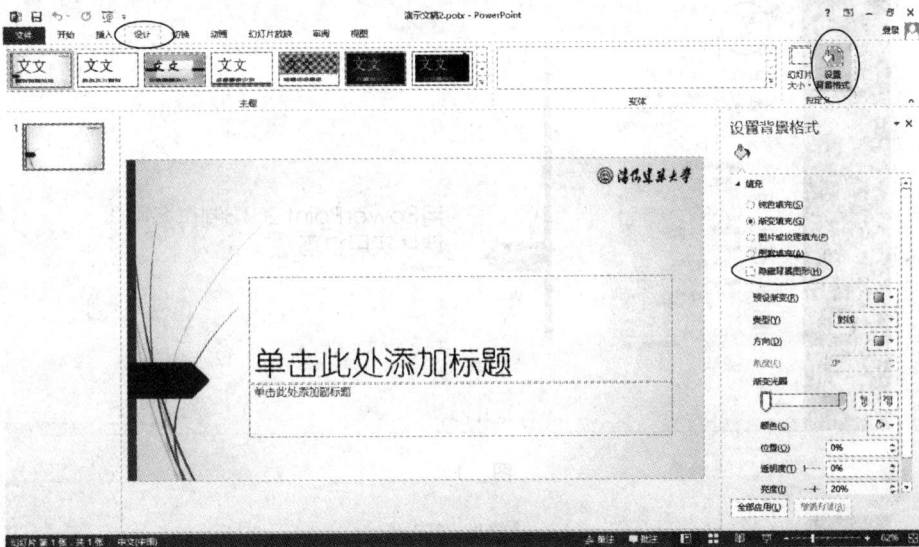

图　1.57

(5) 在同一个演示文稿中使用多个主题,选中要更改主题的幻灯片后,右击主题,选择"应用于选定幻灯片"(图 1.58),则只有被选中的幻灯片的主题发生变化。

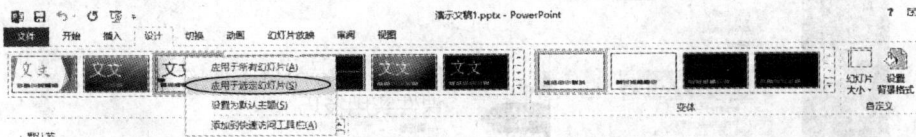

图　1.58

(6) 在同一个演示文稿中使用多个母版。

选中要更改母版的幻灯片后,单击"开始"→"版式",选择新的幻灯片版式,只有被选中的幻灯片的版式发生了变化。在此幻灯片后新插入的幻灯片都将"继承"这一版式。

1.4.4　输出演示文稿

（1）幻灯片输出形式

幻灯片输出的用途有生成书面教案、积累书面资料。

幻灯片输出可以在 1 页纸上打印 1、2、3、4、6 或 9 张幻灯片。

幻灯片输出形式选择方法：单击"文件"→"打印"→"打印"（图 1.59），打印版式可选"整页幻灯片"、"备注页"、"大纲"和"讲义"等不同输出方式（图 1.60）。

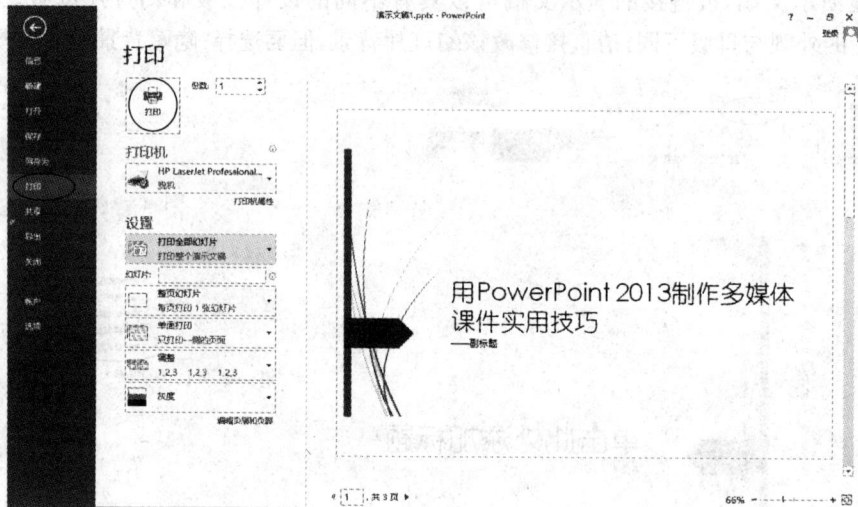

图　1.59

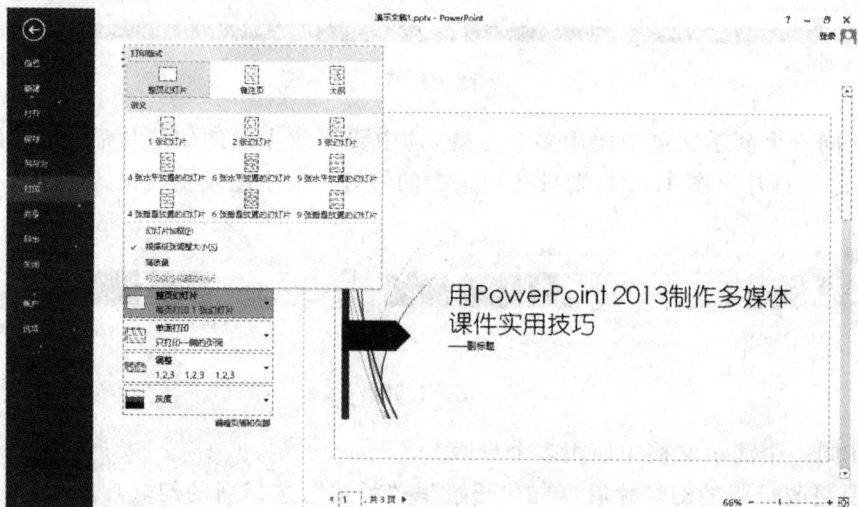

图　1.60

（2）将演示文稿转成 Word 文档形式。

适合情况：幻灯片加有备注（或要留备注空格）或幻灯片量大，一行行紧密排列耗费时间。输出效果：一张纸上可印 5 张幻灯片及备注。

将演示文稿发布到 Word 后，用表格的紧密排列方法整理幻灯片与备注。步骤如下：

① 单击"文件"→"导出"→"创建讲义"→"创建讲义"（图 1.61）；

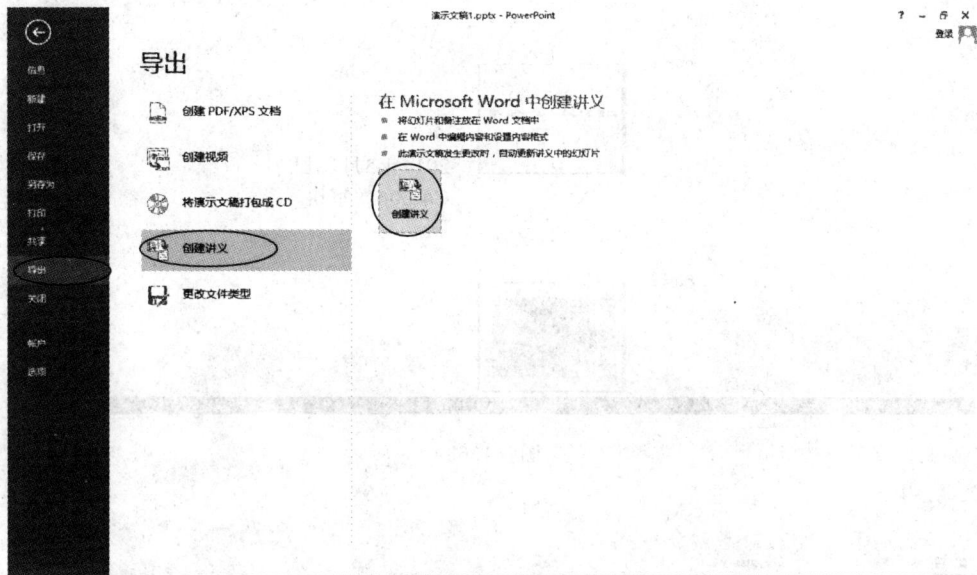

图 1.61

② 选择"备注在幻灯片旁"版式→"确定"（图 1.62），生成后的 Word 文档见图 1.63。

在 Word 中用表格的紧密排列方法整理幻灯片与备注：

第一步，将表格所有文字的字号缩小为五号字；

第二步，把第一行（一共 3 列）的底线移到幻灯片底线临近位置（图 1.64）；

第三步，选定表格第一行，在快速访问工具栏上单击"布局"→"属性"→"行"，记住"指定高度"（显示"4.25 厘米"）→"取消"（图 1.65）；

第四步，单击表格左上角的全选按钮，在快速访问工具栏上单击"布局"→"属性"→"行"→输入"指定高度"（"4.25 厘米"）→"确定"。

最后，显示和输出的结果如图 1.66 所示。

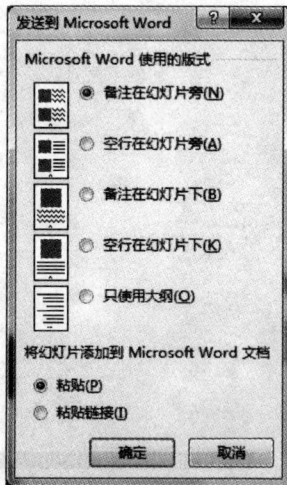

图 1.62

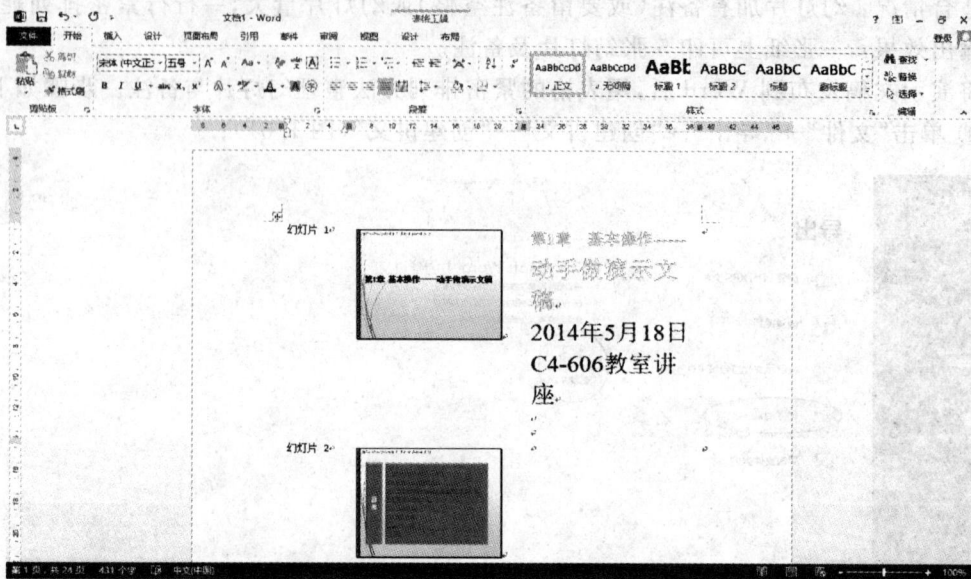

图　1.63

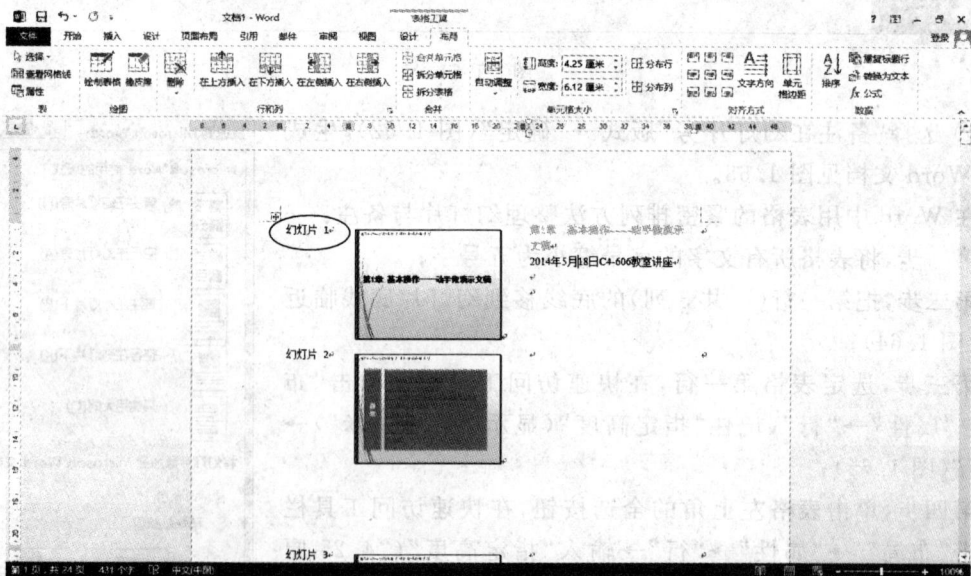

图　1.64

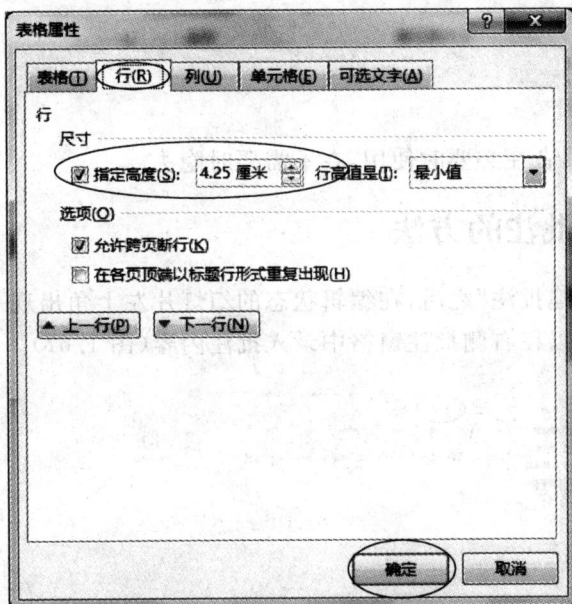

图 1.65

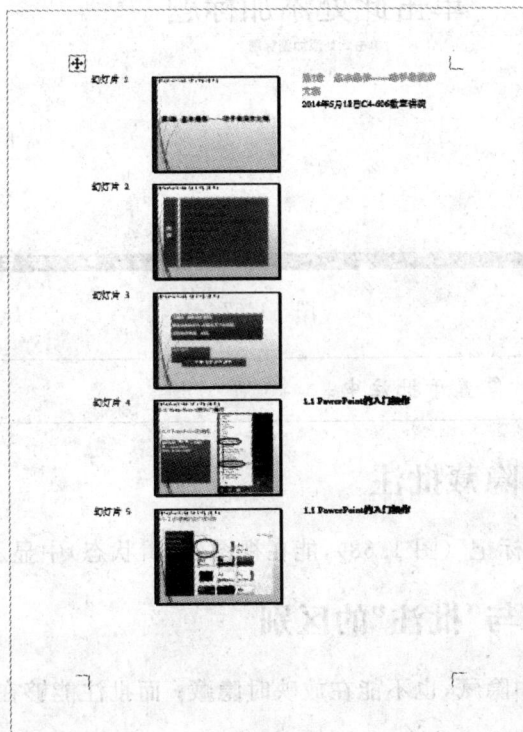

图 1.66

1.5 插入批注

批注可供作者或读者在必要时使用,在不需要时隐去。

1.5.1 插入批注的方法

单击"审阅"→"新建批注"之后,在编辑状态的幻灯片左上角出现一个粉色矩形批注框,它的位置可以移动,可以在右侧批注窗格中录入批注内容(图 1.67)。

图 1.67

> **提示**:不可将图形对象置于批注中。

1.5.2 显示和隐藏批注

单击"审阅"→"显示标记"(图 1.68),能在视图(编辑状态)中显示或隐藏批注。

1.5.3 文本框与"批注"的区别

文本框不能在视图中隐藏,也不能在放映时隐藏;而批注能够在编辑状态下隐藏,并且它在放映时不能显示。

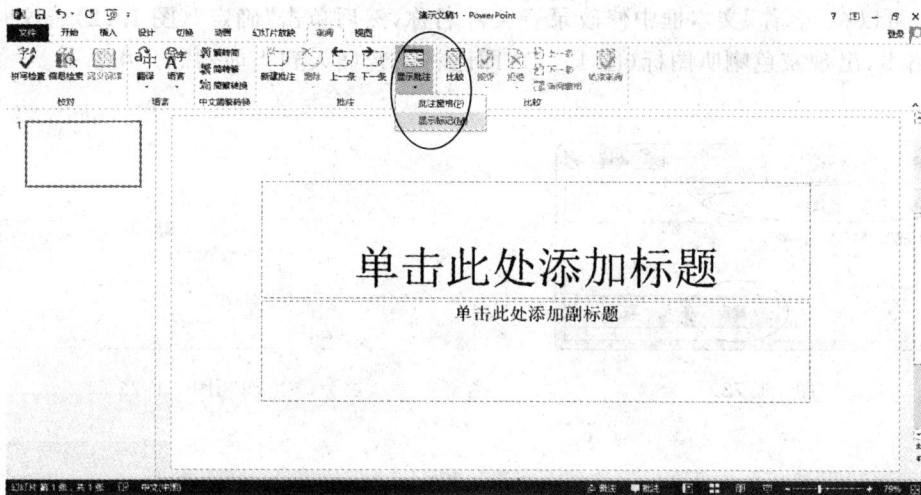

图　1.68

1.6　录制音频

　　PowerPoint 提供了录制声音的功能。只是简单地录制声音而不需要编辑时，可以利用这个功能。具体步骤如下：

　　(1) 单击"插入"→"音频"→"录制音频"(图 1.69)；

图　1.69

　　(2) 在打开的"录制声音"对话框中，单击"录音"按钮(图 1.70)；
　　(3) 开始录音，录音完毕单击"结束"按钮(图 1.71)；

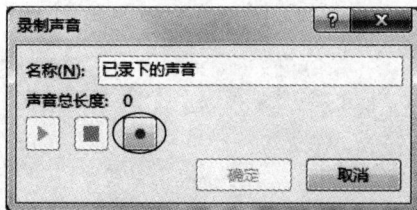

图　1.70

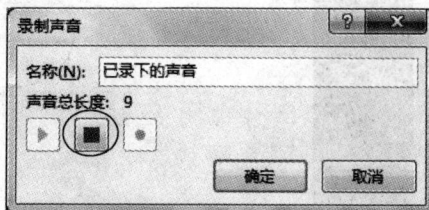

图　1.71

(4) 可以在"名称"文本框中修改录音文件名称,然后单击"确定"(图 1.72)。这时,在幻灯片窗格中,出现灰色喇叭图标(图 1.73),即已将录音插入到当前幻灯片中。

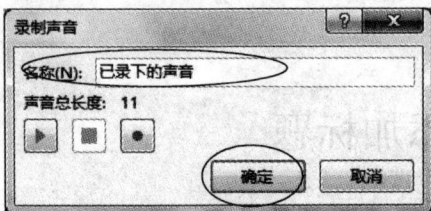

图 1.72

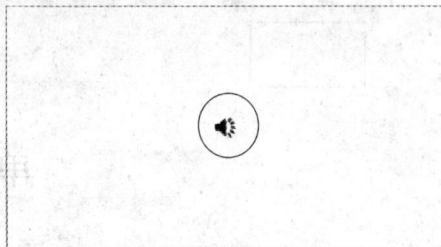

图 1.73

1.7 文件加密

我们可以给 PowerPoint 演示文稿添加打开权限密码和修改权限密码。当想打开演示文稿时,就需要打开权限密码,如果没有密码则不能打开;当想编辑演示文稿时,就需要编辑权限密码,如果没有密码则不能编辑。

演示文稿加密的具体步骤如下:

(1) 单击"文件"→"另存为"→"浏览"(图 1.74)。

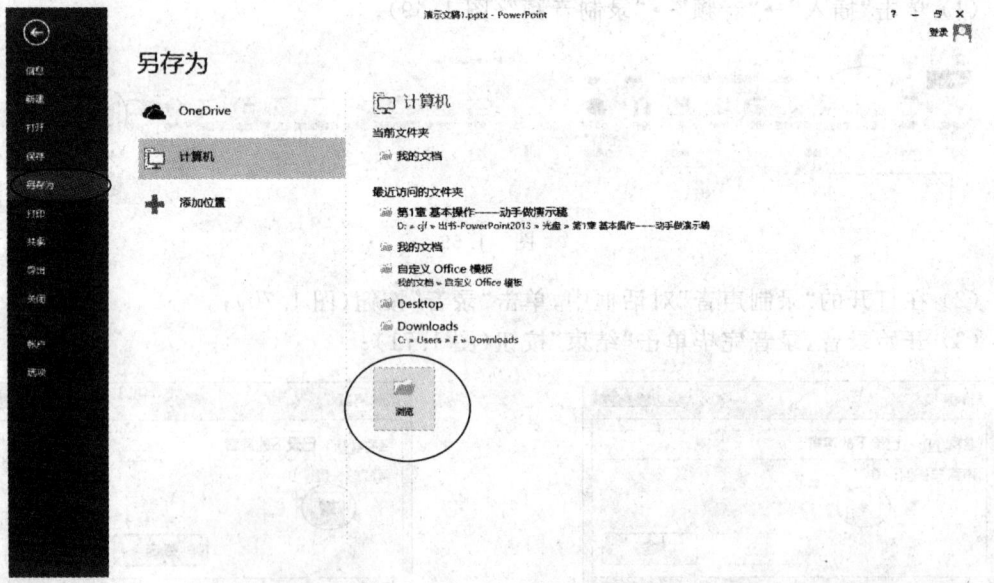

图 1.74

（2）在打开的"另存为"浏览对话框中，单击"工具"→"常规选项"（图 1.75）。

图 1.75

（3）在打开的"常规选项"对话框中，如果需要打开密码，则在"打开权限密码"文本框中输入密码；如果需要编辑密码，则在"修改权限密码"文本框中输入密码；如果不希望演示文稿中有个人信息，则选中"保存时自动删除在该文件中创建的个人信息"复选框，然后单击"确定"（图 1.76）。

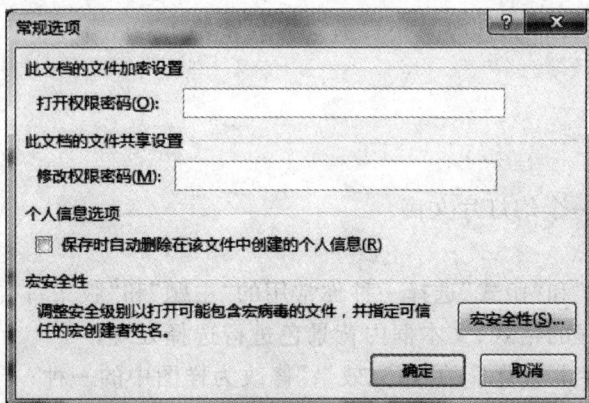

图 1.76

（4）如果输入了打开权限密码，则打开"确认密码"对话框，要求重新输入打开权限密码，单击"确定"（图1.77）；如果输入了修改权限密码，则打开"确认密码"对话框，要求重新输入修改权限密码，单击"确定"（图1.78）。

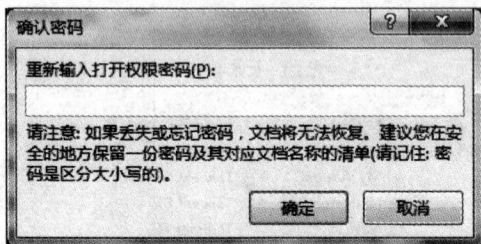

图 1.77

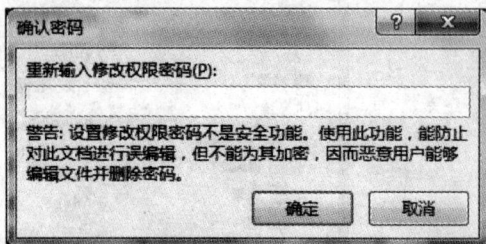

图 1.78

（5）选择保存位置，给文件命名，单击"保存"（图1.75）。

打开演示文稿时，如果有打开权限密码，将先打开"密码"对话框（图1.79），只有正确密码才能打开文件；如果有修改权限密码，将打开下一个"密码"对话框，只有输入正确密码才能打开文件，否则只能单击"只读"按钮（图1.80），以只读方式打开演示文稿。

图 1.79

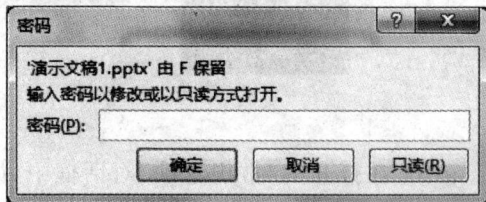

图 1.80

无论另存、复制或改名，再打开都需要密码。打开后也可以修改或删除密码。将密码删除并保存文件后，下次打开文件时就不再需要输入密码了。

练习题

按要求逐页制作一个幻灯片文稿。

1. 背景制作。

（1）先后用"设计"和"版式"选择一种你常用的"主题"和"版式"；

（2）对本页文本框的格式、文本框内背景色进行选择处理；

（3）背景填充：将本页背景的"填充效果"修改为样图中的一种；

（4）为本页选择一张照片做背景，然后实现"画中画"的效果。

2．文档处理。

（1）将以下一段文档录入（可以复制），使其在大纲中出现：

什么是多媒体授课和多媒体技术？

答：多媒体授课是指利用多媒体技术授课，多媒体技术是指利用计算机综合处理文字、声音、图像、图形、动画等信息的新技术。根据教育部［2005］1号文件的精神，国家重点建设的高等学校所开设的必修课程，使用多媒体授课的课时比例应达到30％以上，其他高等学校应达到15％以上。

（2）设置适当的格式、字体、大小、行距、颜色等；

（3）添加竖排版文本框将以下一段文档录入（可以复制），使其在大纲中不出现：

动手做演示文稿

• 入门操作

• 制作演示文稿的途径

• 设计和制作多媒体电子教案

• 修饰幻灯片外观

（4）设置适当的格式、字体、大小、行距、颜色等。

3．母版的应用。

（1）在母版中加进3个按钮 ，可暂不设动作设置，分别在下方标注："上一页"、"下一页"和"结束放映"；

（2）在母版中加页码（页码可以随幻灯片增减变化）；

（3）在母版中加你所在单位名称或标志，调整其为适当的大小和颜色。

4．插入批注和标注。

（1）插入云形标注；

（2）插入线形标注3；

（3）插入批注。

5．保存。

（1）保存文档为不同格式：pptx，ppsx，jpg（当前幻灯片）；

（2）加密码（123）保存这个文档为ppt只读格式（不可修改）。

第2章

图片、绘图和艺术字

我们在设计制作演示文稿过程中,可以通过图片、绘图和艺术字来美化幻灯片,真正做到图文并茂。本章主要介绍搜集图片的途径、插入图片的方法、图片的编辑、绘图方法与技巧和艺术字等。

2.1 搜集图片的途径

2.1.1 网上下载

网络上有丰富的图片资源,通过网络可以获得超乎想象的大量图片。

2.1.2 数码照片

直接从手机、平板电脑和数码相机中获得照片。

2.1.3 扫描

通过扫描仪扫描图片。图片的来源可以是书籍、相片、杂志、报纸和实物等。

2.1.4 光盘

通过购买图片光盘,从光盘上复制获得图片。

2.1.5 用 Print Screen(PrtScn)键抓取屏幕

(1) 简单介绍屏幕取图步骤。

第一步,当所需的图片显示在屏幕上,按 Print Screen 键。

第二步,调用画图程序。单击"开始"→"所有程序"→"附件"→"画图"(图 2.1)→"粘贴"(图 2.2)。

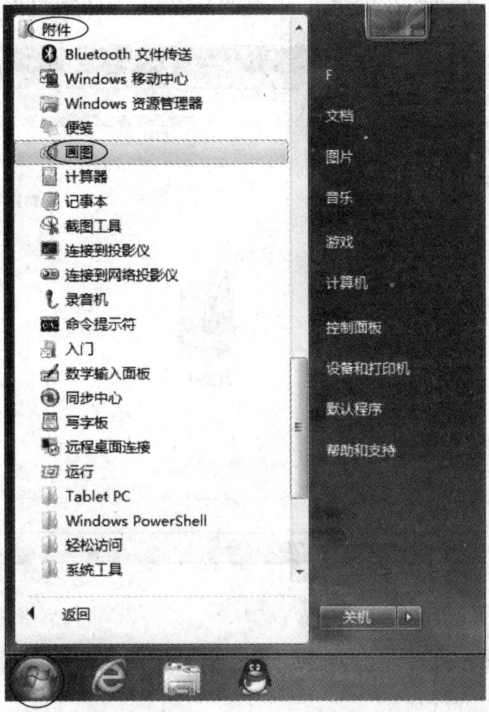

图 2.1

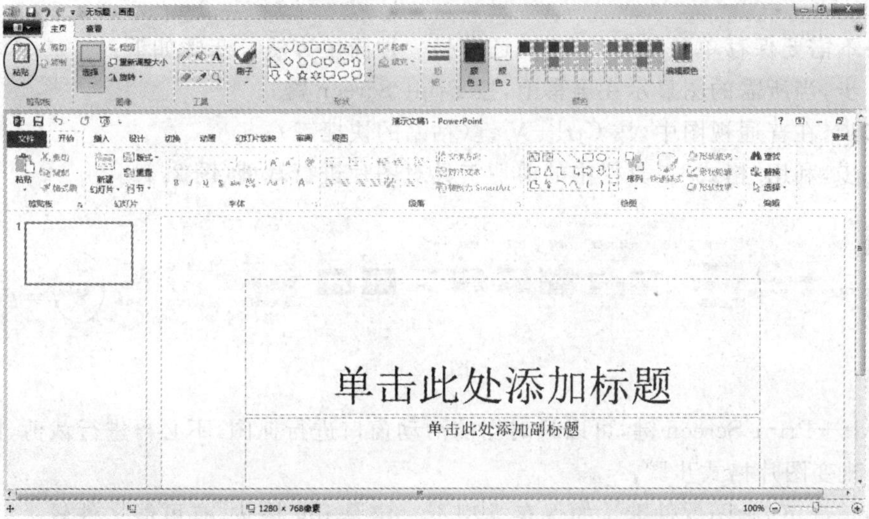

图 2.2

第三步,处理图片。用滚动条把所需处理的图片部分移到屏幕中央,调整选择框。

第四步,单击"保存"按钮,在"另存为"对话框中,单击"保存类型"→"JPEG(*.jpg; *.jpeg; *.jpe; *.jfif)",修改"文件名",并把图片文件保存到自己设定的文件夹内(图2.3)。

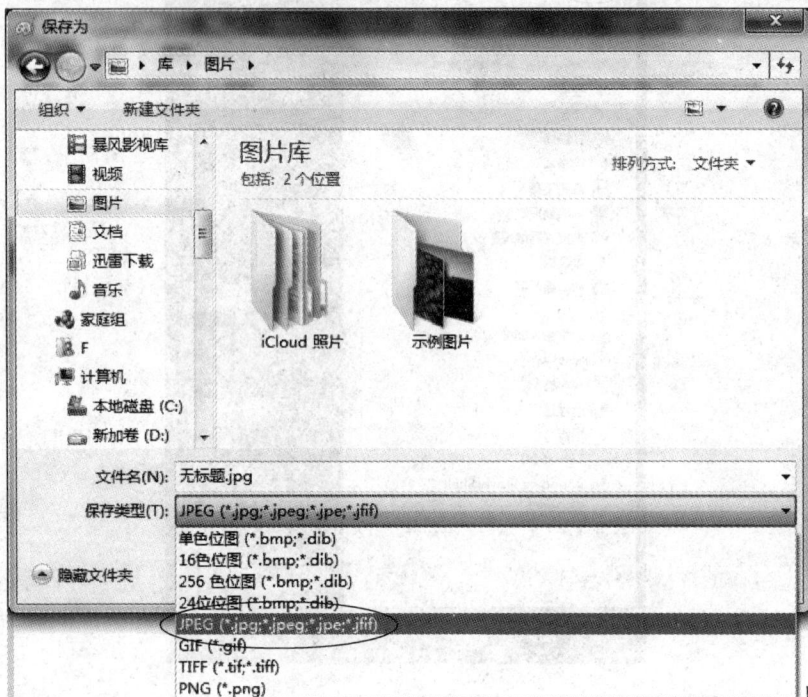

图 2.3

如果不需要保存单独的图片文件,还有另一种简单方法。步骤如下:

第一步,当所需的图显示在屏幕上,按 Print Screen 键;

第二步,在普通视图中,按 Ctrl＋V 键(粘贴的快捷键);

第三步,利用"格式"工具栏中的剪切工具对图片进行裁剪(图2.4)。

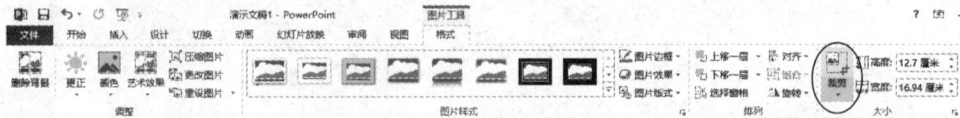

图 2.4

按 Alt＋Print Screen 键,可以只对当前活动窗口进行抓图,不必再进行裁剪(图2.5)。

(2) 改变图片格式步骤。

一般情况下,画图软件默认的保存类型不一定是 jpg 格式,有可能文件较大,需要变为 jpg 压缩格式。其他格式转换成 jpg 格式一般有两种方法。

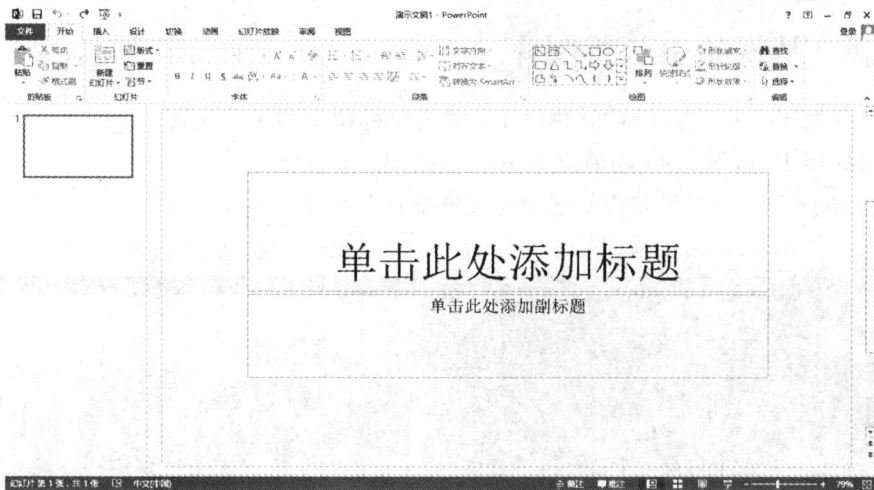

图 2.5

① 用画图程序处理。处理步骤如下：单击"开始"→"所有程序"→"附件"→"画图"→"画图"→"打开"(打开所需图片文件)→"画图"→"另存为"→"保存类型"选择"JPEG(＊.jpg；＊.jpeg；＊.jpe；＊.jfif)"→"保存"(图 2.3)。

② 用 Adobe Photoshop 软件处理。步骤如下：Print Screen→打开 Photoshop→"文件"→"新建"→"确定"→"编辑"→"粘贴"→"裁切工具"(图 2.6)→选图片范围→"图像"→"裁剪"→"文件"→"存储为"→"格式"选"JPEG（＊.JPG；＊.JPEG；＊.JPE)"→"保存"(详见第 8 章"需要掌握的相关软件简介")。

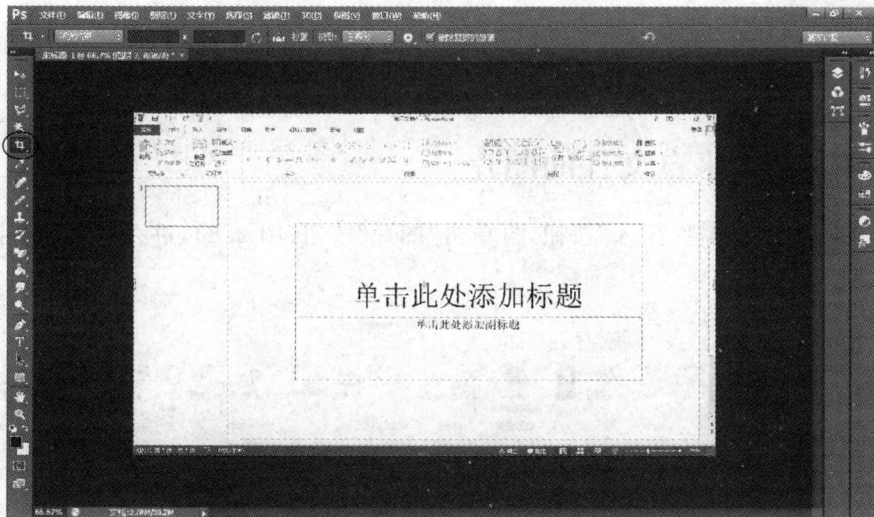

图 2.6

2.1.6　从视频中获得图片

（1）用暴风影音的"快速截屏"热键 F5 键获取视频中的某一张图片；

（2）用抓屏 Print Screen 功能键截取某一张图片；

（3）用 Premiere 软件截取某一张图片（精确）（图 2.7）。

图　2.7

2.2　插入图片的方法

2.2.1　插入来自文件的图片

单击快速访问工具栏"插入"按钮，再单击"图片"按钮（图 2.8），进入"插入图片"对话框（图 2.9）。

图　2.8

找到要插入图片的文件夹，选定图片，单击"插入"按钮，即可完成对图片的插入。PowerPoint 2013 自动将尺寸大于幻灯片的图片缩小到与幻灯片的高度或者宽度一致（图 2.10）。

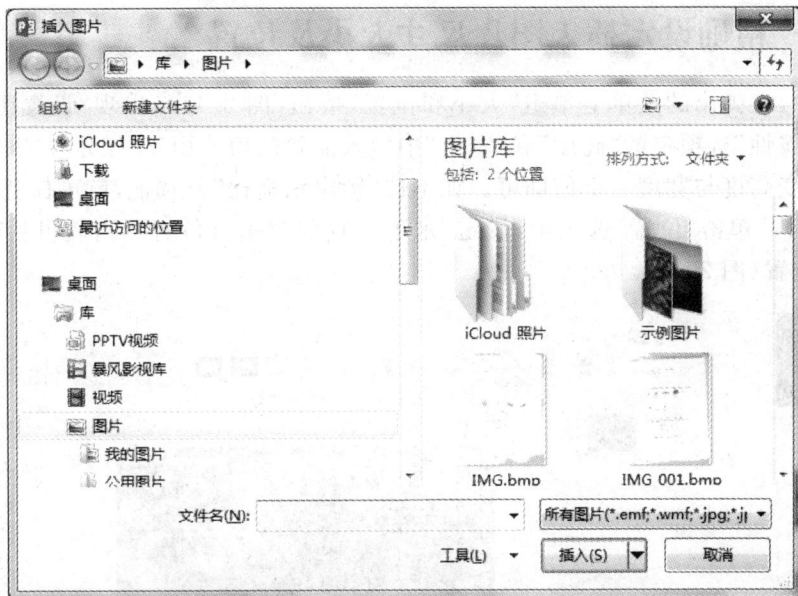

图 2.9

图 2.10

　　单击插入的图片,在图片四周出现 8 个小方点的锚点,将鼠标指针移到任一锚点上。当看到双向小箭头时,拖动鼠标,改变图片大小。按键盘上的方向键,可以调整图片上、下、左、右的位置。按住 Ctrl 键不动,再按方向键,可微调图片的位置。

2.2.2 精确设定插入图片尺寸大小及位置

　　右击图片,在弹出的菜单上单击"大小和位置"按钮(图 2.11),出现"设置图片格式"窗格。在"大小属性"选项卡的"高度"和"宽度"中填入需要的值。由于"锁定纵横比"复选框已选,所以只改变高度与宽度一个值即可。如不选"锁定纵横比"复选框,就可任意改变图片的大小(图 2.12)。单击"位置"选项组,设定"水平位置"与"垂直位置"后,就可精确改变图片尺寸大小和位置(图 2.13)。

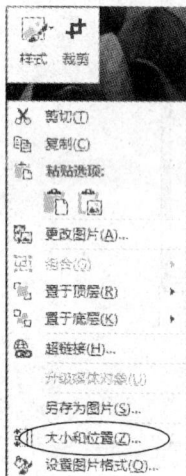
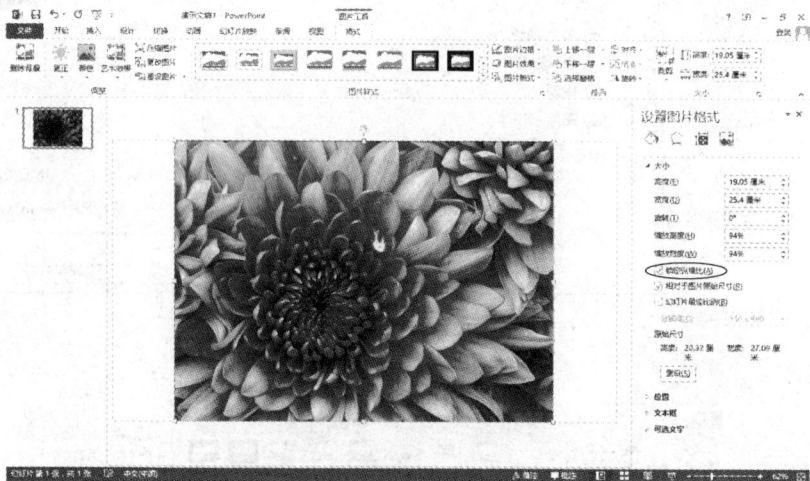

图　2.11　　　　　　　　　　　　　　　　　　图　2.12

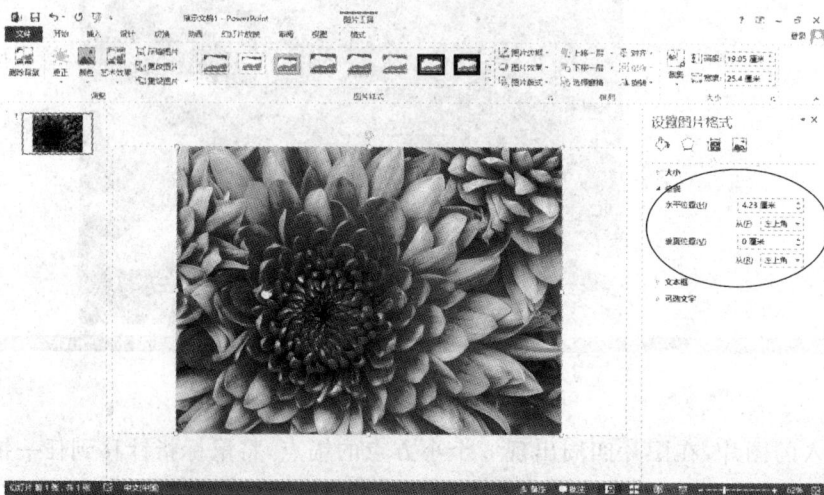

图　2.13

2.3 图片的编辑

本节内容介绍插入图片后的简单编辑,掌握"图片工具|格式"快速访问工具栏的使用方法。

当单击一张图片后,会出现"图片工具|格式"快速访问工具栏(图2.14)。下面对"格式"快速访问工具栏各个按钮分别介绍。

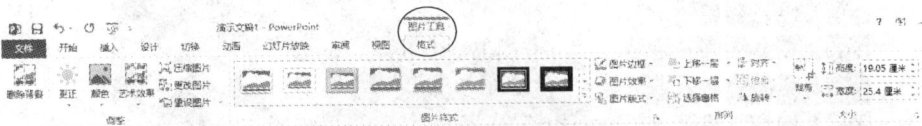

图 2.14

2.3.1 删除背景

选定图片,单击"删除背景"按钮,能够自动删除不需要的部分图片。可以使用标记来保留或者删除图片区域。如果觉得满意,单击"保留更改"按钮(图2.15)。

图 2.15

2.3.2 更正

选定图片,单击"更正"按钮下面的下拉按钮。当鼠标移动到"锐化/柔化"效果图标上时,能够预览到该图片的锐化或者柔化效果。如果觉得满意,单击该效果图标以锐化或柔化图片。当鼠标移动到"亮度/对比度"效果图标上时,能够预览到该图片的亮度和对比度效果。如果觉得满意,单击该效果图标以增加或降低图片的亮度和对比度(图 2.16)。

图　2.16

　　单击"图片更正选项",出现"设置图片格式"窗格(图 2.17)。在这个窗格里,可以设置"清晰度"、"亮度"和"对比度"的值。

图　2.17

2.3.3 颜色

选定图片,单击"颜色"按钮下面的下拉按钮。当鼠标移动到不同按钮上时,能够预览到该颜色效果。如果觉得满意,单击该按钮以改变图片颜色(图 2.18)。

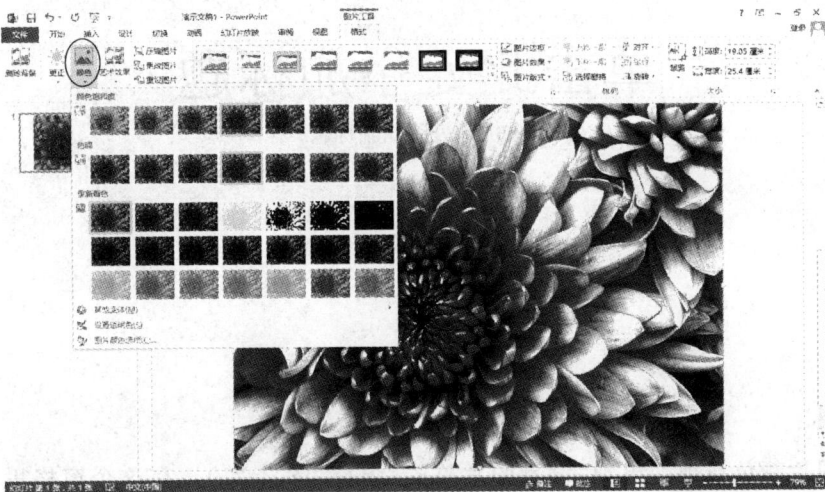

图 2.18

在"颜色"下拉菜单下边有一个"设置透明色"按钮,可以在要求不太高、色彩比较单一的情况下,对一些图片进行透明处理。具体步骤如下:

单击要设置透明色的图片→"格式"→"颜色"→"设置透明色"(图 2.19)→单击图片背景,图片背景即变成透明(图 2.20)。

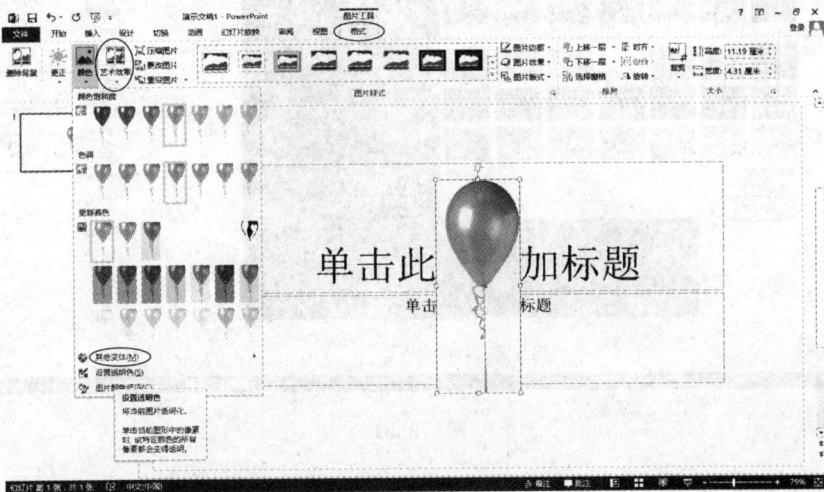

图 2.19

图 2.20

单击"图片颜色选项",出现"设置图片格式"窗格(图 2.21)。在这个窗格里,可以设置"饱和度"和"温度"的值。

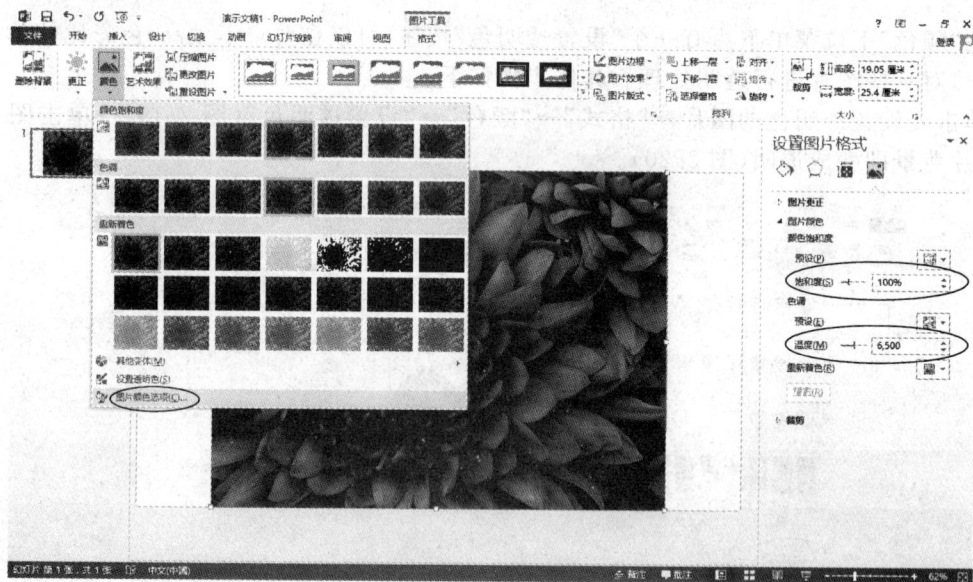

图 2.21

2.3.4 艺术效果

选定图片,单击"艺术效果"按钮下面的下拉按钮。当鼠标移动到不同按钮上时,能够预览到该艺术效果。如果觉得满意,单击该按钮以改变图片的艺术效果(图2.22)。

图 2.22

单击"艺术效果选项",出现"设置图片格式"窗格(图2.23)。如果应用了某种艺术效果,在这个窗格里,可以设置该艺术效果的值。不同的艺术效果,出现的选项也不同。

图 2.23

2.3.5　图片压缩

单击"压缩图片"按钮,打开"压缩图片"对话框(图2.24)。如果仅压缩所选图片,选择"仅应用于此图片"复选框。选择"删除图片的剪裁区域"复选框,能够将图片的剪裁部分删除,一旦保存演示文档并退出后,就不能够恢复。"目标输出"下的4个单选按钮用于设置图片的压缩质量。其中,"打印"选项压缩的图片质量最好,但是图片尺寸也最大;"屏幕"选项压缩的图片质量和图片尺寸适中;"电子邮件"选项压缩的图片质量最差,但是图片尺寸最小;"使用文档分辨率"选项默认值和"打印"选项是一样的。

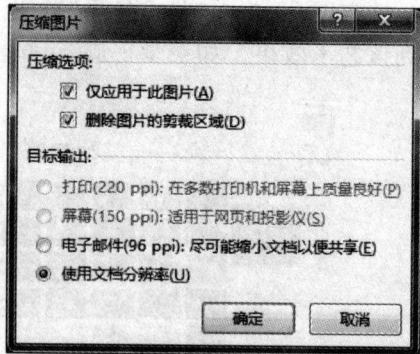

图　2.24

2.3.6　更改图片

单击"更改图片"按钮,打开连网对话框(图2.25)。单击"脱机工作"按钮,打开"插入图片"对话框(图2.26)。找到要更改的图片,单击"打开"按钮,完成对图片的更改。

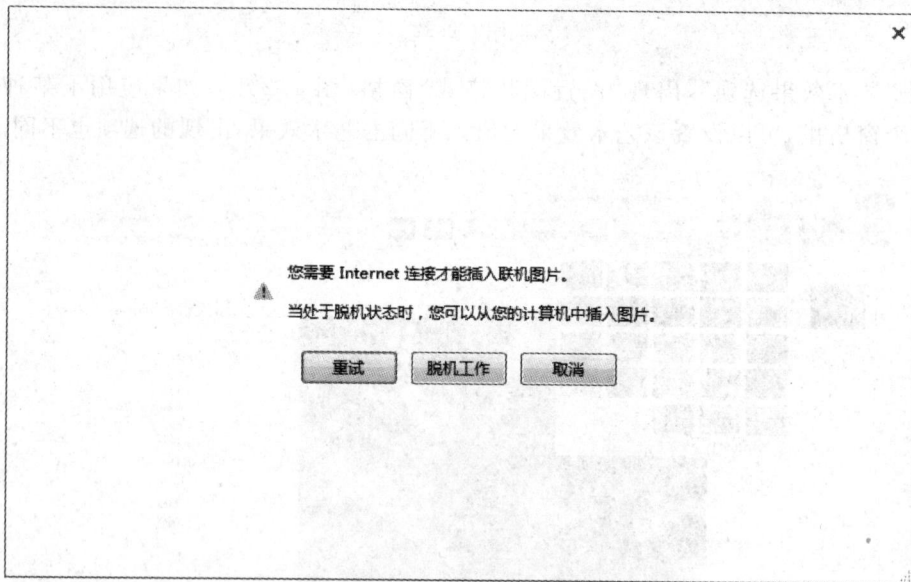

图　2.25

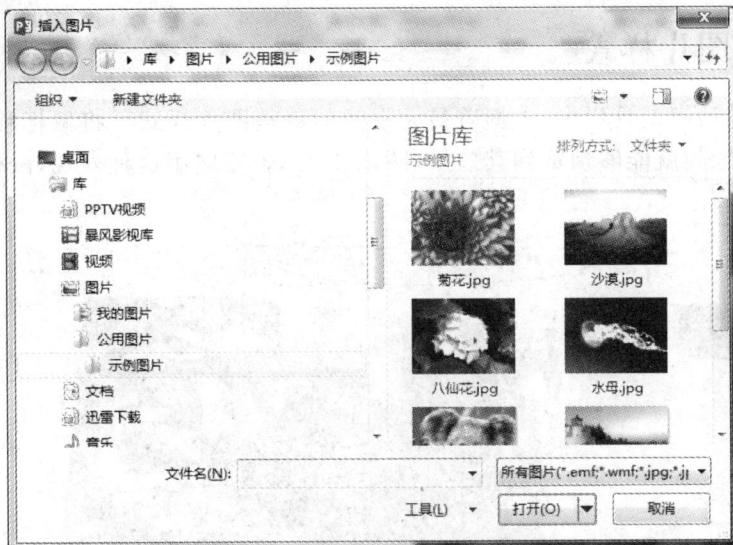

图　2.26

2.3.7　重设图片

一般插入的图片尺寸很大，有时很小，所以要对图片进行缩小、放大、裁剪、加框、透明等方面的处理。这时难免会出现不理想的时候，就要恢复原图片。"重设图片"按钮可解决这个问题。方法是选定处理过的图片，单击"重设图片"按钮右侧的下拉按钮，再单击"重设图片"，即可恢复原图片的全部格式，重新处理（图 2.27）。即使是插入图片时，PowerPoint 对图片自动缩小到工作区大小的改变，也可以单击"重设图片和大小"来进行恢复。

图　2.27

2.3.8 图片样式

在格式快速访问工具栏中,占据着最大空间的就是图片样式。将鼠标移动到某个图片样式上,在工作区间就能够预览到其效果(图2.28)。若要应用这种外观,鼠标单击即可。

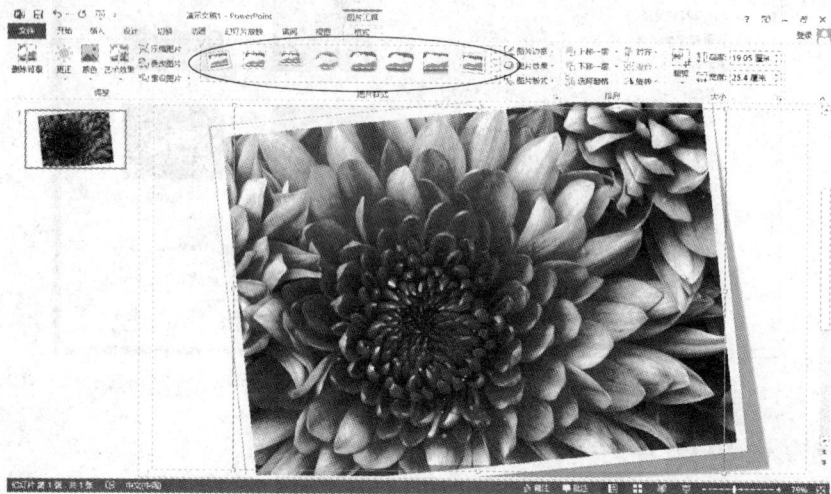

图 2.28

2.3.9 图片边框

选定图片,单击"图片边框"按钮右侧下拉箭头,可以改变图片边框颜色和线型的粗细、虚实。鼠标移动到颜色或线型的选项上时,在工作区可以预览到效果(图2.29)。

图 2.29

2.3.10　图片效果

"图片效果"按钮包含 7 个菜单,分别是预设、阴影、映像、发光、柔化边缘、棱台和三维旋转。鼠标移动到其中一个菜单下的某个按钮上,就能预览到效果(图 2.30)。

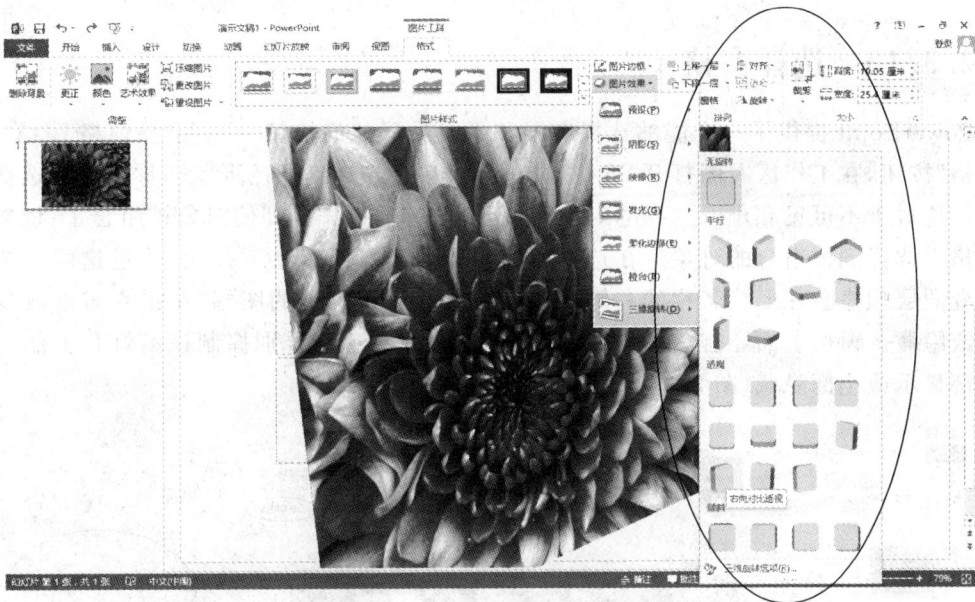

图　2.30

2.3.11　上移一层

"上移一层"按钮包括"上移一层"和"置于顶层"两个按钮(图 2.31)。"上移一层"按钮能够将图片向上移动一层;"置于顶层"按钮能够将图片移动到最上面一层。

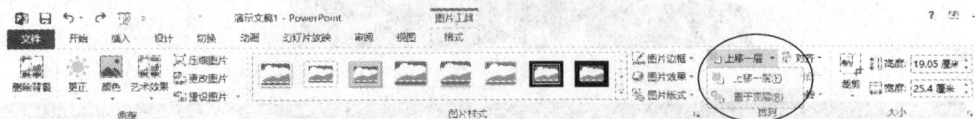

图　2.31

2.3.12　下移一层

"下移一层"按钮包括"下移一层"和"置于底层"两个按钮(图 2.32)。"下移一层"按钮能够将图片向下移动一层;"置于底层"按钮能够将图片移动到最下面一层。

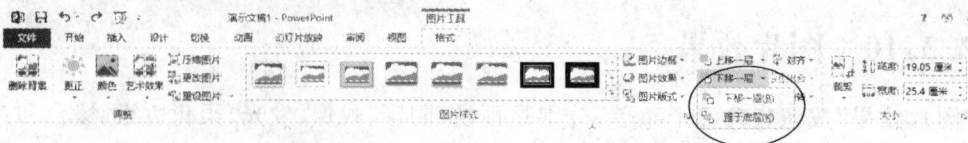

图　2.32

2.3.13　选择窗格

　　PowerPoint 提供了一个能够选择底层和不可见形状的按钮——"选择窗格"。单击"选择窗格"按钮，在工作区右侧打开"选择"选项卡。单击选项卡中的形状名称就能够选择相应形状。这对于不可见和难以选择的对象来说，非常方便操作。即使对象被组合了，依然能够在窗格中选择到被组合的对象。在选项卡的右上角还有两个上下按钮，通过这两个按钮能够改变图层顺序。在形状名称的右侧还有控制形状是否可见的图标，单击它可以改变形状显示或隐藏。窗格上面还有"全部显示"和"全部隐藏"按钮，分别控制该幻灯片上的对象是否全部显示或全部隐藏(图 2.33)。

图　2.33

2.3.14　对齐

　　当选择一个或多个图片和形状时，利用"对齐"按钮能够改变它们的对齐方式。对齐方式包括左对齐、左右居中、右对齐、顶端对齐、上下居中、底端对齐、横向分布、纵向分布、对齐幻灯片和对齐所选对象等(图 2.34)。

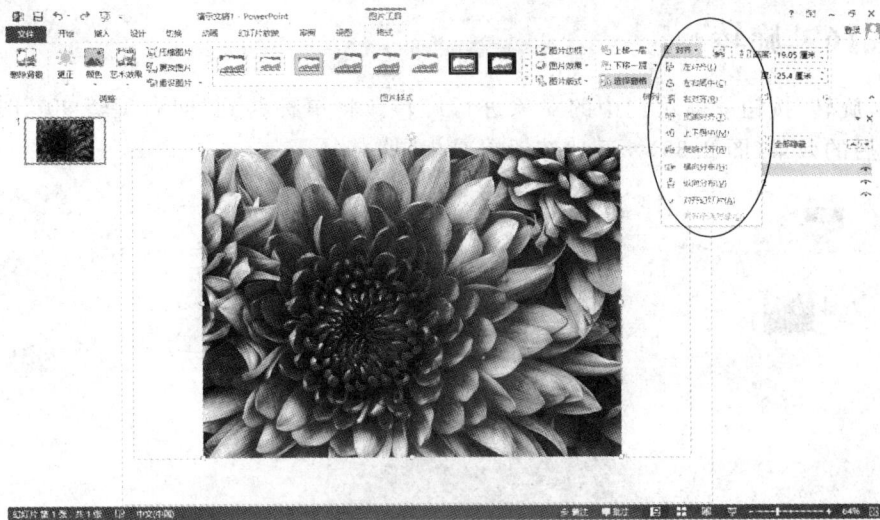

图 2.34

2.3.15 组合

"组合"功能在进行绘图、处理图片、多个文本框时是很有用的(图2.35),有必要熟练掌握。组合适合用于播放时一次出现的图(动画效果)。组合的最大优点是移动、复制图形时图不会散开,修改文本框中的文本和图形颜色等不必"取消组合"就可修改。如果"取消组合"后修改,再"重新组合",将会使动画效果消失。

图 2.35

2.3.16　旋转

利用"旋转"按钮能够对选中的对象进行旋转。将鼠标移到"向右旋转 90°"时,能够预览到旋转后的效果(图 2.36)。其他按钮情况相同。

图　2.36

2.3.17　裁剪

选中图片,单击"裁剪"按钮下面的下拉按钮。单击"裁剪",将指针移动到选中图片 8 个锚点中的任意一个,拖动鼠标,即可将图片裁剪(图 2.37);单击"裁剪为形状"中的某一形

图　2.37

状,即可将图片裁剪为所选形状(图 2.38);单击"纵横比"中的某一比值,即可将图片裁剪为所选纵横比(图 2.39);单击"填充",将按原始纵横比对裁剪区域外进行填充(图 2.40);单击"调整",将按原始纵横比对裁剪区域内进行调整(图 2.41)。

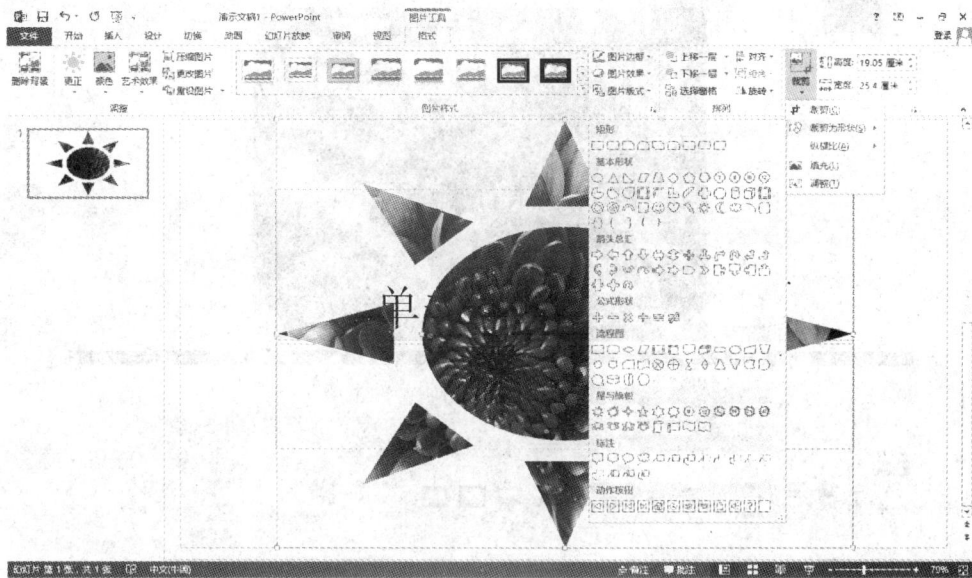

图　2.38

图　2.39

图 2.40

图 2.41

2.3.18 高度和宽度

可以通过修改高度和宽度输入栏的数值或微调按钮精确改变图片的高度和宽度(图 2.42)。

图 2.42

2.4 绘图方法与技巧

以下内容是绘图常用的方法和技巧。

2.4.1 常用基本形状绘图

常用绘图方法有 2 种：

（1）使用"开始"快速访问工具栏"绘图"中提供的现成形状（图 2.43）；

图 2.43

（2）使用"插入"快速访问工具栏"形状"下拉按钮中的"线条"、"矩形"、"基本形状"、"箭头总汇"等（图 2.44）。

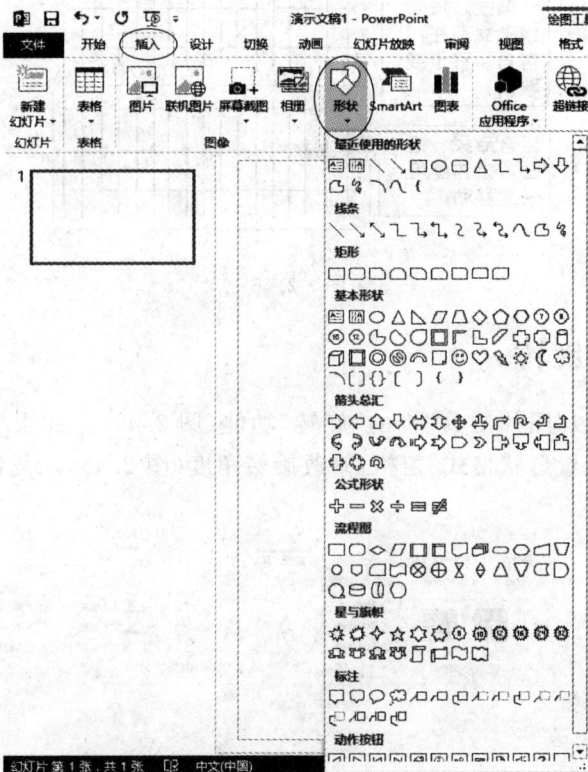

图 2.44

2.4.2　形状"组合"及"取消组合"

"绘图"中的"组合"及"取消组合"等功能(图2.45)在进行绘图、处理图片以至文本框的组合时是很有用的,有必要熟练掌握。

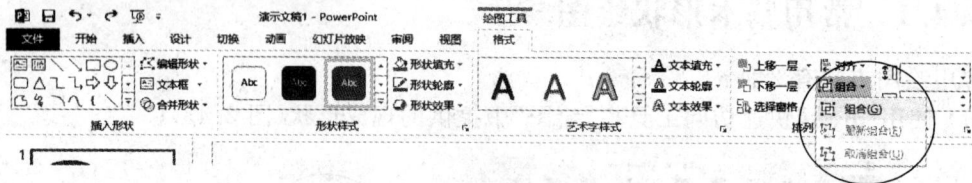

图　2.45

组合适用于动画效果一次出现的形状。组合的最大优点是移动、复制图形时图形不会散(图2.46)。修改文本框中的文本不必"取消组合"就可进行。

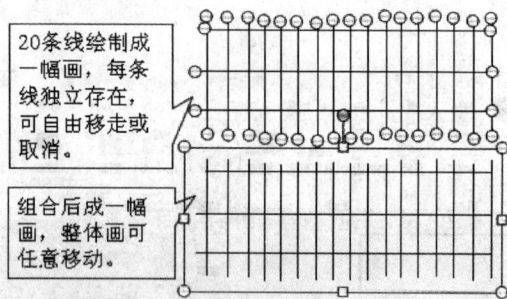

图　2.46

2.4.3　画图旋转

利用"绘图工具"或"图片工具"中的"旋转"功能(图2.47)。如果要自由旋转,选择"其他旋转选项",打开"设置形状格式"窗格,修改旋转角度(图2.48)。复制加旋转的结合可以节省很多绘图时间。

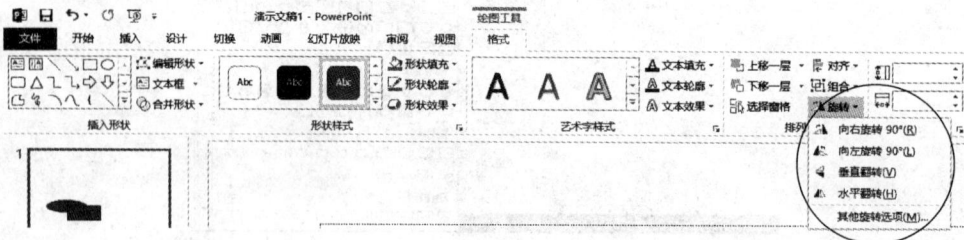

图　2.47

2.4.4 描图法

要绘制一幅比较复杂的图,使用"描图法"比较准确、省时。

步骤:

(1) 把原图扫描后插入当前幻灯片,调整好大小(图2.49);

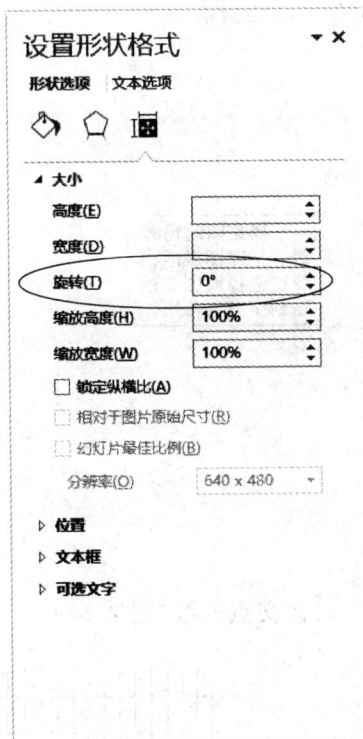

图 2.48

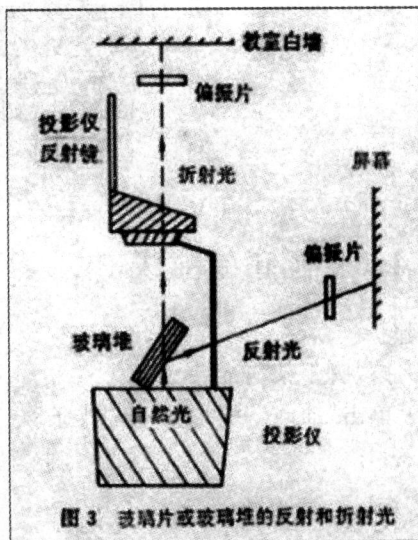

图 2.49

(2) 单击"插入"→"形状",选用较鲜艳的颜色;

(3) 用"形状"中的各种合适的线条和基本图形进行描图;

(4) 用"开始"→"选择"→"选择对象",拖拉一个矩形范围,囊括全部图形或按住 Shift 键依次选的方法,选中全部对象;

(5) 用"格式"→"组合"将上面所选中对象组合为一个新的整体对象;

(6) 将新对象"置于底层";

(7) 单击原图,删除;

(8) 单击新图,"格式"→"组合"→"取消组合";

(9) 按需要设置各对象的颜色、组合和动作(图2.50)。

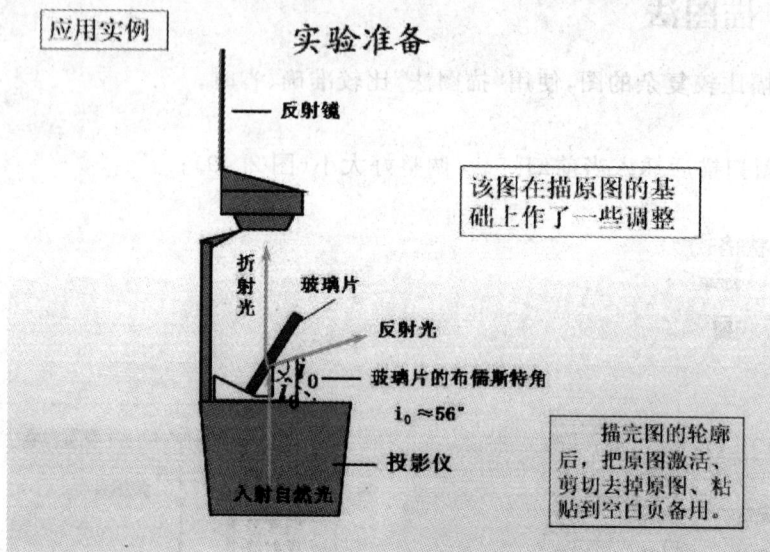

应用实例

实验准备

反射镜

折射光　玻璃片

反射光

该图在描原图的基础上作了一些调整

玻璃片的布儒斯特角

$i_0 \approx 56°$

投影仪

入射自然光

描完图的轮廓后，把原图激活、剪切去掉原图、粘贴到空白页备用。

图　2.50

2.4.5　画正弦曲线

步骤：

(1) 搭"脚手架"。

(2) 单击"插入"→"形状"→"线条"→"曲线"(图 2.51)，按交点连线(图 2.52)。

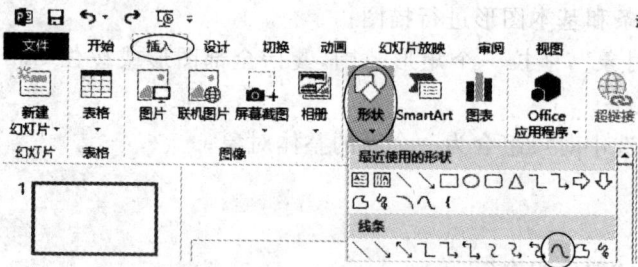

图　2.51

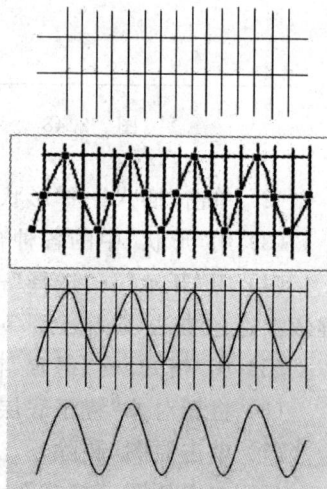

图　2.52

（3）单击"格式"→"编辑形状"→"编辑顶点"（图 2.53），进行调整。

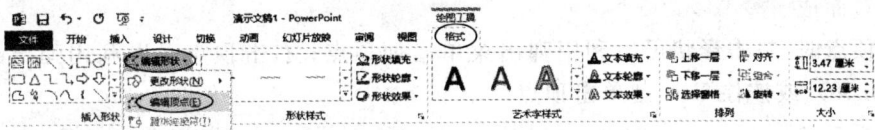

图　2.53

从下面的例子将可看到，"编辑顶点"非常有用。对绘画技术不高的人，它是个好帮手，一次画得不好，通过"编辑顶点"可以反复修改直至满意。

（4）拆"脚手架"。

（5）右击曲线，选择"设置形状格式"，弹出"设置形状格式"窗格，作必要的修饰。

（6）必要时再经过"编辑顶点"，右击曲线，单击"添加顶点"进行调整。

曲线和图片一样，可以放大或缩小。

2.4.6　绘制"任意多边形"

单击"插入"→"形状"→"线条"→"任意多边形"（图 2.54），然后在工作区单击产生一个"顶点"，移动鼠标，再单击产生另一个"顶点"。两个"顶点"之间自动生成直线，最后的"顶点"与第一个"顶点"重合后不规则封闭图形自动出现（图 2.55）。

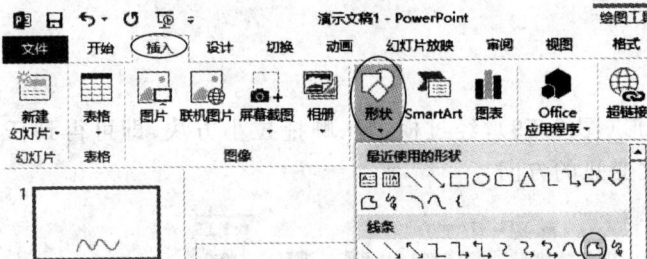

图　2.54

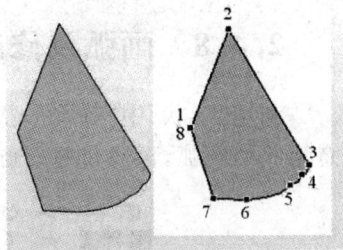

图　2.55

2.4.7　编辑顶点对曲线进行调整

进入"编辑顶点"的第一种方法：选中形状→"绘图工具|格式"→"编辑形状"→"编辑顶点"（图 2.56）→反复拖拉顶点矫正形状。

图　2.56

进入"编辑顶点"的第二种方法：选中形状→右击形状→"编辑顶点"（图2.57）→反复拖拉顶点调整而成。

编辑顶点时，右击形状可以利用弹出菜单增加顶点；右击顶点可以利用弹出菜单删除顶点（图2.58），或按住 Ctrl 键单击顶点。

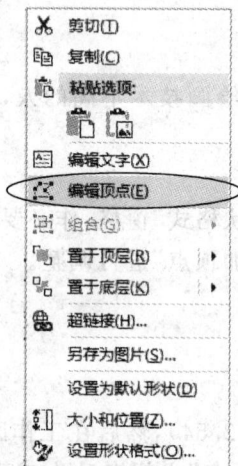

图 2.57

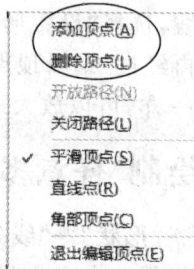

图 2.58

2.4.8 画弧及修改弧形

利用"形状"中"基本形状"中的弧形（图2.59），经过横、竖、顺拖拉小方块，即可得到任意形状的圆弧，再通过拖动旋转句柄改变弧的方向。

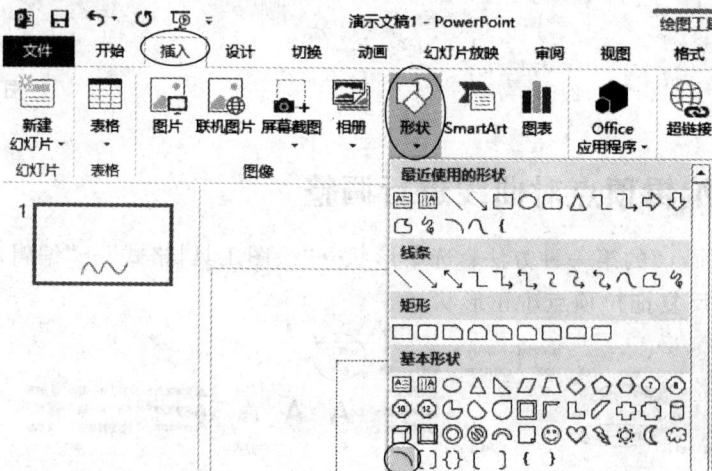

图 2.59

2.4.9 复制图形或文本框

方法 1：选中图形→"开始"→"复制"（图 2.60）。

方法 2：选中图形，右击→"复制"（图 2.61）。

方法 3：选中图形，按住鼠标右键拖动，单击"复制到此位置"（图 2.62）。

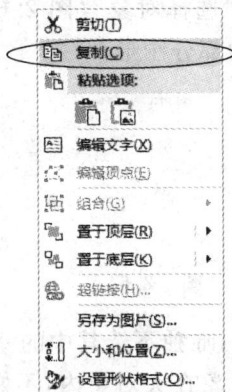

图 2.60   图 2.61   图 2.62

方法 4：选中图形，按住 Ctrl 键拖动图形。

方法 5：选中图形，快捷键 Ctrl+C。

2.4.10 选择鼠标无法选中的图形

单击"开始"→"排列"→"选择窗格"→"选择"窗格中的图形名称（图 2.63）。

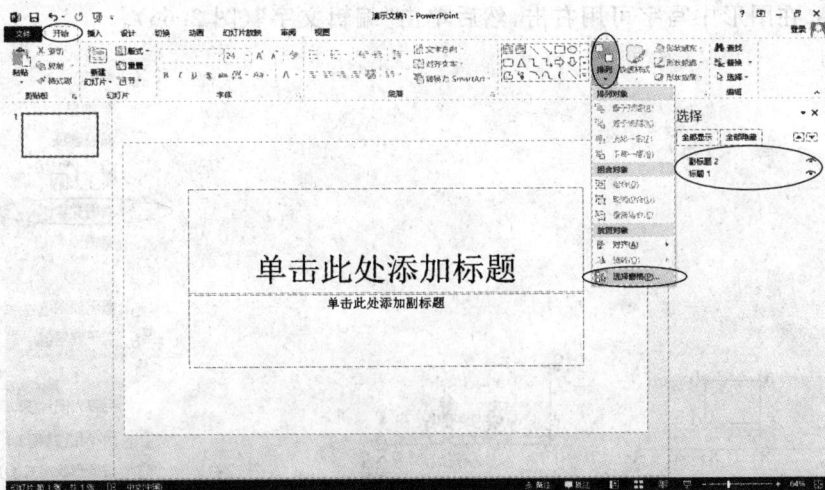

图 2.63

2.4.11 整体选择图形

画图时,有时需要整体选择图形从而进行同步复制或移动。这一般有两种方法。

方法 1:首先选中一个图形,然后按下 Shift 键,选中其他图形,最终把所有要选的图形都选中,进行整体复制、移动或组合。

方法 2:先单击"开始"→"选择"→"选择对象"(图 2.64),再用鼠标拉一个矩形圈住所要选的区域即可瞬时同时选中线框内的部分图形。

图 2.64

选对象的小技巧:如果有多个对象,唯独不选其中的一个,可先全选,然后按住 Shift 键同时单击不选的那个对象。如果有小对象在大对象内,不好选,可按住鼠标左键画一个窄的矩形,只要对象不完全包含在这个矩形框中就可以避开不选。也可以通过"选择"→"选择窗格"进行选择。

2.4.12 在图形上写字

方法 1:插入一个文本框,写上字母、数字或公式,把"形状填充"和"形状轮廓"全设为"无填充颜色"和"无轮廓",然后用"微移"调整好文本框在图形上的适当位置,放到顶层,再和图形组合到一起(图 2.65)。此方法好! 可避免移动时串位,可灵活安排字在图中的位置。

方法 2:在图形中写字可用右击,然后单击"编辑文字"(图 2.66)。

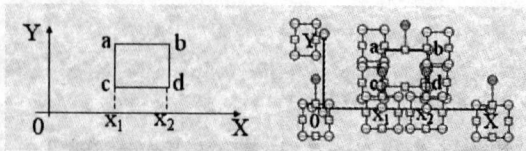

图 2.65

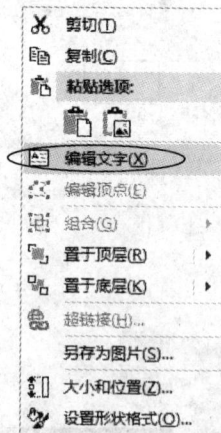

图 2.66

2.4.13 图形填色

利用绘图工具格式快速访问工具栏进行填色(图2.67),但图形一定是本身封闭,如圆、方形、任意多边形等。

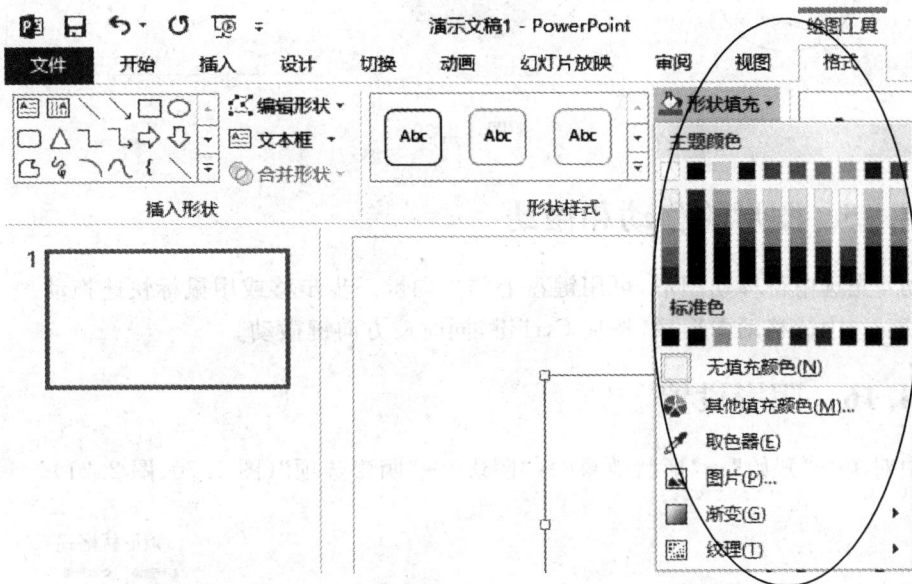

图 2.67

自己用线条一笔一笔画完再用"组合"而成的封闭图形不能填色。

解决图形互相覆盖问题可以通过填充颜色来实现。若想覆盖封闭图形,利用绘图工具格式快速访问工具栏中的"形状填充"来对形状填充颜色,再通过调整层位置来达到覆盖要求;若不想覆盖某一图形,利用绘图工具格式快速访问工具栏中"形状填充"的"无填充颜色",来达到下层图形可见(图2.68)。

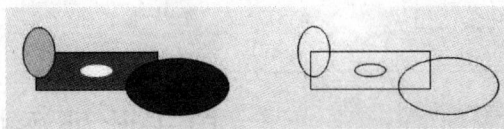

图 2.68

2.4.14 "补丁法"

补丁法是从圆、矩形或线条等基本形状中去掉一部分的方法。选一个圆或矩形等任意封闭图形,缩为适当大小,挡住要去掉的部分,在选中的情况下把填充色和轮廓色全部选为"白色"(或背景色)并"置于顶层"(图2.69)。

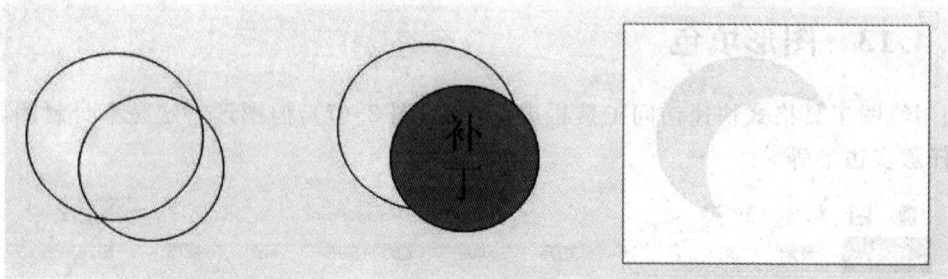

图 2.69

2.4.15 图形的移动和微动

移动：先选中待移动图形，可用键盘上的方向键一步步移或用鼠标快速拖动。

微动：选中待移动图形后，按住 Ctrl 键，同时按方向键微动。

2.4.16 阴影设置

选中对象→"开始"→"形状效果"→"阴影"→"阴影选项"（图 2.70、图 2.71）。

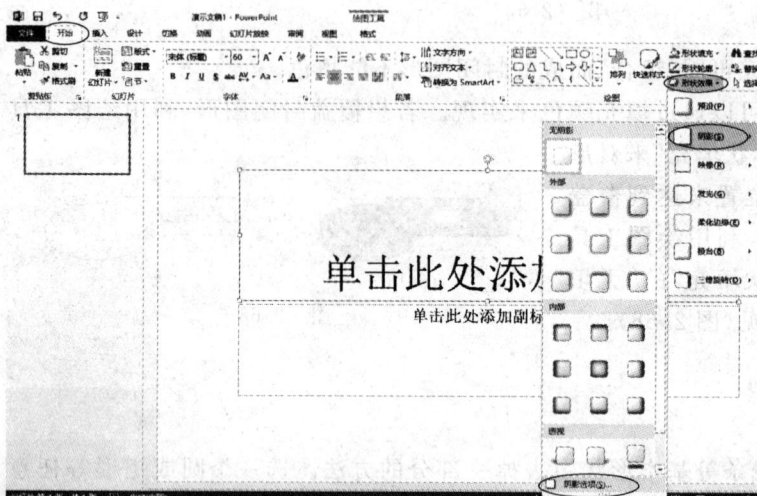

图 2.70

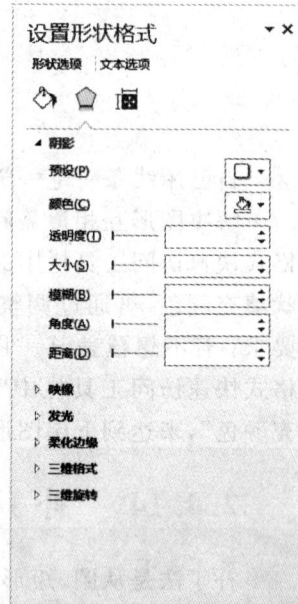

图 2.71

2.4.17　三维效果图

选中对象→"开始"→"形状效果"→"三维旋转"→"三维旋转选项"(图 2.72、图 2.73)。

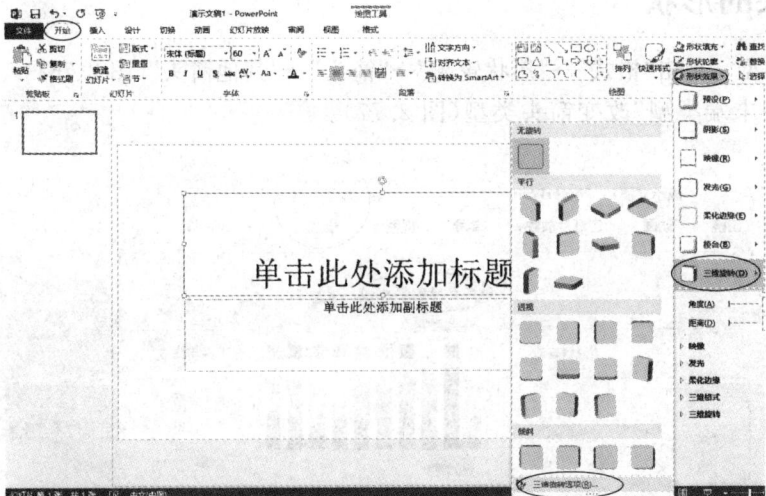

图　2.72

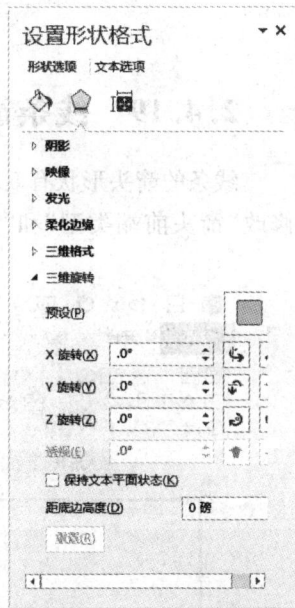

图　2.73

2.4.18　相同颜色的填充技巧

两个图形的填充颜色想要一致,可以单击已填充颜色的图形,然后单击"开始"→"形状填充"→"取色器"(图 2.74),再单击想要与之填充颜色一致的图形,然后单击"形状填充"按钮的图标部分(图 2.75)。这样,就保证了两个图形的填充颜色完全一致了。

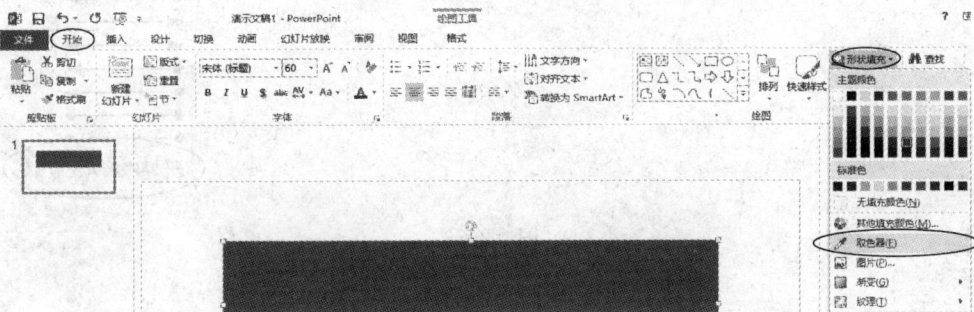

图　2.74

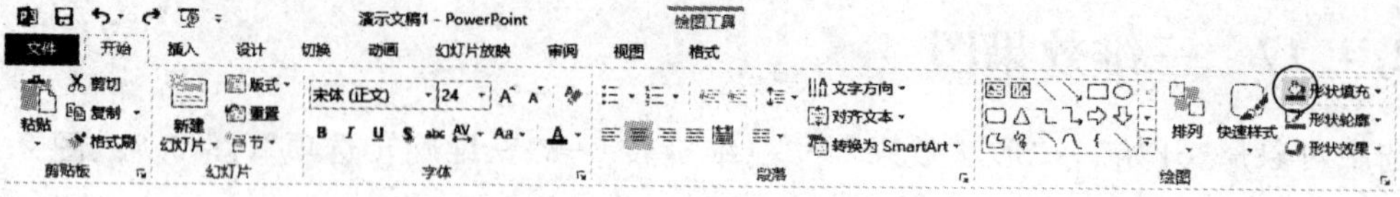

图　2.75

2.4.19　线条箭头的形状

线条的箭头形状有 5 种类型。单击"格式"→"形状轮廓"→"箭头"→"其他箭头"（图 2.76）→修改"箭头前端类型"和"剪头末端类型"改变箭头类型（图 2.77）。

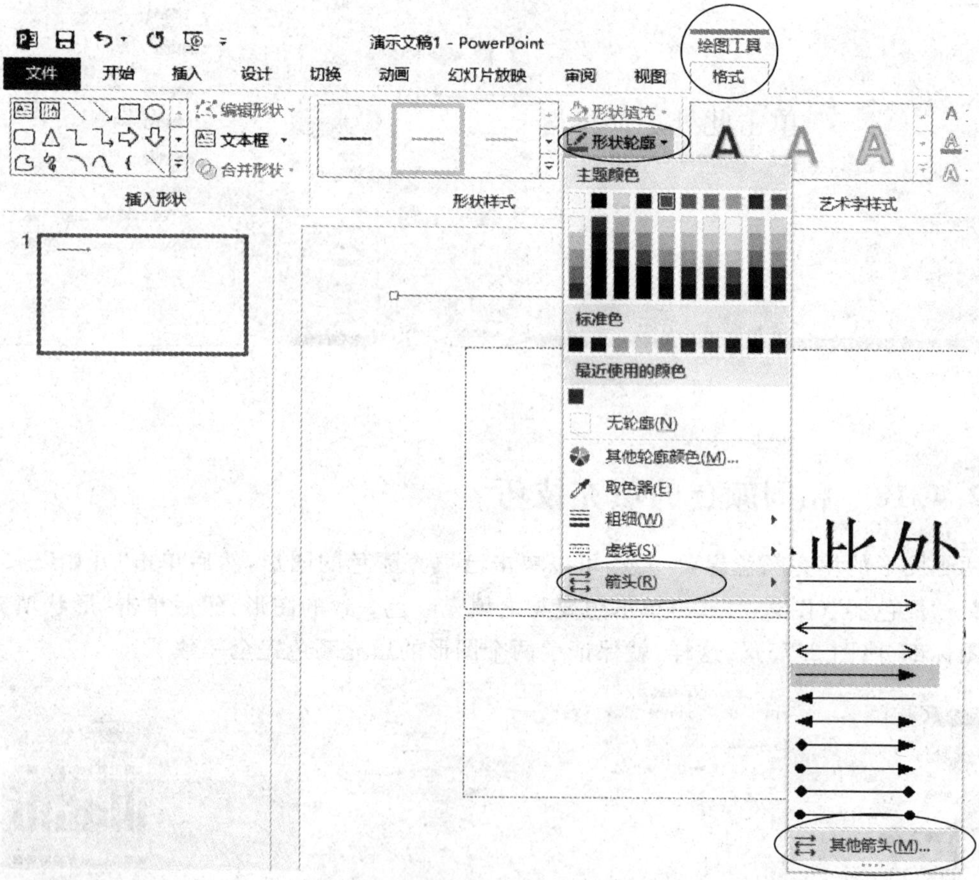

图　2.76

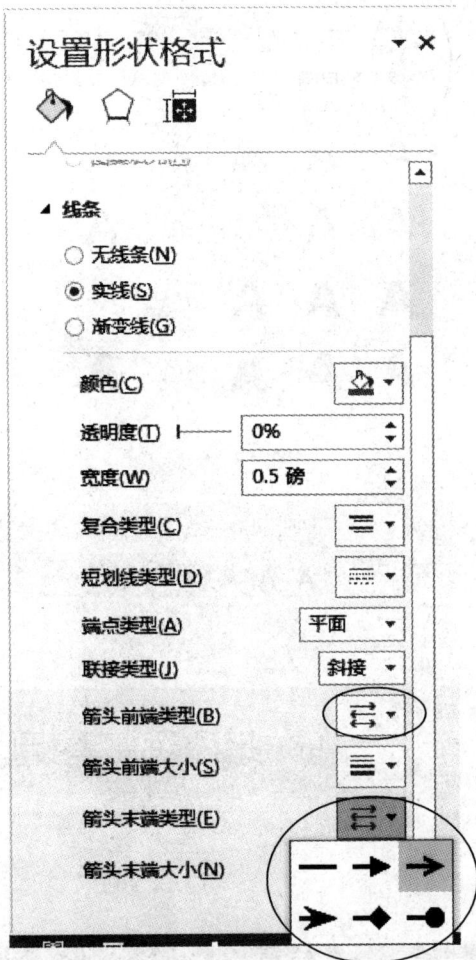

图 2.77

2.5 艺术字

本节内容是介绍如何运用艺术字。

2.5.1 插入艺术字

单击"插入"→"艺术字"(图 2.78)。选择一种"艺术字"样式,单击样式按钮,输入所需要的文字(图 2.79),艺术字插入成功。

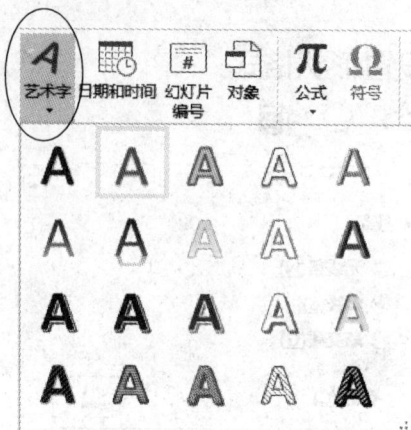

图　2.78

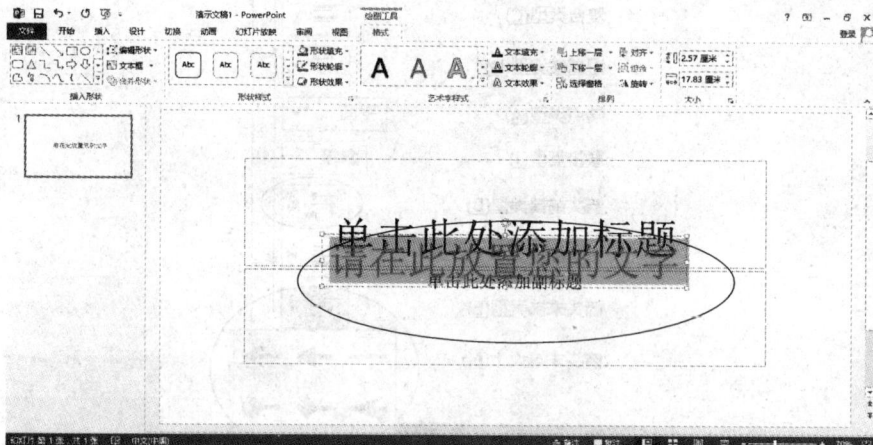

图　2.79

2.5.2　设置艺术字样式

单击艺术字文本框,在格式艺术字样式快速访问工具栏中能够设置文本填充颜色、图片、渐变和纹理等,也能设置文本轮廓颜色、粗细和线条样式等,还能设置文本效果(图 2.80),如阴影、映像、发光、棱台、三维旋转和转换等效果。

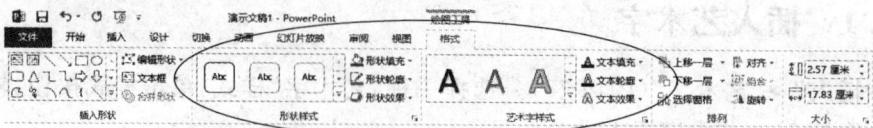

图　2.80

2.5.3 自由旋转

单击要旋转的"艺术字",按住自由旋转按钮(图 2.81),移动鼠标即可把"艺术字"旋转到任意角度。

用PowerPoint 2013制作课件

图 2.81

2.5.4 艺术字竖排

艺术字竖排的作用是将横排版艺术字变成竖排版艺术字。右击艺术字文本框,单击"设置形状格式"(图 2.82)。在"设置形状格式"窗格中,单击"文本选项"→"文本框"→"文字方向"→"竖排"(图 2.83)。

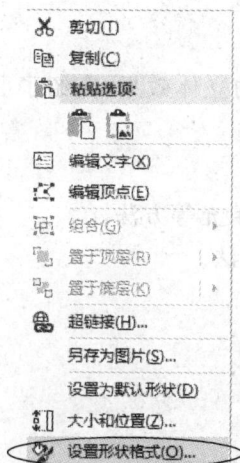

图 2.82

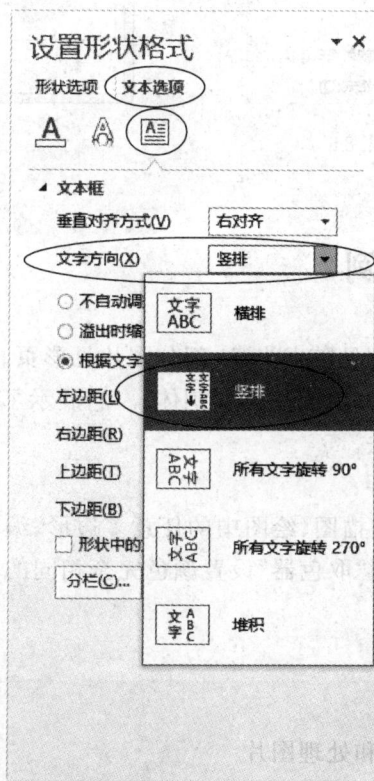

图 2.83

2.5.5　改变艺术字字符间距

选中艺术字文字,右击选择"字体"(图2.84)。在"字符间距"标签页中,改变间距(图2.85)。

图　2.84

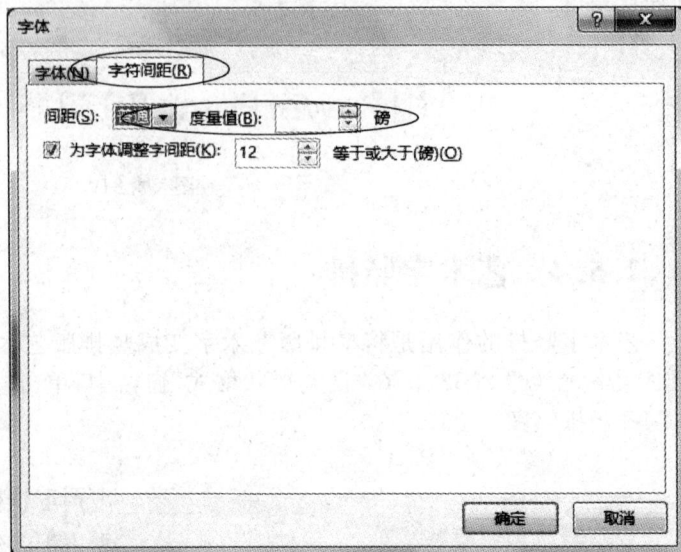

图　2.85

2.6　实例

以下实例见随书光盘,部分图片见彩页。

本实例为《曲面立体切割体》。它展示了曲面切割体的立体效果,介绍了曲面立体切割体的绘图方法。

编者点评:

(1)应用描图、绘图中的任意多边形、编辑顶点、形状填充等方法。

(2)应用"取色器"设置颜色完全相同的两个对象的方法。

练习题

1. 插入和处理图片

(1)把文件夹中4种颜色气球的图片一次插入练习页幻灯片中;

(2)用鼠标调整气球的大小与黄气球高度大致相等而纵横比不变,红气球和绿气球放

在左侧,其余两个放在右侧;

(3) 把红气球用"重设图片"恢复为原图;

(4) 把红、绿气球分别锁定纵横比,设置高度为 5 厘米;

(5) 用"设置背景格式"把本页幻灯片背景变为浅绿色;

(6) 用图片工具栏中的"设置透明色"分别把红、绿气球插图变为透明背景;

(7) 举一反三运用"绘图方法与技巧"中的"补丁法",把红、绿气球的反光部分变为白色;

(8) 把气球反光部分补为白色后,在来回移动气球过程中使其保持原样"不掉下来"。

2. 图片编辑

(1) 用截屏的方法截取 PowerPoint 图片工具栏;

(2) 将图片复制后水平翻转 180°;

(3) 将该图变黑白色。

3. 绘图方法与技巧

(1) 画图:矩形、椭圆(无填充色、置于矩形上层)、三角形(用"软木塞"纹理填充)、带燕尾箭头的直线、正弦曲线(虚线);

(2) 画图:看月亮在窗外升起,填充颜色并组合;

(3) 用描图法重新绘制下面模糊的插图(图 2.86),并组合;

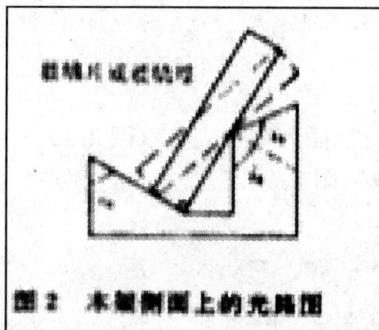

图 2.86

(4) 绘制一个雪人,填充颜色,并组合;

(5) 编辑顶点把一直线变凸形,填色,加一个圈,再变成三维立体构件。

4. 图片、艺术字和阴影处理

(1) 图片的阴影、映像、柔化边缘和三维效果等处理;

(2) 对文字"艺术字"进行阴影、映像和三维效果处理;

(3) 写艺术字"MOON"。

第3章
Chapter 3

应用表格、图表、组织结构、公式和符号

在 PowerPoint 2013 演示文稿中表格功能更强大了，复制 Word 2013 或 Excel 2013 中的表格变得更加容易；可以很轻松地创建具有专业外观的图表；组织结构图以图形方式表示组织的管理结构，通过使用 SmartArt 图形，可以创建组织结构图；公式和特殊符号是专业演示文稿经常使用的。本章主要介绍制作表格、图表、组织结构图、公式和符号常见问题等。

3.1　制作表格

方法：单击快速访问工具栏"插入"→"表格"（图 3.1）→"插入表格"，打开"插入表格"对话框，输入表格"列数"和"行数"（图 3.2）。

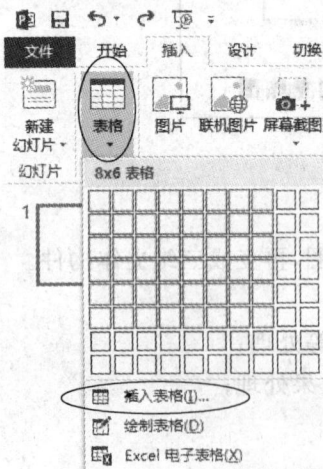

图　3.1

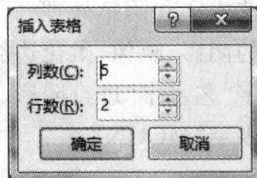

图　3.2

3.2 制作图表

该节介绍如何制作多种类型的图表和按需要输入数据。

3.2.1 插入图表

方法：单击快速访问工具栏"插入"→"图表"（图 3.3），弹出"插入图表"对话框，选择图表类型后，单击"确定"（图 3.4）。

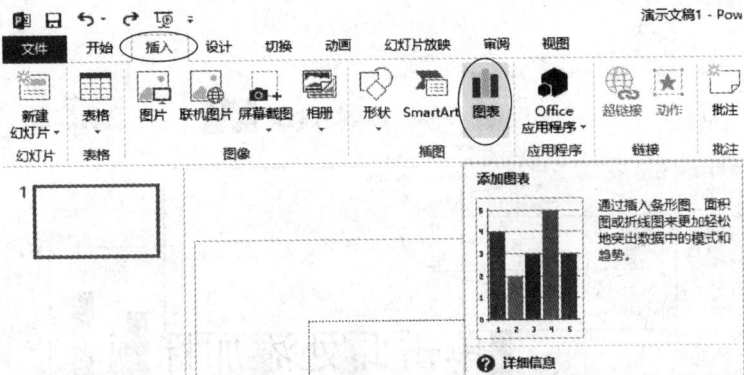

图 3.3

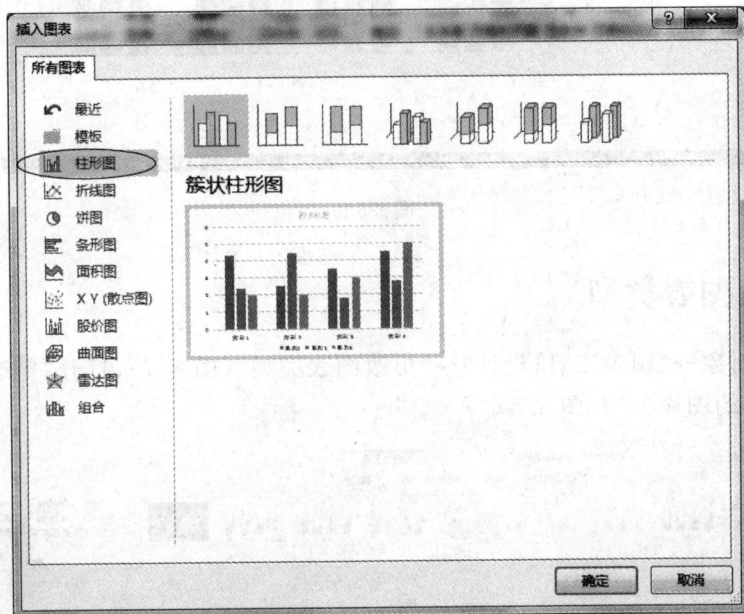

图 3.4

3.2.2　编辑图表数据

单击图表对象→"图表工具|设计"→"编辑数据"（图 3.5），然后可以在图表数据对话框中编辑数据（图 3.6）。

图　3.5

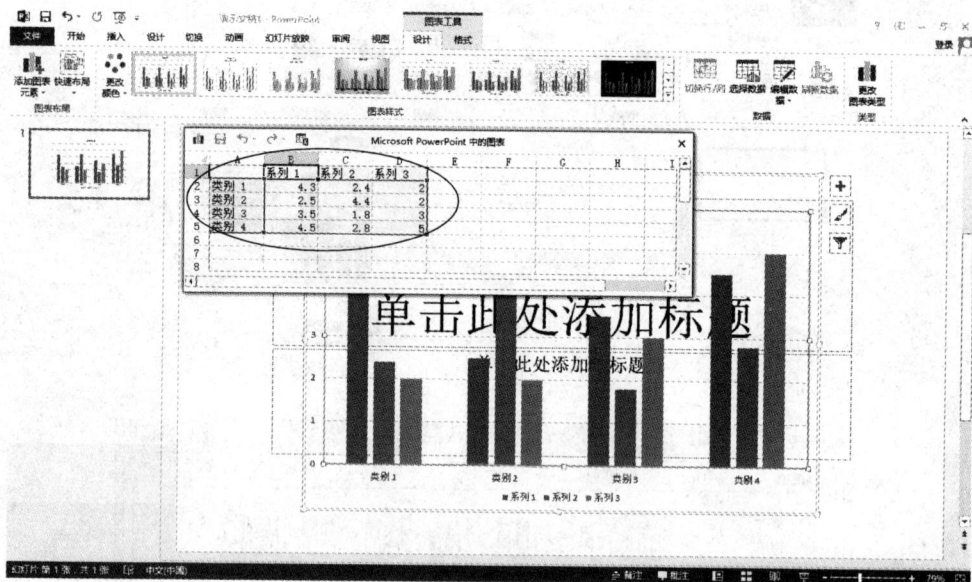

图　3.6

3.2.3　图表类型

单击图表对象→"图表工具|设计"→"更改图表类型"（图 3.7），打开"更改图表类型"对话框，选择不同的图表类型（图 3.8）。

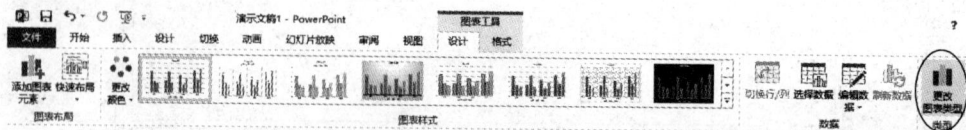

图　3.7

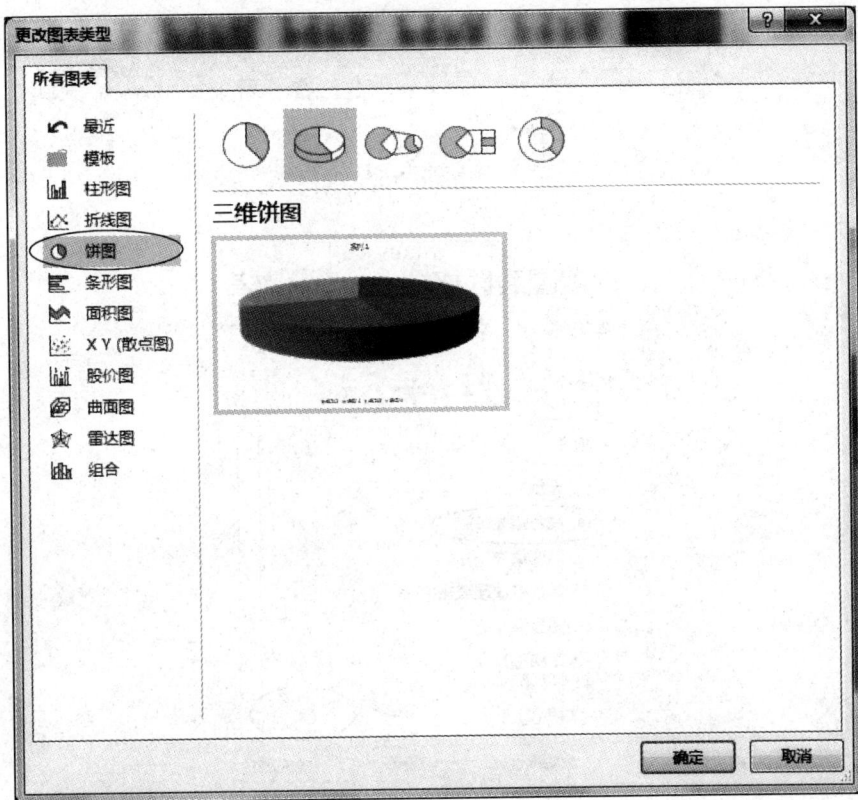

图　3.8

3.2.4　图表区格式

单击图表对象→"图表工具|格式"→"图表区"(图 3.9)→"设置所选内容格式"(图 3.10)，打开"设置图表区格式"窗格，单击"填充"→"纯色填充"→"颜色"(图 3.11)。

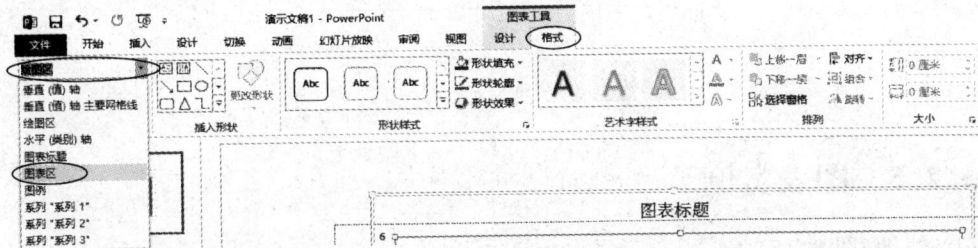

图　3.9

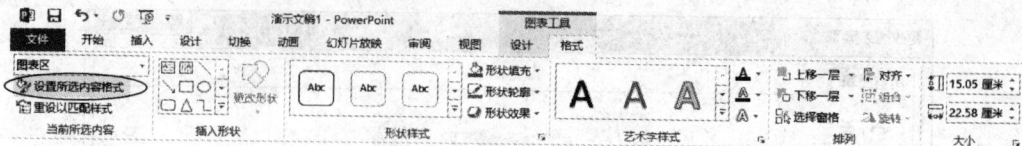

图 3.10

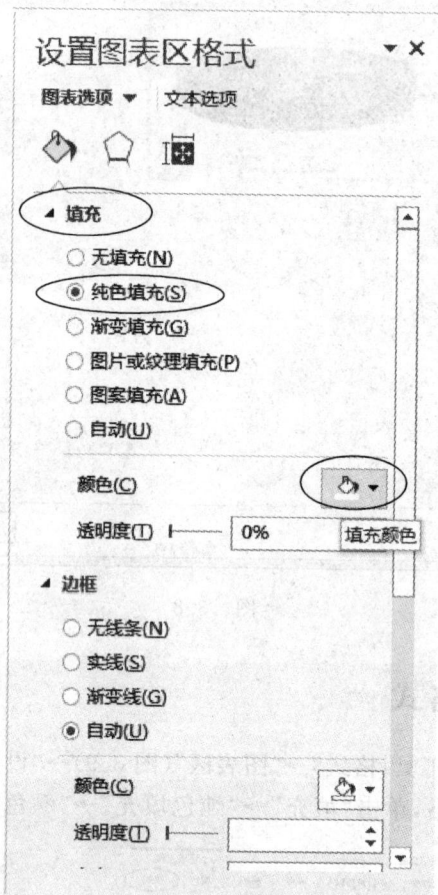

图 3.11

3.2.5 图表实例

(1) 饼图(图 3.12)。

(2) 面积图(图 3.13)。

(3) 折线图(图 3.14)。

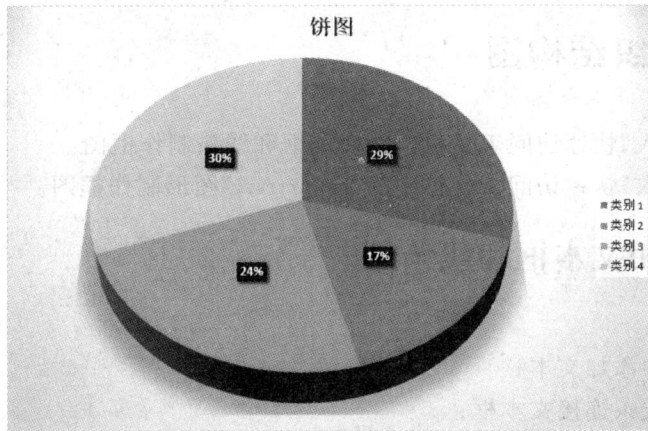

图 3.12

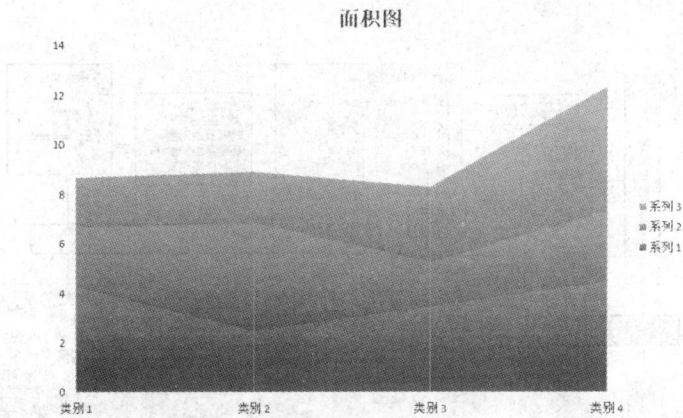

图 3.13

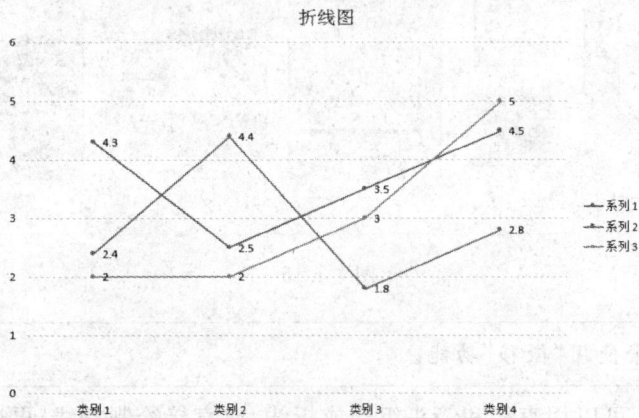

图 3.14

3.3　制作组织结构图

方法 1：用"插入"快速访问工具栏中的文本框和线条制作框图。

方法 2：用"插入"快速访问工具栏中的"SmartArt"图形制作框图。

3.3.1　利用文本框和线条

基本步骤：

(1) 在文本框中添加文本；

(2) 用带箭头线条连接文本框；

(3) 组合，如果不设置动画效果，全部选定，所选内容组合成一个图形。

实例见图 3.15。

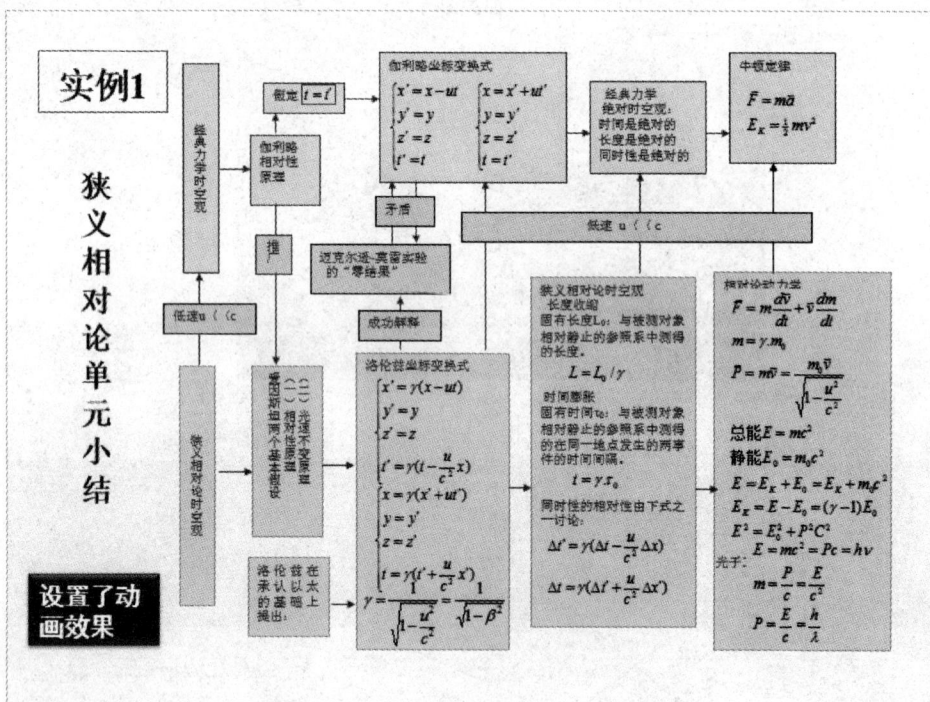

图　3.15

> **提示**：需要频繁使用"微移"功能。

绘制折线方法：可以用直线和箭头组合成折线，或直接绘制折线，再进行调整。

3.3.2　"SmartArt"图形

"SmartArt"用于在文档中演示流程、层次结构、循环或者关系等。

单击"插入"→"SmartArt"(图 3.16)，打开"选择 SmartArt 图形"对话框(图 3.17)，选择一种图形，单击"确定"。实例见图 3.18。

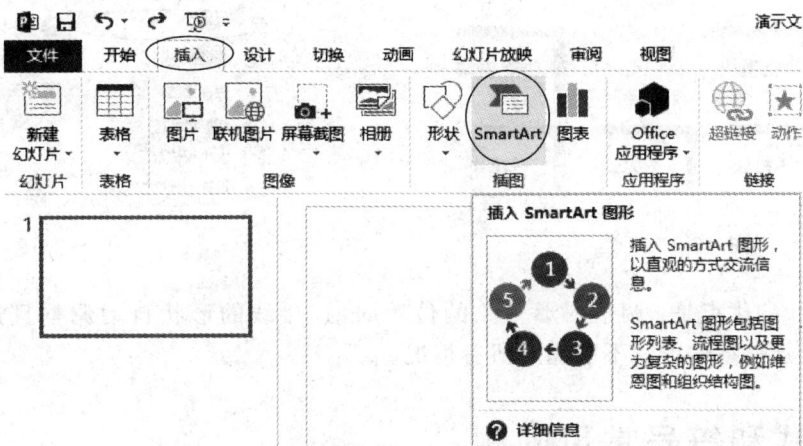

图　3.16

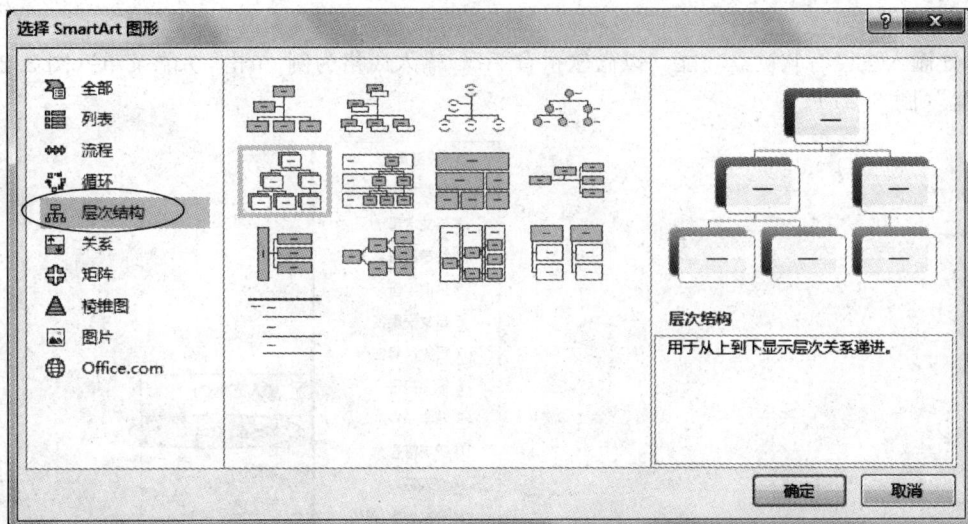

图　3.17

如果要在图表内添加形状，可以右击形状，然后单击"添加形状"，按照要添加的位置选择"在后面添加形状"、"在前面添加形状"、"在上方添加形状"或"在下方添加形状"(图 3.19)。

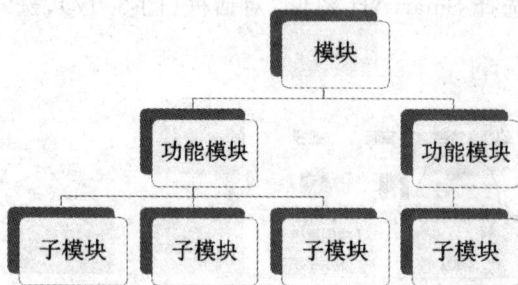

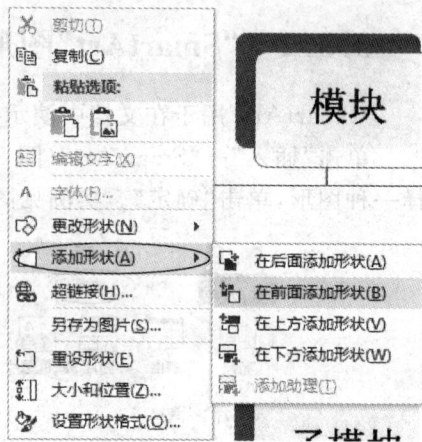

図　3.18　　　　　　　　　　　　　　　図　3.19

　　SmartArt 的优点是：调整图形对象的位置时，连接线的形状自动调整且连接点不断开。缺点是：连接线的形状不能满足所有情况。

3.4　公式和符号常见问题

3.4.1　开启软键盘

　　部分输入法设有软键盘功能。以微软拼音 ABC 输入风格为例，单击"功能菜单"（图 3.20）→"软键盘"（图 3.21）。

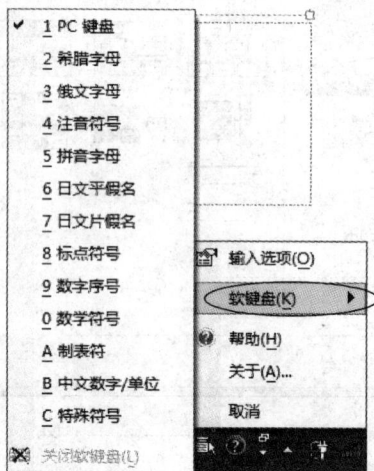

図　3.20　　　　　　　　　　　　　　　図　3.21

软键盘有如下几种类型：PC 键盘（图 3.22）、希腊字母（图 3.23）、俄文字母、注音符号、拼音字母、日文平假名、日文片假名、标点符号、数字序号、数学符号、制表符、中文数字/单位和特殊符号等。

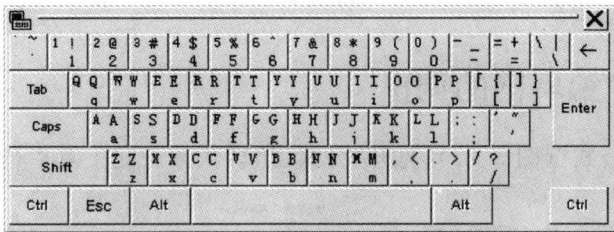

图 3.22

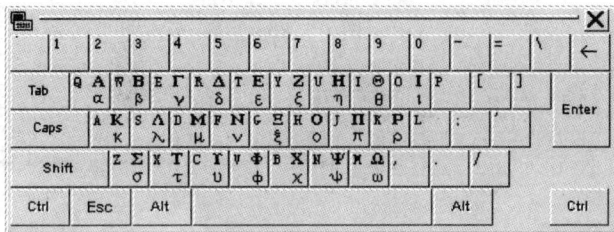

图 3.23

若要关闭软键盘，则单击"功能菜单"→"软键盘"→"关闭软键盘"（图 3.24）。

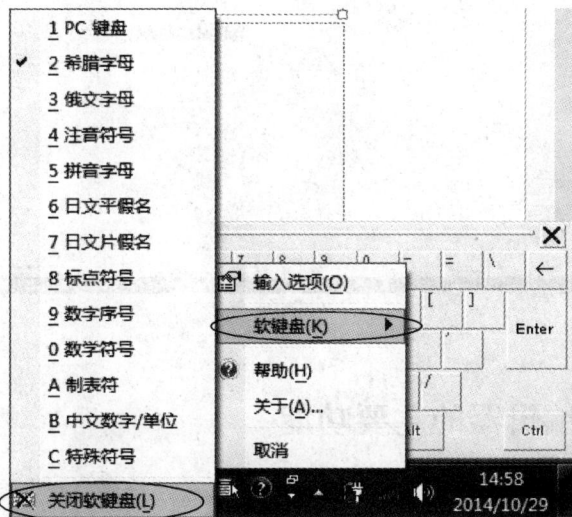

图 3.24

3.4.2 希腊字母输入

方法 1：调用"软键盘"，选择"希腊字母"。

方法 2：用公式编辑器。

3.4.3 公式编辑器的调出

单击"插入"→"公式"(图 3.25)，打开"公式工具"快速访问工具栏(图 3.26)。

图 3.25

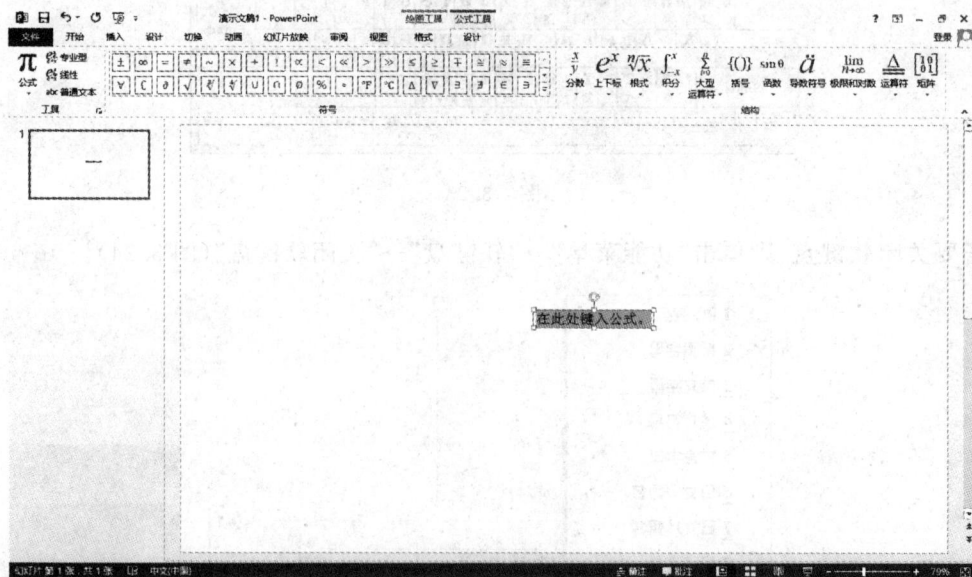

图 3.26

3.4.4 公式编辑器的主要功能

公式编辑器的主要功能提供基础数学符号、希腊字母符号、字母类符号、运算符符号、剪头符号、求反关系运算符符号、手写体符号、几何学符号、分数、上下标、根式、积分、大型运算符、括号、函数、导数符号、极限和对数、运算符和矩阵等(图 3.27)。

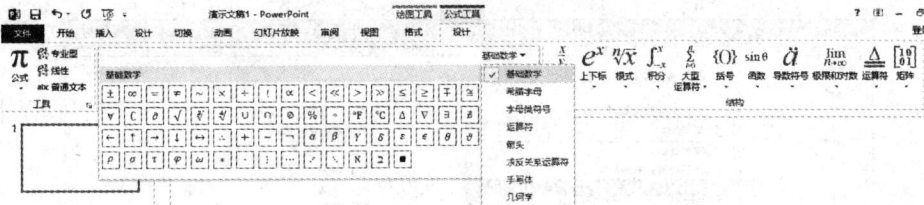

图 3.27

3.4.5 上、下脚标

实现上、下脚标一般有两种方法。

方法 1：选中文字→右击选中文字→"字体"→"上标"或"下标"→"确定"（图 3.28）。

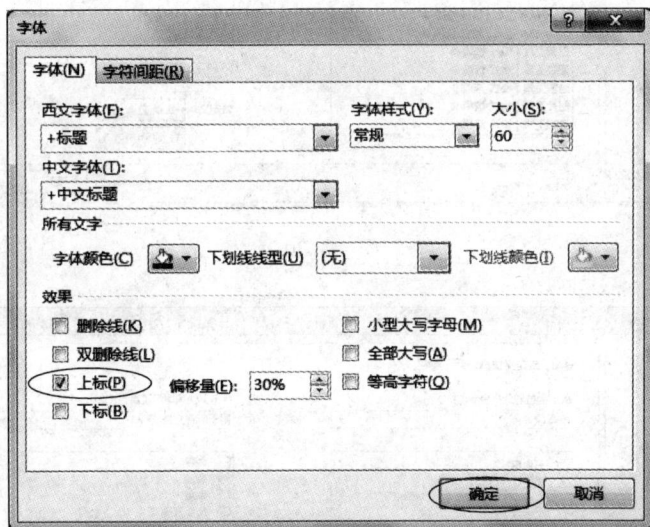

图 3.28

方法 2：右击工具栏→"自定义快速访问工具栏"（图 3.29）→选择"所有命令"（图 3.30）→"上标"→"添加"→"下标"→"添加"→"确定"（图 3.31），以后就可以在快速访问工具栏上使用上、下标按钮了（图 3.32）。

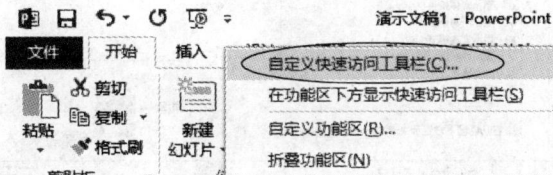

图 3.29

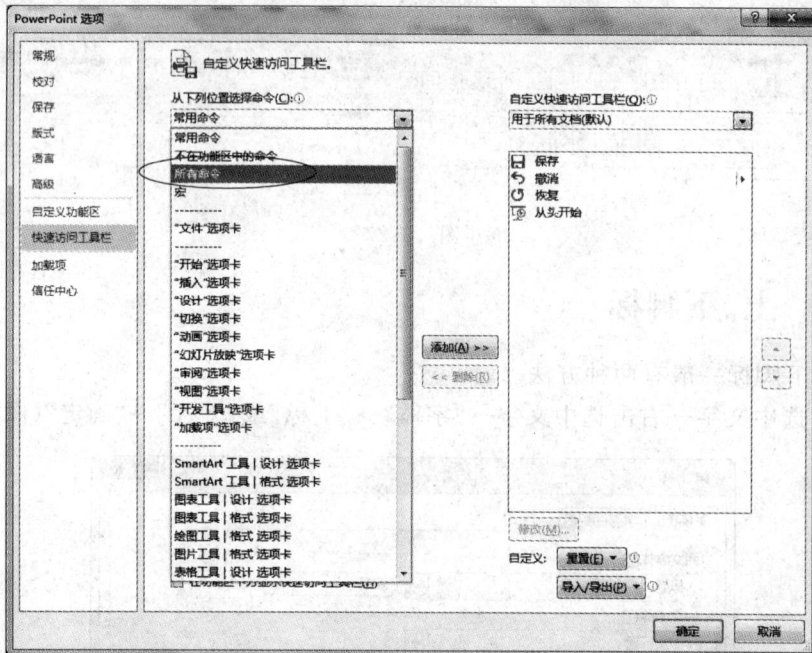

图 3.30

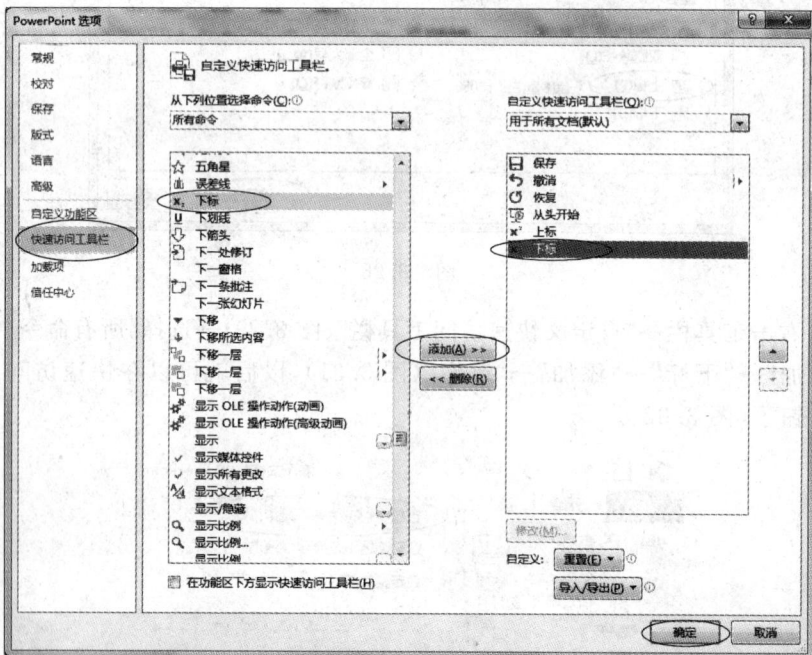

图 3.31

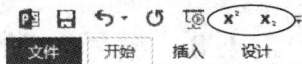

注意：输完上、下脚标后要及时复原，否则后面的文本仍是脚标字号的小字。

图 3.32

3.4.6 公式编辑器和键盘括号的区别

公式编辑器中的括号随公式"水涨船高"，而键盘上的括号永远只占一行。

3.4.7 调整行间距的简单方法

方法1：用工具栏中的"开始"→"行距"→"行距选项"（图3.33）→"缩进和间距"→"行距"→"确定"（图3.34）。

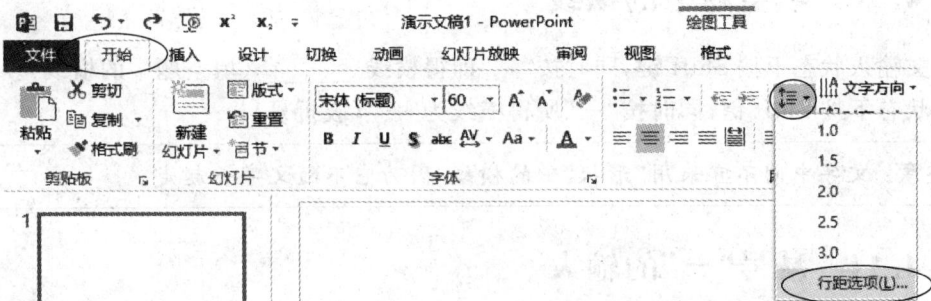

图 3.33

方法2：右击文字，单击"段落"（图3.35）→"缩进和间距"→"行距"→"确定"（图3.34）。

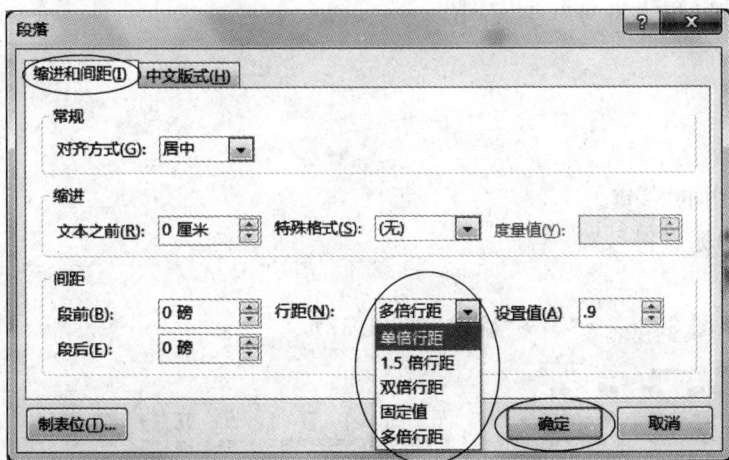

图 3.34

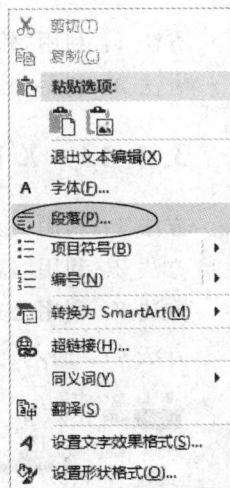

图 3.35

3.4.8　顿号"、"的输入

在中文输入状态下,键盘上的"\"键即为中文的"、"。

3.4.9　箭头画法

方法 1:箭头可以利用"软键盘"的"特殊符号"画(→ ← ↑ ↓),这样画出的箭头整理版面时跟着文字走。因此,文字中间的箭头用该法较好。

方法 2:也可以利用"形状"中的线条或箭头。这样画出的实线或虚线箭头的缺点是整理版面时不跟着文字走。

3.4.10　填空题中的横线

英文输入状态下按 Shift 键,同时按"—"即得横线_____(填空题中的横线)。而在中文输入状态下按 Shift 键,同时按"—"所得横线为——(破折号)。

> **注意**:文字中间不宜采用"形状"中的横线,因为它不随文字一起走。

3.4.11　减号"—"的输入

利用"软键盘"的"标点符号"中的"—"。

3.4.12　乘号"·"的输入?

方法 1:利用"软键盘"中的"标点符号",例 a · b。
方法 2:利用公式编辑器。

3.4.13　X' 的输入

方法 1:利用英文输入法中的"'"键。
方法 2:利用"软键盘"的"标点符号"。
方法 3:利用公式编辑器。
方法 4:"插入"→"符号"(图 3.36)→"'"→"确定"(图 3.37)。

图　3.36

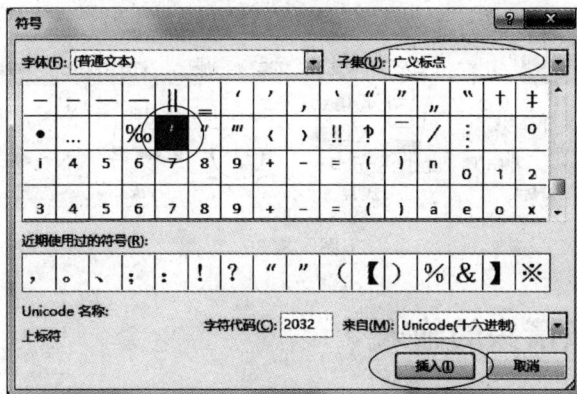

图　3.37

3.4.14　小写 L 的输入

小写 L 像阿拉伯数字 1 怎么办？

方法 1：调出公式编辑器，用键盘输入小写的 L。

方法 2：小写的 L 字体改为 Times New Roman 斜体。单击"开始"→"字体"→Times New Roman（图 3.38）→"斜体"（图 3.39）。

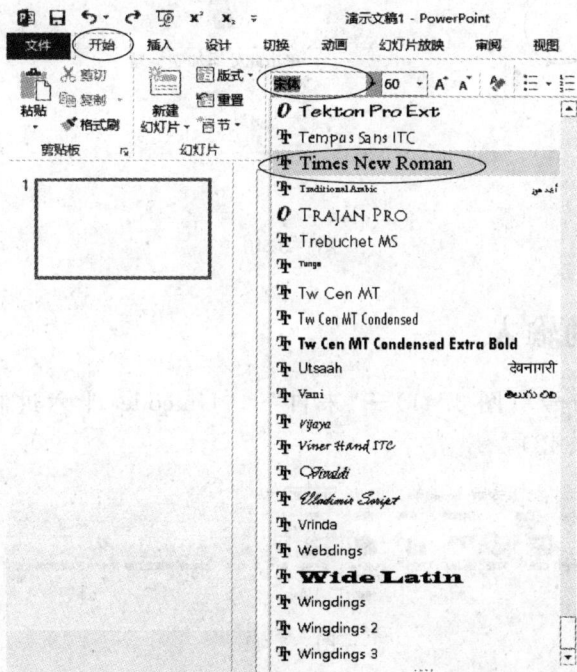

图　3.38

图 3.39

3.4.15 矢量箭头的输人

利用公式编辑器(图 3.40)。

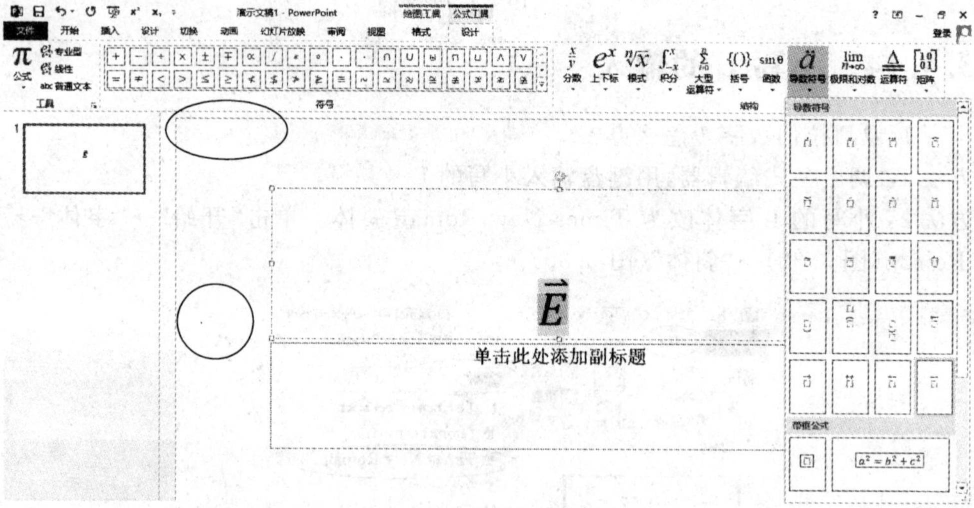

图 3.40

3.4.16 Å 的输人

单击"插入"→"符号"(图 3.41)→"来自"→"Unicode(十六进制)"→"字符代码"→"00C5"→"插入"(图 3.42)。

图 3.41

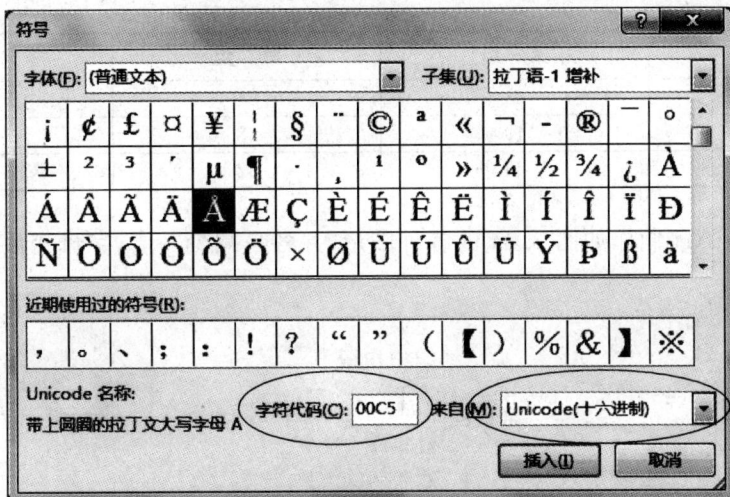

图　3.42

练习题

1. 表格和自定义工具栏的制作。

(1) 在文档中插入一个 2 行 4 列的表格,输入文字和希腊字母;

(2) 在工具栏中添加上标和下标等工具。并用 PrtScn 键抓取"上标"、"下标"的图标和软键盘的数学符号图片,粘贴在练习页上。

2. 组织结构图的制作。

(1) 制作如图(图 3.43)的组织结构图;

(2) 用自选图形的基本形状与连接符制作如图(图 3.43)的结构图。

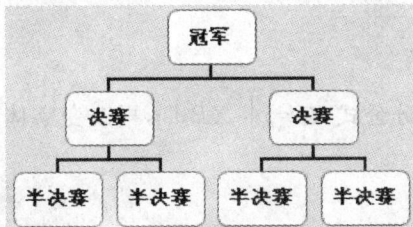

图　3.43

3. 根据表 3.1 中的数据制作柱形图、折线图和饼图。

表 3.1

献爱心	第一组	第二组	第三组
书籍	23	24	43
文具	40	38	20
玩具	23	32	35

4. 用 SmartArt 制作如图 3.44 的各种图形,并各自减少一层,字母变数字,变化颜色。

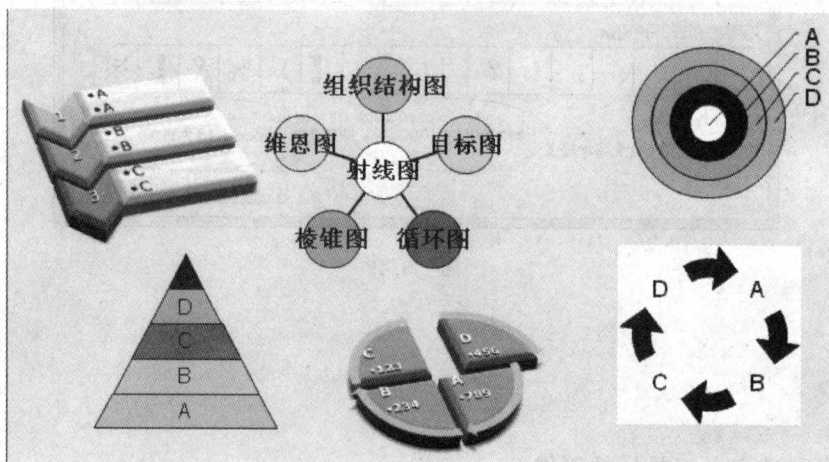

图 3.44

5. 符号和公式的练习。

(1) 加入一个文本框,输入:

① 角度 30°,温度摄氏度 0℃,二氧化碳分子式 CO_2;

② 项目符号①→②;

③ 填空题中的横线在底下_____;

④ 破折号的横线在中间——;

⑤ 对号、错号。

(2) 输入矢量 E 的定积分公式,$E = \int_A^B XB\,\mathrm{d}x$,再改变字体和背景颜色。

第4章

动画和幻灯片放映

PowerPoint 提供了丰富的动画效果,可以制作出非常漂亮的动画。PowerPoint 可以分别针对整张幻灯片和每张幻灯片中的各个对象进行动画设置。通过创建自定义放映,可以使同一个演示文稿适合不同观众的要求。本章主要介绍动画效果、设置动画时间和动作路径、图形部分消失效果、换页动画效果、一笔画动画效果、不同对象同时设置动作、调整动画顺序、一个对象设置多个动作、放映部分幻灯片、幻灯片切换、设置连续播放、换页按钮、自由涂写和定位等。

4.1 动画设置

动画功能是 PowerPoint 的一大特色。使用该功能可以创建幻灯片动画效果和进行简单动画的设计。文字、图片的动画设置所产生的多种动感效果及其巧妙的组合,可使 PowerPoint 幻灯片的放映效果大大增色。创造性地使用动画功能并非难事。

设置动画先要选中对象,然后"添加动画"。在"动画窗格"中,可以对动画的"效果选项"、"计时"和"正文文本动画"等进行设置和修改。对于这些已经添加完效果的动画,也可以修改其效果。通过下面的例子,我们将逐步理解和掌握动画。

4.1.1 动画效果

以"飞入"效果为例。单击要设置动画的对象→"动画"→"添加动画"→"进入"→"飞入"(图 4.1)→"效果选项"→选择 8 个方向中的一种(图 4.2)。单击"动画窗格"→"动画窗格"中的动画右侧下拉箭头→"效果选项"(图 4.3),在打开的"飞入"对话框中,可以将"动画文本"中"整批发送"改为"按字/词"或"按字母"飞入(图 4.4)。

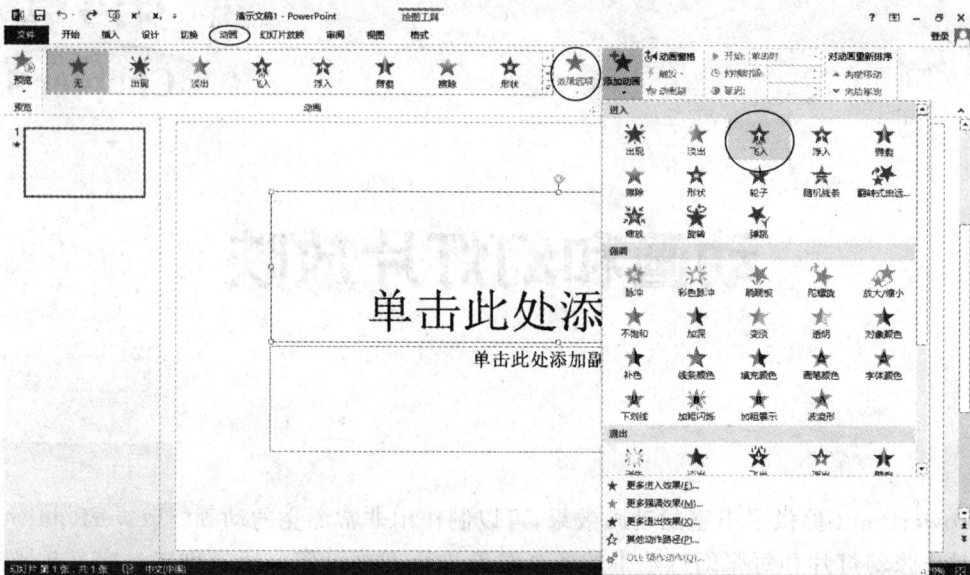

图　4.1

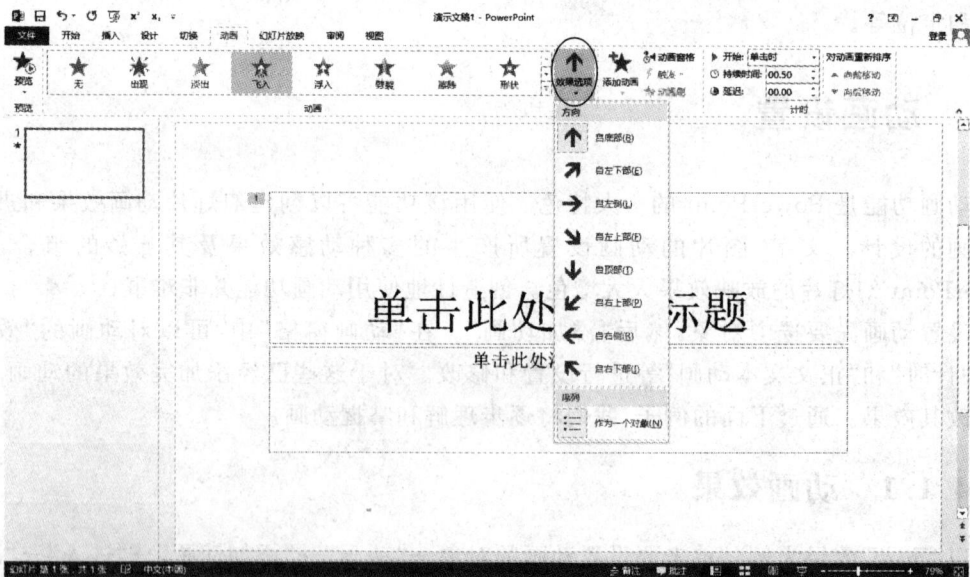

图　4.2

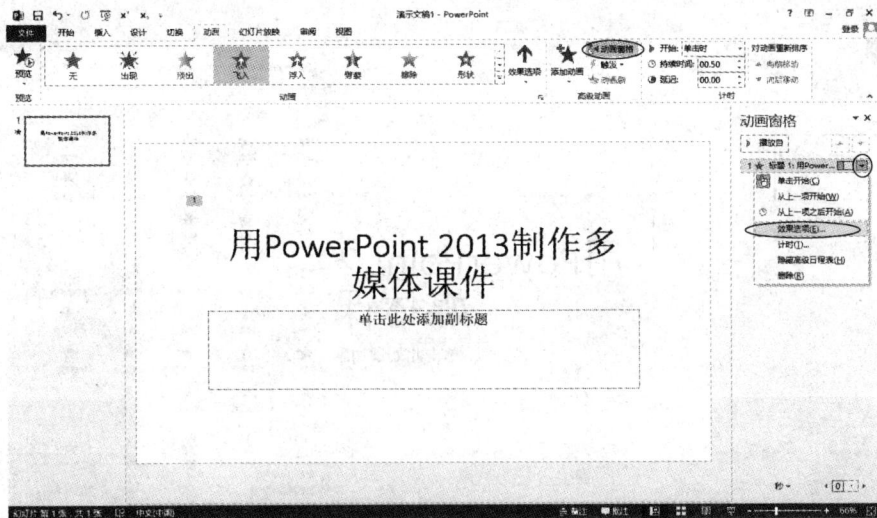

图 4.3

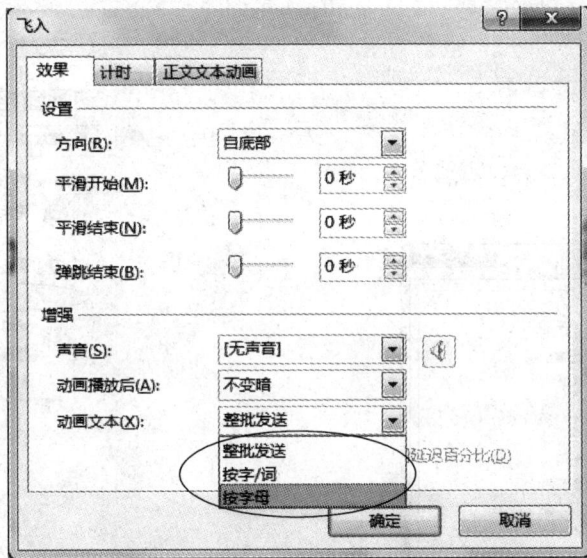

图 4.4

4.1.2 闪烁效果

单击"添加效果"→"更多强调效果"(图 4.5),在打开的"添加强调效果"对话框中单击
"闪烁"→"确定"(图 4.6)。单击"动画窗格"→"动画窗格"中的闪烁动画右侧下拉箭头→
"效果选项"(图 4.7),在打开的"闪烁"对话框中,单击"效果"→"动画播放后"右侧下拉箭头→

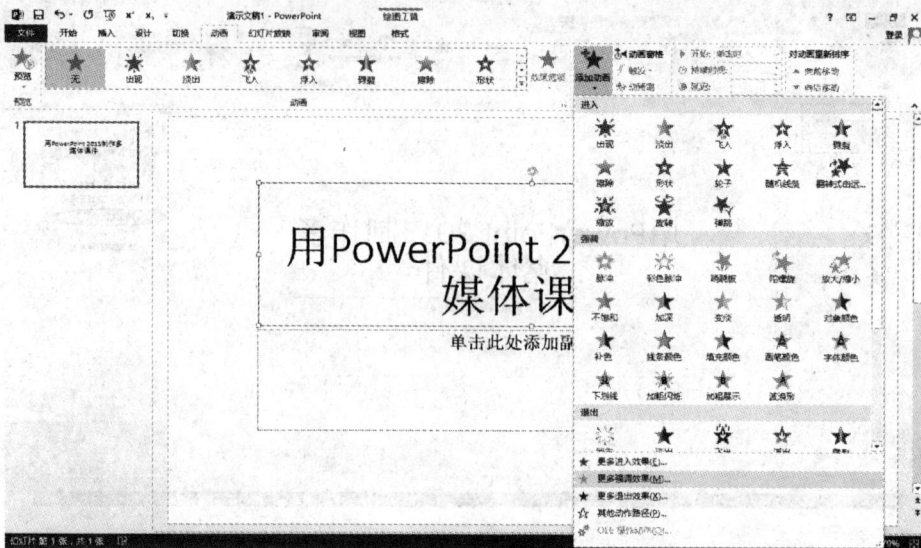

图 4.5

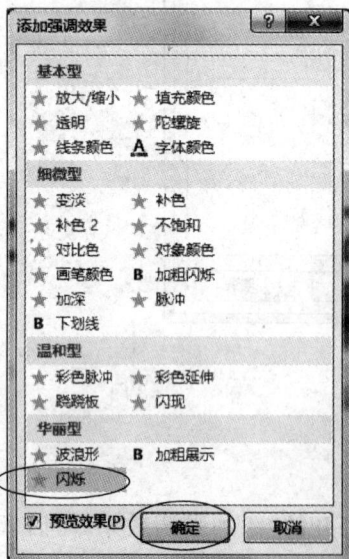

图 4.6

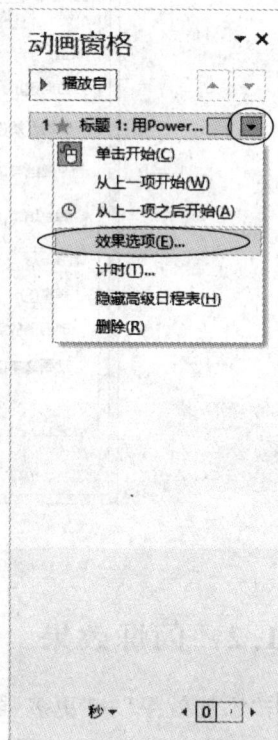

图 4.7

"播放动画后隐藏"(图 4.8)→"计时"→"重复"右侧下拉箭头→"5"→"确定"(图 4.9)。该动画闪烁 5 次后隐藏。

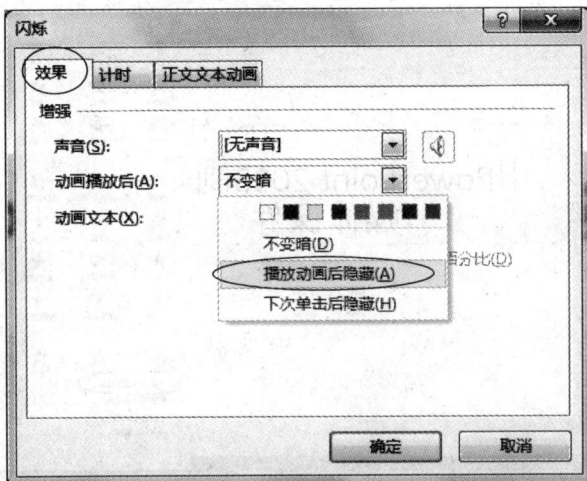

图　4.8

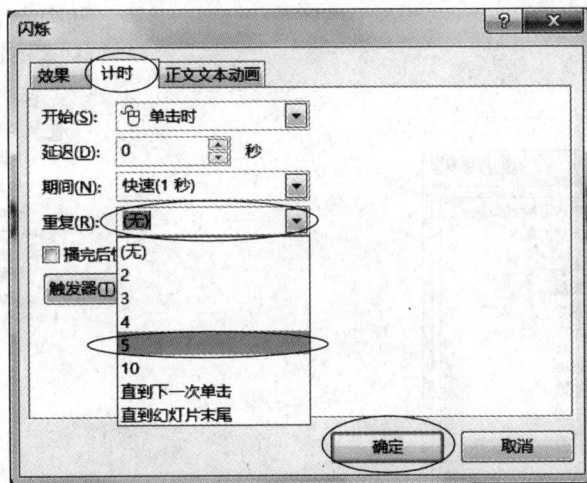

图　4.9

4.1.3　字幕效果

单击作为字幕的文本框→"动画"→"添加动画"→"进入"→"更多进入效果"(图 4.10)→"字幕式"→"确定"(图 4.11)→"动画窗格"中的动画右侧下拉箭头→"计时"(图 4.12)。在"字幕式"对话框中,可以通过改变"期间"的时间值来改变字幕滚动的速度(图 4.13)。

图 4.10

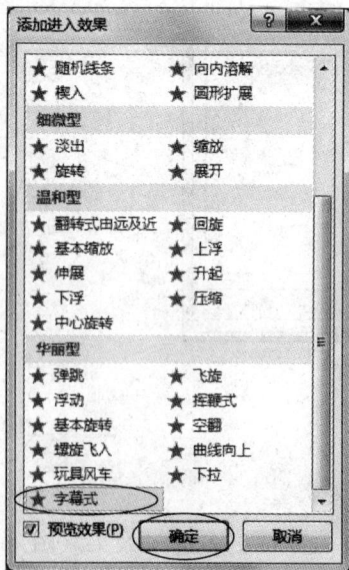

图 4.11

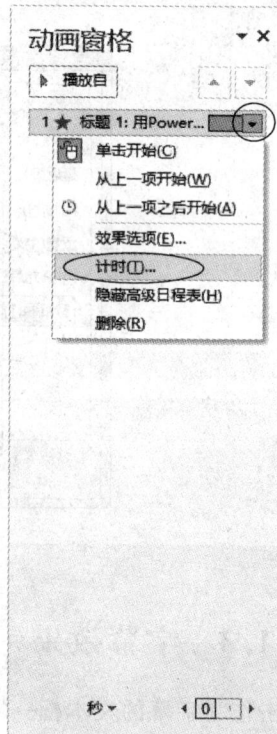

图 4.12

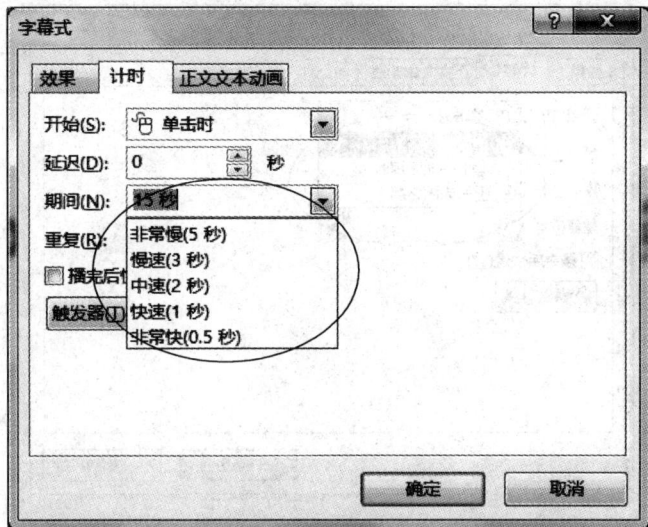

图 4.13

4.1.4 动画隐藏

在动画效果选项中,可以改变动画播放后的效果(图4.8)。动画播放后,有4种效果:

(1) 其他颜色——动画播放后变色;

(2) 不变暗——取消变色和隐藏;

(3) 播放动画后隐藏——播放动画后瞬间对象隐藏;

(4) 下次单击后隐藏——动画结束后等到后面单击时,对象隐藏(无论两者中间间隔多少次自动启动的自定义动画,该对象都不会隐藏)。

4.1.5 设置动画时间

单击"动画窗格"中的动画右侧下拉箭头→"计时",在打开的动画效果对话框中,可以改变"开始"状态、"延迟"秒数、动画"期间"(速度)、"重复"次数、是否"播放后快退"及动画"触发器"等(图4.13)。

在"开始"状态中,可以设置3种开始方式:单击时、与上一动画同时和上一动画之后(图4.14)。

"单击时"是指对象的动画在鼠标单击时,或按 Enter 键,或按空格键时开始。如果设置了延迟时间,它将在单击鼠标并经过设定时间后开始。

"与上一动画同时"是指对象的动画与上一项动画同时开始。如果设置了延迟时间,它将在上一项动画开始后,经过设定时间开始。

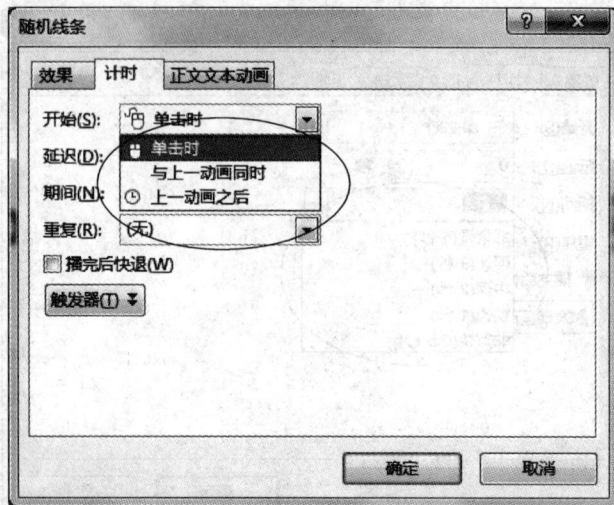

图 4.14

"上一动画之后"是指对象的动画在上一项动画播放结束后自动开始,不需单击鼠标。如果设置了延迟时间,它将在上一项动画播放结束后,经过设定时间自动开始。

"触发器"的默认选择项是"部分单击序列动画"。也就是说,动画被触发的默认方式是根据动画的排序来执行的。它还可以通过单击某一对象来触发该动画。这一对象可以是动画对象本身,也可以是其他对象,可以在"单击下列对象时启动效果"右侧的下拉框中选择触发对象(图 4.15)。

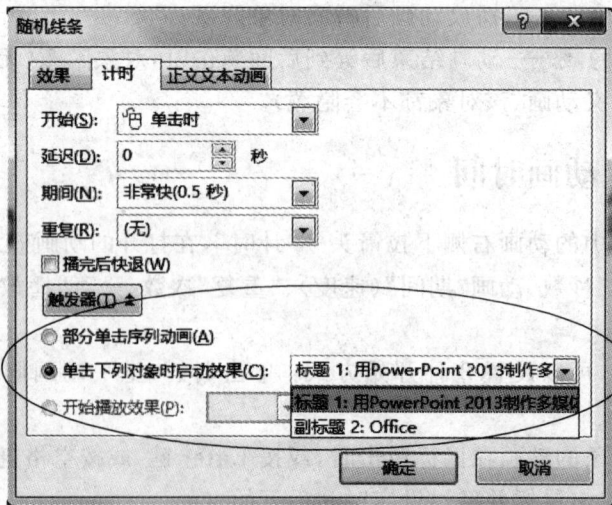

图 4.15

4.1.6 设置动作路径

通过设置对象的动作路径,可以实现对象在任意形状的轨道上运动的动画效果。

以圆球在弧形的轨道上运动为例,步骤如下:"插入"→"形状"→"椭圆"→按住 Shift 键在幻灯片工作区画出一个圆(图 4.16)→将其形状填充颜色和形状轮廓颜色改为红色→"动画"→"添加动画"→"动作路径"→"自定义路径"→画出移动路径(图 4.17)。可以通过如下方法来修正路径:右击路径→"编辑顶点"(图 4.18)→右击路径(图 4.19),在这里可以"添加顶点"、"删除顶点"、"开放路径"、"关闭路径"、"平滑顶点"、"直线点"、"角部顶点"(在该顶点处形成角度)等。

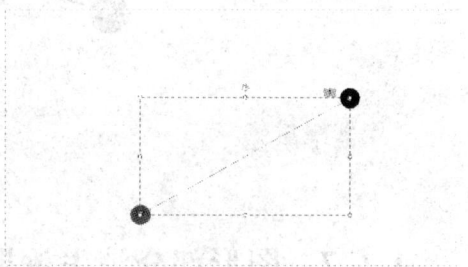

图 4.16   图 4.17

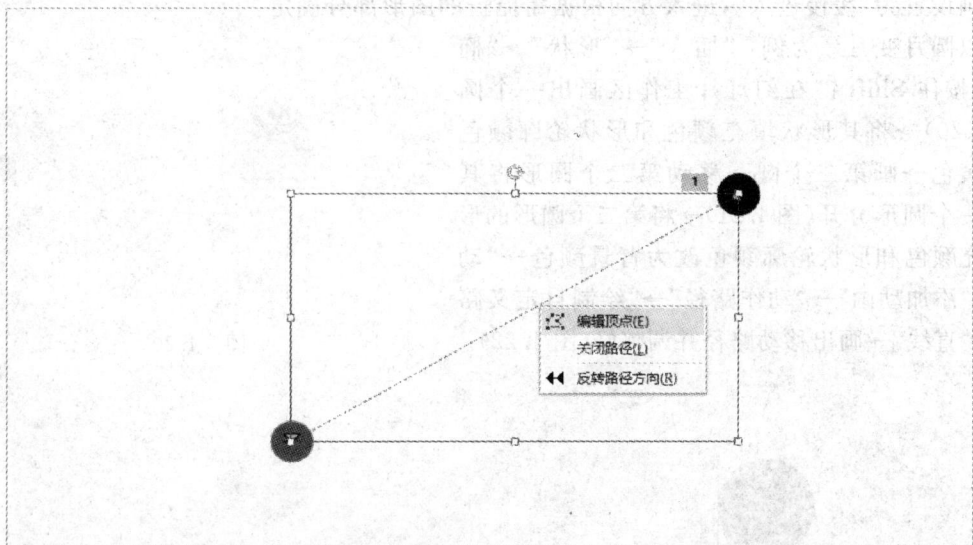

图 4.18

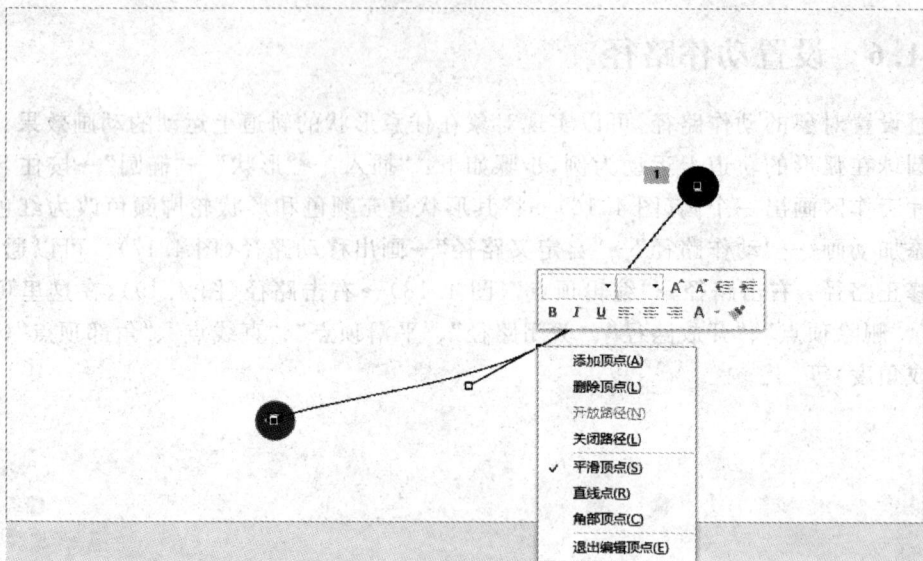

图　4.19

4.1.7　图形部分消失效果

做一个填充及边线与背景色完全相同的矩形或其他合适的形状,移动到最上层。形状的动画设置为"缓慢进入",进入方向根据需掩盖的图形部分确定。

以圆月变月牙为例:"插入"→"形状"→"椭圆"→按住 Shift 键在幻灯片工作区画出一个圆(图 4.20)→将其形状填充颜色和形状轮廓颜色改为黄色→画第二个圆→移动第二个圆形将其和第一个圆形分开(图 4.21)→将第二个圆形的形状填充颜色和形状轮廓颜色改为背景颜色→"动画"→"添加动画"→"动作路径"→"绘制自定义路径"→"直线"→画出移动路径并调整好(图 4.22)。

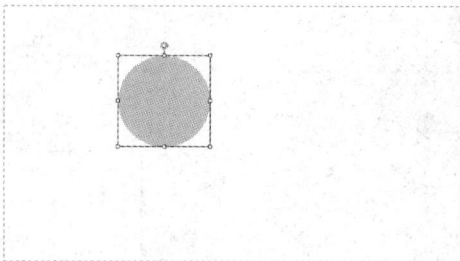

图　4.20

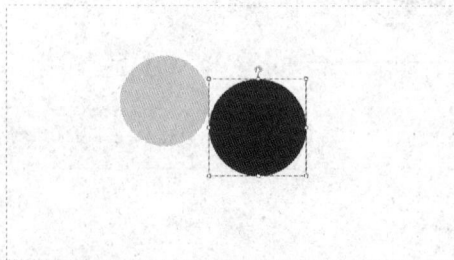

图　4.21

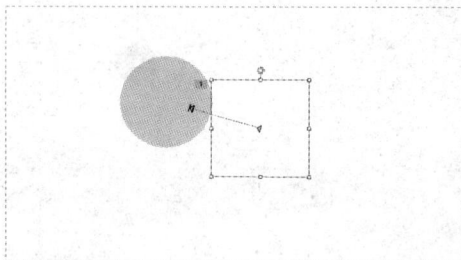

图　4.22

4.1.8 换页动画效果

复制幻灯片,后面一页只有局部变化,换页时由于视觉暂留作用,产生了动画效果。

4.1.9 一笔画动画效果

一笔画动画效果制作思路:

(1) 分解动画动作;

(2) 用动画"擦除";

(3) 第 2 笔开始的动画计时设置:在前一事件后 0 秒自动启动下一事件。

一笔画动画效果制作步骤:

(1) 用"插入"→"形状"→"直线"或"曲线"分段描原图,分段原则是在方向相同的前提下,尽量长,各笔之间不留空隙。

(2) 在"动画"→"动画窗格"中,按顺序调整各笔画的顺序和时间(在前一事件后 0 秒自动启动);用"擦除"动画效果,方向按实际需要选定。

以画出圆形为例:"插入"→"形状"→"弧形"→按住 Shift 键在幻灯片工作区画出一个 1/4 圆(图 4.23)→拖动其黄色菱形手柄变成半圆(图 4.24)→复制该半圆形→粘贴(图 4.25)→"格式"→"旋转"→"水平翻转"→移动第二个半圆形将其和第一个半圆形对好(图 4.26)→单击右侧半圆形→"动画"→"添加动画"→"进入"→"擦除"→"效果选项"→"自顶部"→单击左侧半圆形→"添加动画"→"进入"→"擦除"→"开始"→"上一动画之后"。

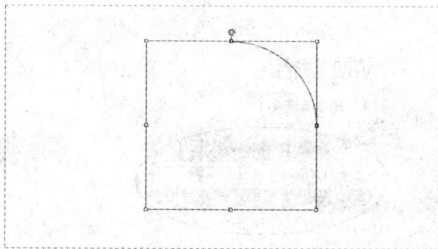

图 4.23

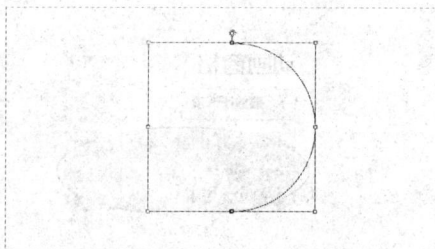

图 4.24

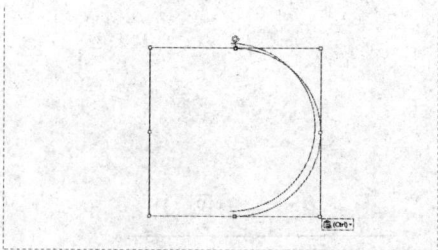

图 4.25

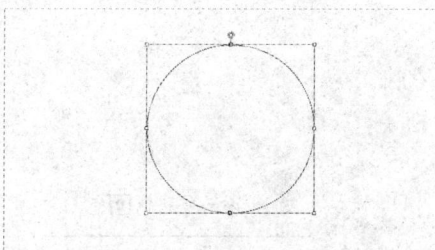

图 4.26

对于圆形或矩形等类似形状的一笔画,可以使用"轮子"动画效果,将其"效果选项"选择为"1 轮辐图案"(图 4.27)。但是,这种方法不可控制笔画方向,而上一方法可以控制笔画方向。

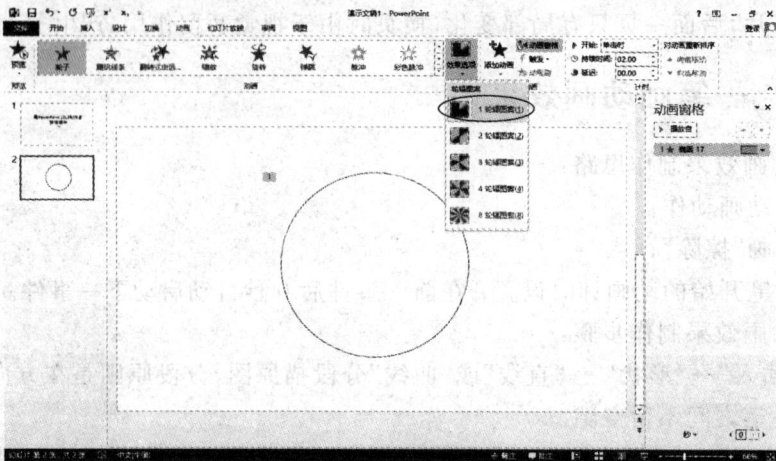

图　4.27

4.1.10　不同对象同时设置动作

在动画窗格中,可以同时选择多个动画,并且同时对它们进行相同的修改。可以用鼠标单击第一个对象后按住 Shift 键,再单击最后一个对象来进行连续选择(图 4.28);也可以用鼠标单击第一个对象后按住 Ctrl 键,再单击其他对象来进行不连续选择(图 4.29)。

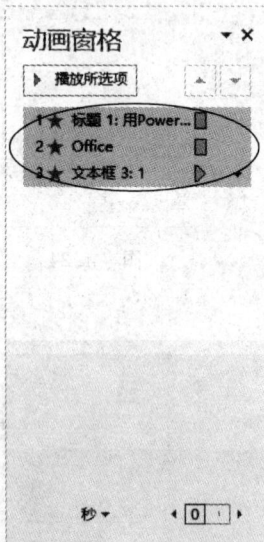

图　4.28

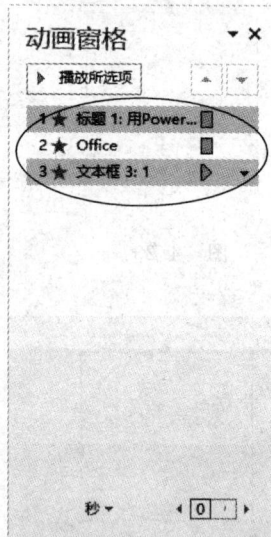

图　4.29

4.1.11 调整动画顺序

在动画窗格中,可以使用上下按钮来调整动画顺序(图 4.30),以改变动画播放时出现的顺序。

4.1.12 一个对象可设置多个动作

对于同一个对象,可以设置多个相同或不同的动画(图 4.31)。

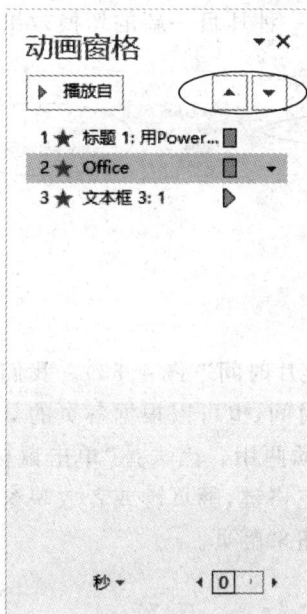

图 4.30

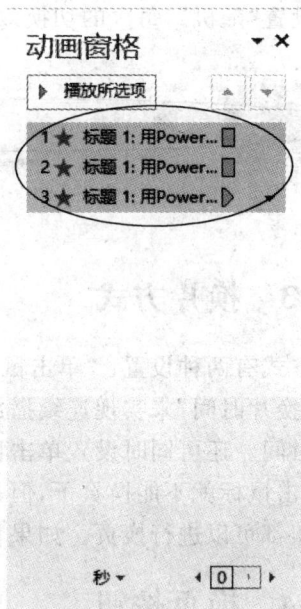

图 4.31

4.2 幻灯片放映

4.2.1 放映部分幻灯片

在幻灯片演示期间可临时隐藏一部分幻灯片,需要时可恢复。其优点是不必删减文档。既可以在"普通"视图中设置隐藏,也可以在"幻灯片浏览"视图中批量设置隐藏(图 4.32)。

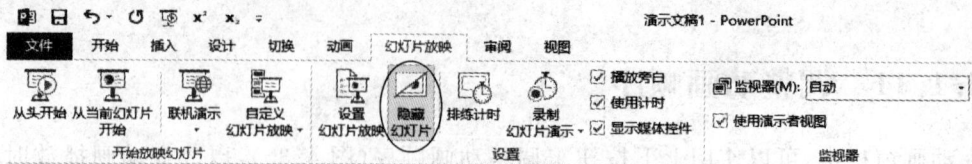

图 4.32

4.2.2 幻灯片切换

在"切换"快速访问工具栏中可设置幻灯片不同的切换效果（包括声音，见图 4.33）。如切换效果设置"随机"，每次的切换效果各不相同，会产生一种耳目一新的切换效果。

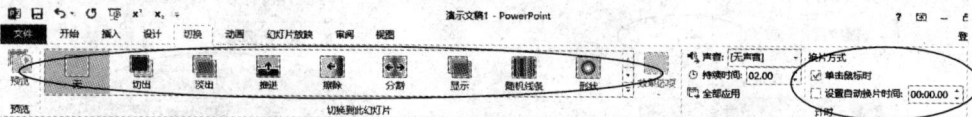

图 4.33

4.2.3 换片方式

换片方式有两种设置："单击鼠标时"和"设置自动换片时间"（图 4.33）。我们可以使用"设置自动换片时间"来实现连续播放，可以设置统一的时间，也可以根据各页的具体情况设置不同的时间。还可同时设置单击鼠标换页，手动和自动两用。当去掉"单击鼠标时"前的勾选时，单击鼠标就不能换页了，但是键盘上的回车键、空格键、翻页键或者放映窗口左下角的翻页按钮都可以进行换页。如果喜欢，还可以添加按钮来翻页。

4.2.4 换页按钮

（1）设置"下一页"或"继续"按钮

将按钮链接到"下一页幻灯片"（见第 5 章"超链接"），不使用动画效果或出现顺序靠前。功能：必要时，可在该页幻灯片放映中途，所设计的动画尚未全部播完即停止放映，翻到下一页。优点：可节省查找或浏览时间。

（2）设置换页提示

将换页按钮的动画出现顺序设置在最后。可用比较醒目的动作，如从右下角飞入。功能：提示所设计的动画全部放映完毕。优点：可避免用户因没看完该页盲目翻到了下一页。

4.2.5　自由涂写

在放映状态下,右击,出现菜单,选择一种笔和一种墨迹颜色(图 4.34)。出现画笔后可在放映中的幻灯片上书写或绘图。结束放映时,会提示是否保存自由涂写的东西(图 4.35)。

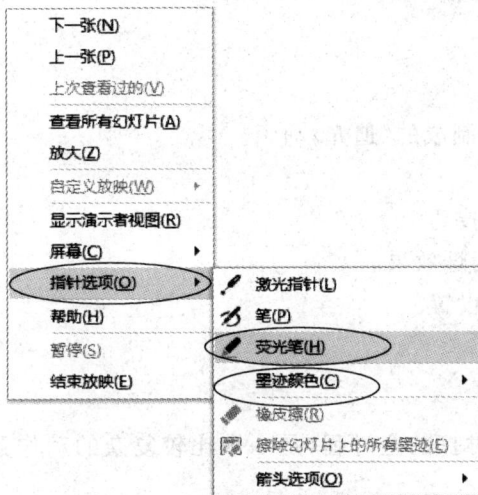

图　4.34

图　4.35

4.2.6　演示文稿的.ppsx 格式

PowerPoint 文稿除了一般存为.pptx 格式以外,还可以另存为.ppsx 格式。ppsx 格式文稿打开即直接播放,不能进行编辑。但该格式也可用 PowerPoint 打开,再另存为.pptx格式,然后进行编辑。

4.3　实例

本章实例共有 6 个(见随书光盘),部分实例图片见彩页。由于动画是 PowerPoint 最重要的功能之一,应用非常广泛,所以这里选用了较多实例,可以帮助读者更好地理解和掌握动画的要点和多种用途。

4.3.1　《灯笼摇雪花飘》

《灯笼摇雪花飘》中的动画集多种技巧设计而成,是一个比较复杂的动画效果,下面分解介绍制作步骤。

编者点评：

（1）用形状画出了红灯笼和雪花。

（2）灯笼在挂钩上不停地摇摆，集多种技巧设计而成。

（3）应用了循环放映。

（4）雪花飘的动画效果，应用了动作路径动画。

4.3.2 《星星闪烁》

这是综合应用了 PowerPoint 多种动画功能制成的《追光》动画。

编者点评：

（1）用图片工具栏处理图片，利用层和补丁技巧。

（2）应用动画效果展示了星星 4 种不同的闪烁效果。

（3）彗星的动画效果，应用动作路径和计时设置。

4.3.3 《打乒乓》

打乒乓球动画演示了乒乓球从发球到来回对打的全过程，是一个比较复杂的动作路径动画。

编者点评：

（1）应用动作路径动画。

（2）应用动作路径效果重复的功能。

（3）应用一个对象（球）的两个动作路径动画的先后播放。

4.3.4 《成语-释义-英译》

本课件可作为幻灯放映部分设计的互动应答练习题。

编者点评：

应用了多种功能，如动画、触发器、幻灯片切换、换页图标提示和自由涂抹等。

4.3.5 《纳米科技讲座》测验题（触发式）

该测试题来源于课件《纳米科技讲座》。

编者点评：

应用了触发器功能解决选择题的应答。

4.3.6 《小鸡诞生记》

《小鸡诞生记》是完全用 PowerPoint 做成的"模仿秀"。

编者点评：

该动画应用了多种动画效果,如出现、擦除、渐变、消失、动作路径、淡出、之前、之后、压入 WAV 格式声音和延时等功能,并对一个对象应用多次动画效果。

练习题

1. 下雨:

第一步,描绘图片(图 4.36),注意直线和圆角;

第二步,下雨的效果。

图 4.36

2. 制作容器中的水位慢慢降低和慢慢升高的动画。

3. 闪烁效果:

(1) 设置图 4.37 中蓝色的河流闪烁 3 次后出现;

(2) 设置图 4.38 中绿色的面积闪烁 3 次后出现。

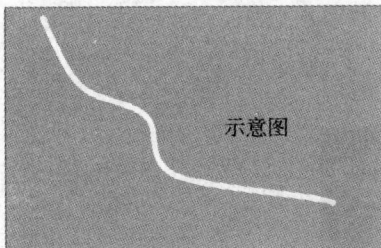

图 4.37

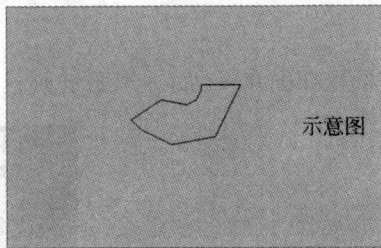

图 4.38

4. 设置动画实现月亮升起的动画效果。

5. 设计换页按钮,所有动画效果设置成自动从右下角飞入。

6. 设置幻灯片可用两种方法切换(单击鼠标时和 10 秒后自动切换)。

7. 设计动作路径动画(图 4.39)：

(1) 对象 A,路径为向右到头；

(2) 对象 B,路径为 S 形曲线；

(3) 对象 C,路径为抛物线。

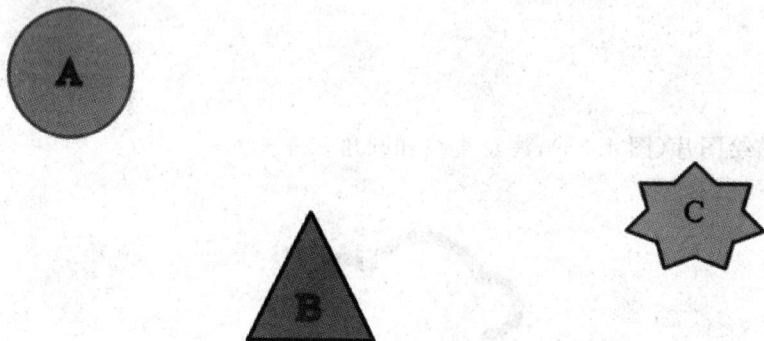

图   4.39

8. 设计动作路径动画(图 4.40)：

(1) 对象 A：①出现；②路径为转半圈；③消失,有声音。

(2) 对象 B：①出现；②路径为转半圈,动画播放后隐藏,3 次重复,有声音。

(3) 对象 C：①出现；②路径为 Z 字；③消失。

图   4.40

9. 设置如图 4.41 的一笔画动画。

图   4.41

10. 应用触发器功能设计问答题：

触发器的命令在什么功能中？请单击正确答案：

A. 在超链接中——不正确！

B. 在动画中——很正确！

11. 选择图 4.42 中的颜色名称后，使对应的方框填充成该颜色。

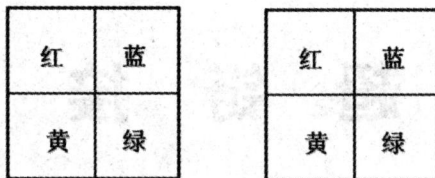

(a) 只可选一次   (b) 可选无数次

图　4.42

12. 播放一张图片由黑白逐渐变为彩色。

13. 制作字幕效果，并淡入淡出（图 4.43）。

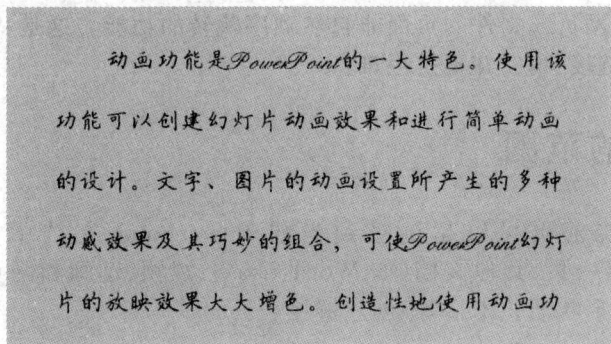

动画功能是 PowerPoint 的一大特色。使用该功能可以创建幻灯片动画效果和进行简单动画的设计。文字、图片的动画设置所产生的多种动感效果及其巧妙的组合，可使 PowerPoint 幻灯片的放映效果大大增色。创造性地使用动画功

图　4.43

14. 播放字幕逐渐出屏。

15. 设计颜色不断变换的 8 个小矩形。

16. 制作高楼窗口逐个明灭的动画效果。

第5章

超 链 接

　　所谓超链接(超级链接)就是在 PowerPoint 放映状态单击某一对象时,从一张幻灯片到同一演示文稿中的另一张幻灯片的连接,或是从一张幻灯片到不同演示文稿中的另一张幻灯片、电子邮件地址、网页或文件的页面非自然顺序跳转的功能。这是一种高级且很实用的功能。你想掌握"超链接"吗? 并不是很难!

5.1　超链接的范围

　　从 PowerPoint 当前页可以超链接到当前 PowerPoint 文档中的某一页、另一个 PowerPoint 文档的某一页、其他文档(如 Word、Excel、视频、动画和网页等)。可以从文本或一个对象(如图片、形状或艺术字等)创建链接。

5.1.1　在当前 PowerPoint 文档中链接的应用实例

　　(1) 打开一个本章的 PowerPoint 文档,在第 4 页新建幻灯片。单击"开始"→"矩形",在幻灯片窗格中画出如图矩形(图 5.1)。

　　(2) 在其中再画一个矩形,并添加文字"动手试试";画一个同心圆,添加文字"i";画一个文本框,添加文字"转到当前文档第 2 页";将所画图形组合(图 5.2)。

　　(3) 画一个文本框,添加文字"确定"。

　　(4) 右击"确定"文本框,然后单击"超链接"(图 5.3)。

　　(5) 在弹出的"插入超链接"对话框中,单击"本文档中的位置"→"请选择文档中的位置"中的第 2 张幻灯片→"确定"(图 5.4)。

　　(6) 单击窗口右下角的"幻灯片放映"按钮(图 5.5),体验超链接。

　　强调:超链接功能必须在"幻灯片放映"时才能起作用!

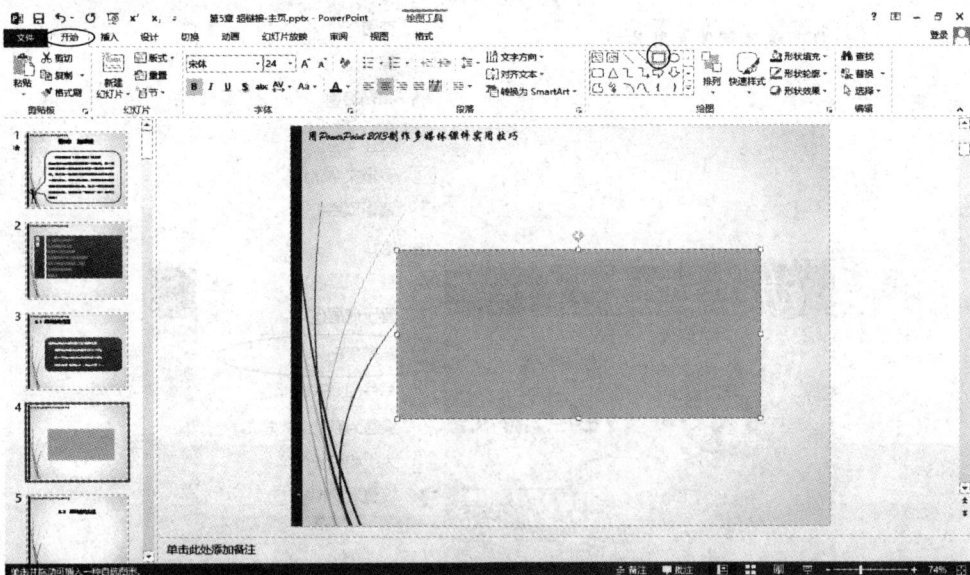

图 5.1

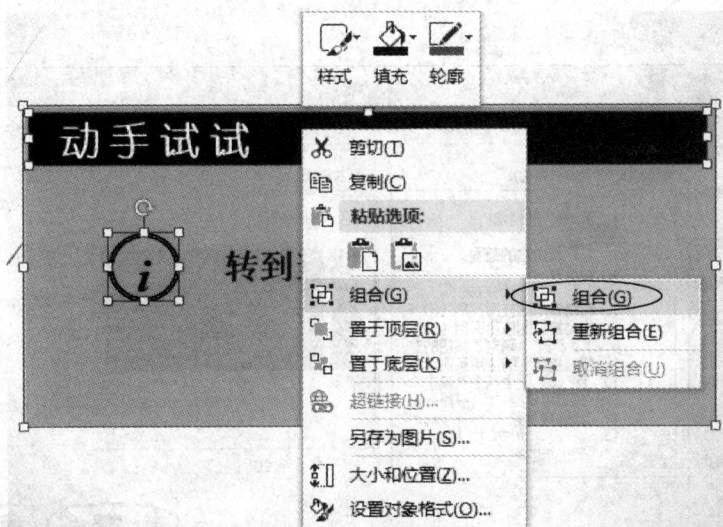

图 5.2

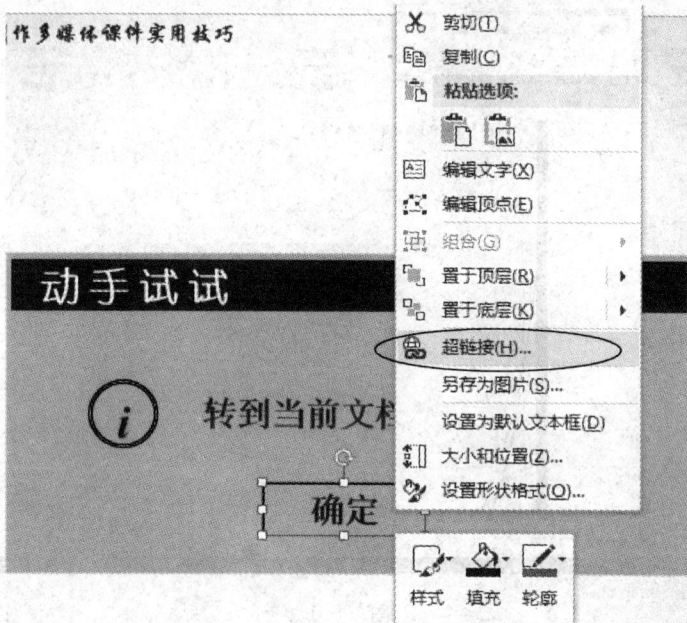

图　5.3

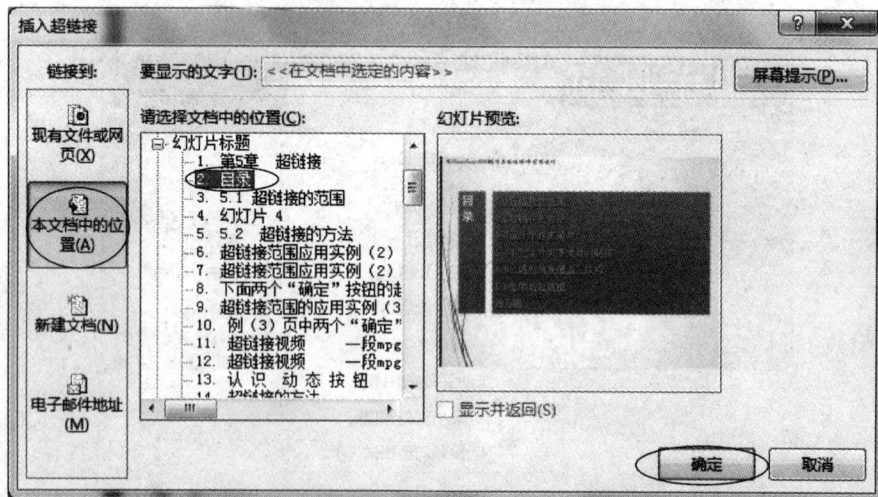

图　5.4

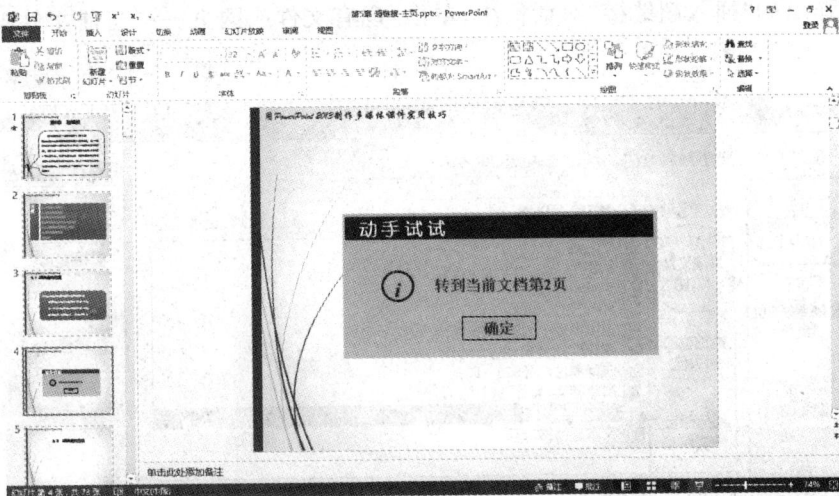

图 5.5

5.1.2 链接到其他 PowerPoint 文档的应用实例

"练习题.pptx"是另外一个 PowerPoint 文档。该文档是学习本章后进行考核和复习用的演示文稿。

例 5.1 从头看这个文档。

(1) 在第 5 页新建幻灯片。

(2) 参考 5.1.1 节中实例第(1)至(4)步插入图形(图 5.6)。

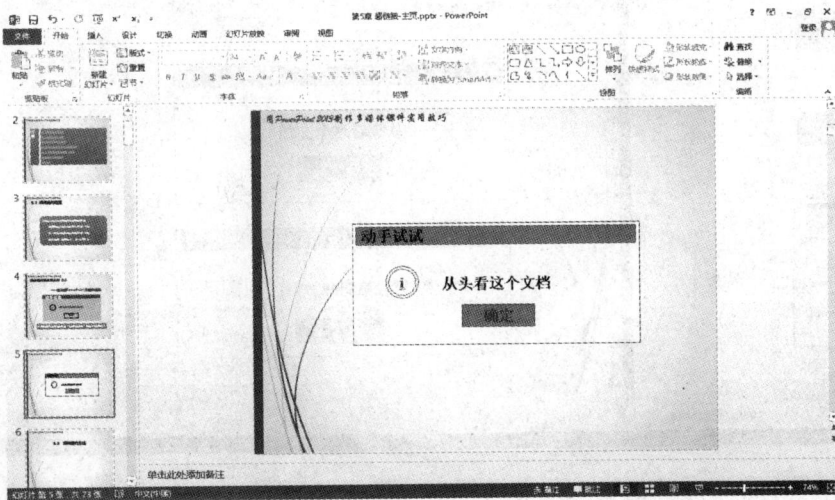

图 5.6

（3）在弹出的"插入超链接"对话框中，单击"现有文件或网页"→"当前文件夹"→"练习题.pptx"→"确定"（图5.7）。

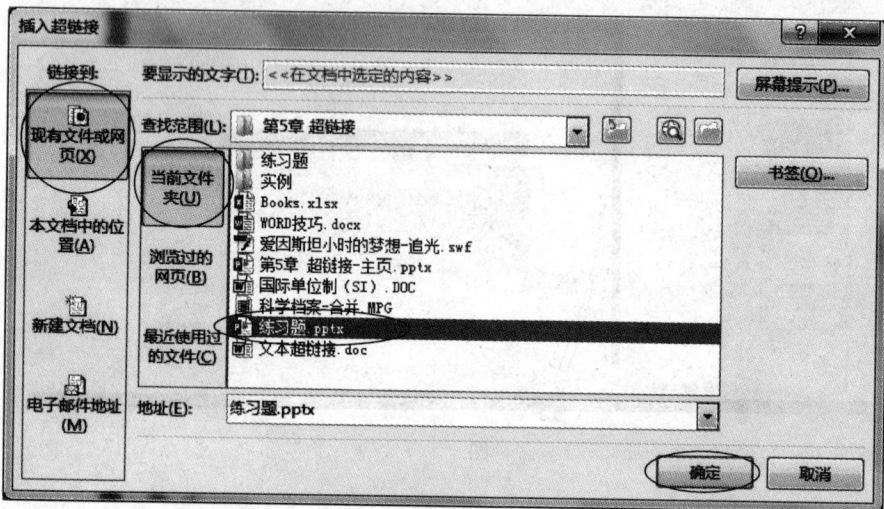

图 5.7

例5.2 只看第5张幻灯片。

（1）参考5.1.1节中实例第（1）至（4）步插入图形（图5.8）。

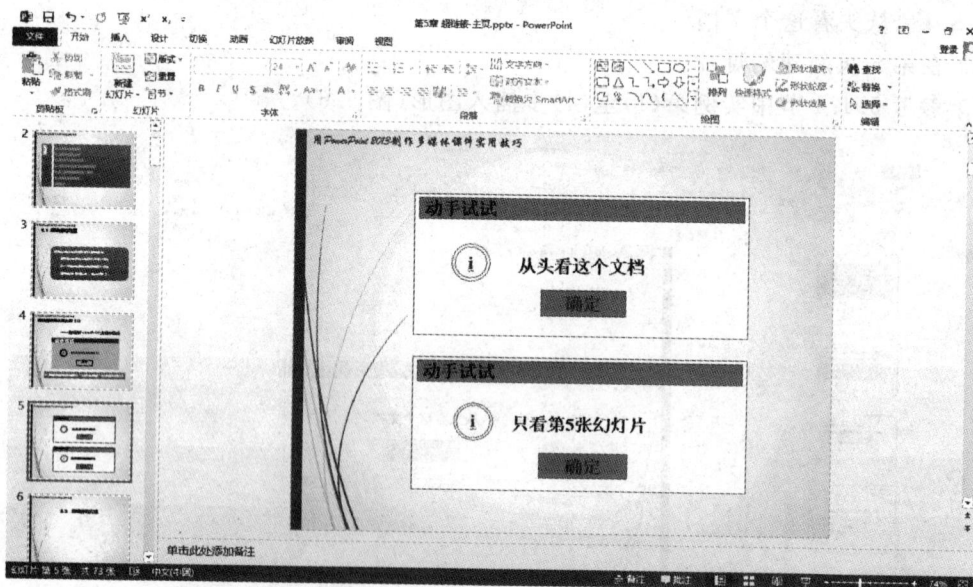

图 5.8

（2）在弹出的"插入超链接"对话框中，单击"现有文件或网页"→"当前文件夹"→"练习题.pptx"→"书签"（图5.9）。

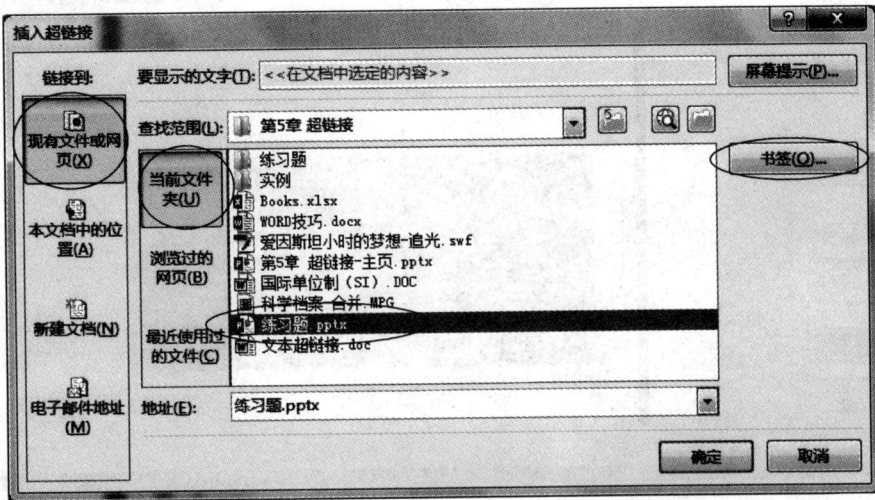

图 5.9

（3）在"在文档中选择位置"窗口中，单击第5页（图5.10），单击两次"确定"。

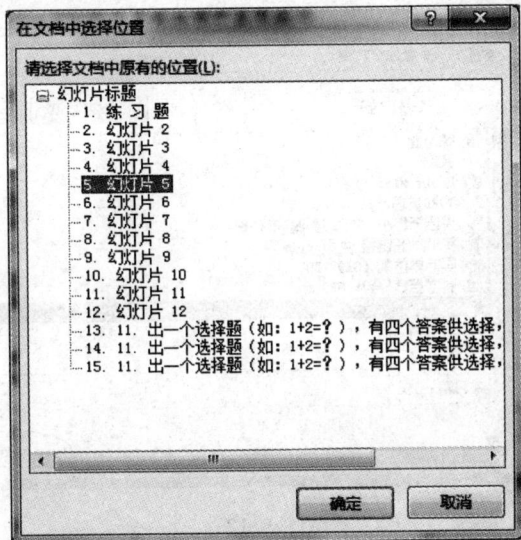

图 5.10

另外，还可以利用文字的超链接来实现幻灯片的跳转。具体看下面例子。

例5.3 利用文字超链接从头看这个文档。

（1）在第6页新建幻灯片，输入文字"从头看这个文档"（图5.11）。

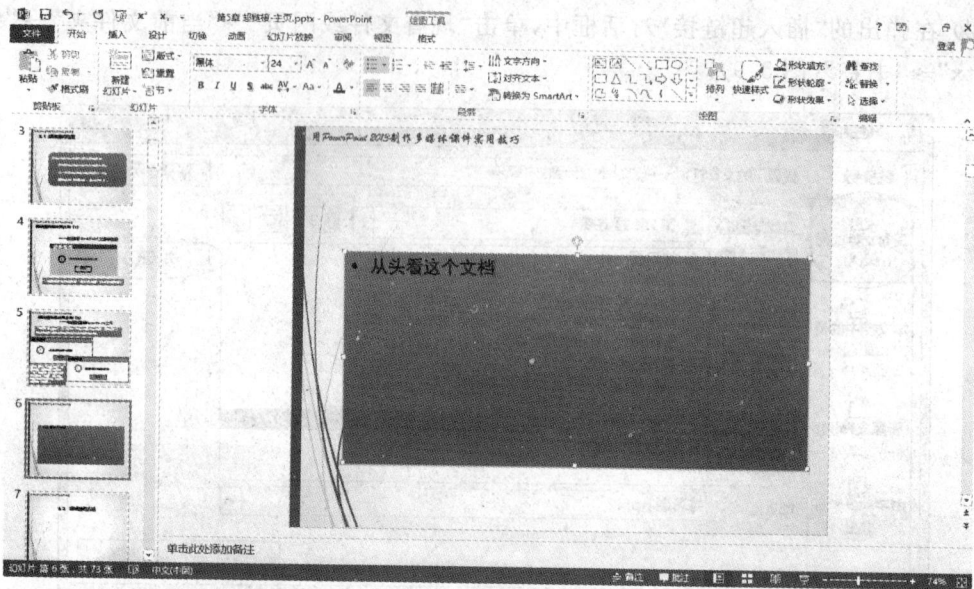

图 5.11

（2）选择"从头看这个文档"，右击它，再单击"超链接"，弹出"插入超链接"对话框（图5.12）。

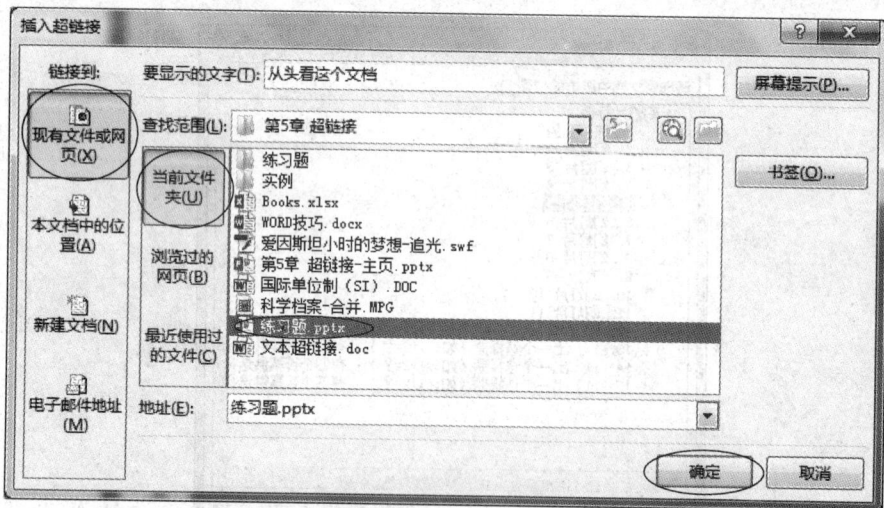

图 5.12

（3）选择"练习题.pptx"文件，单击"确定"。

例5.4 利用文字超链接只看第5张幻灯片。

（1）输入文字"只看第5张幻灯片"（图5.13）。

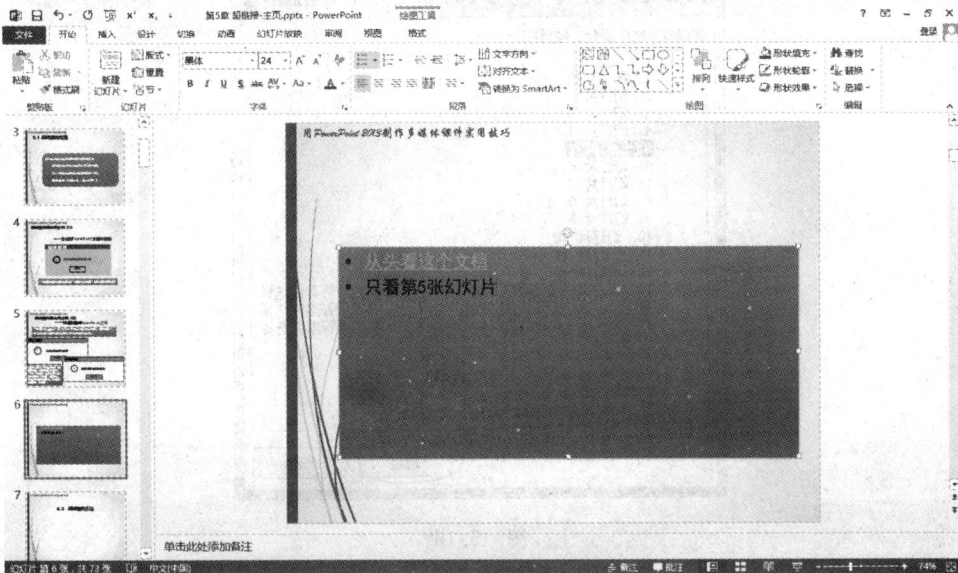

图　5.13

（2）选择"只看第 5 张幻灯片"，右击它，再单击"超链接"，弹出"插入超链接"对话框（图 5.14）。

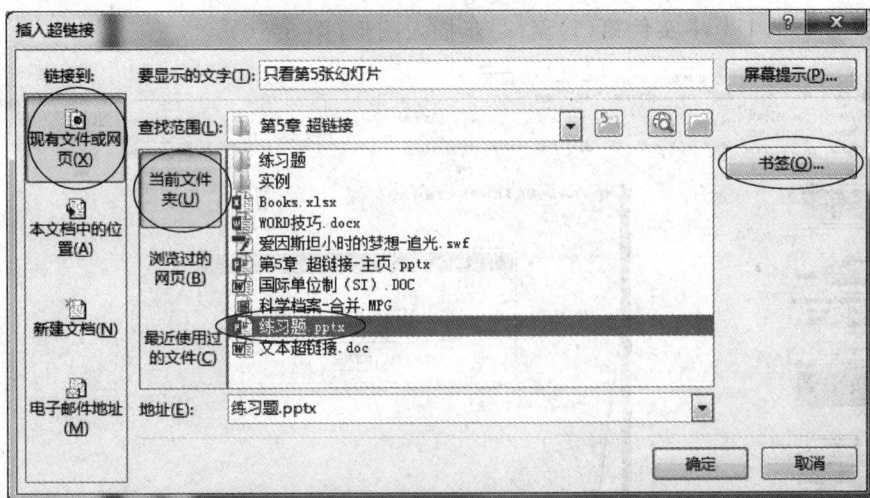

图　5.14

（3）选择"练习题.pptx"文件，单击"书签"按钮。

（4）在"在文档中选择位置"窗口中，单击第 5 页（图 5.15），单击两次"确定"。

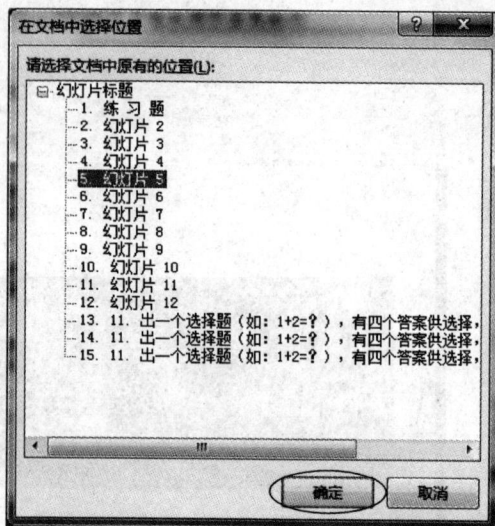

图　5.15

5.1.3　链接到其他类型文件的应用实例

例 5.5　链接到 Word 文档(.docx)。

(1) 在第 8 页新建幻灯片。

(2) 参考 5.1.1 节中实例第(1)至(4)步插入图形(图 5.16)。

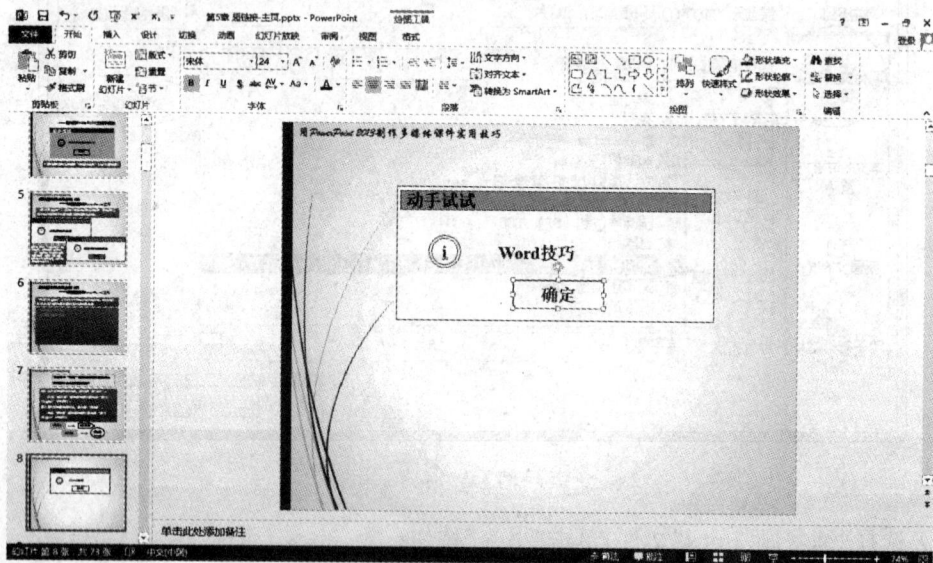

图　5.16

（3）在弹出的"插入超链接"对话框中，单击"现有文件或网页"→"当前文件夹"→"WORD技巧.docx"→"确定"（图5.17）。

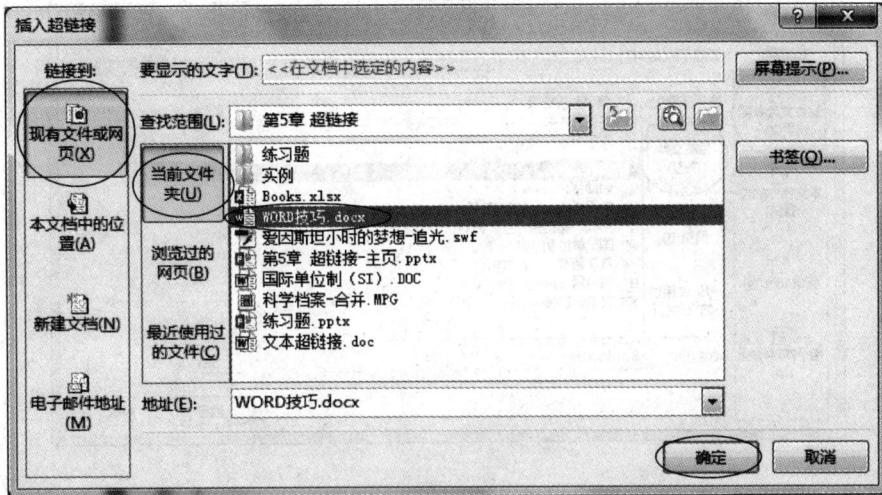

图 5.17

例5.6 链接到Excel文档（.xlsx）。

（1）参考5.1.1节中实例第（1）至（4）步插入图形（图5.18）。

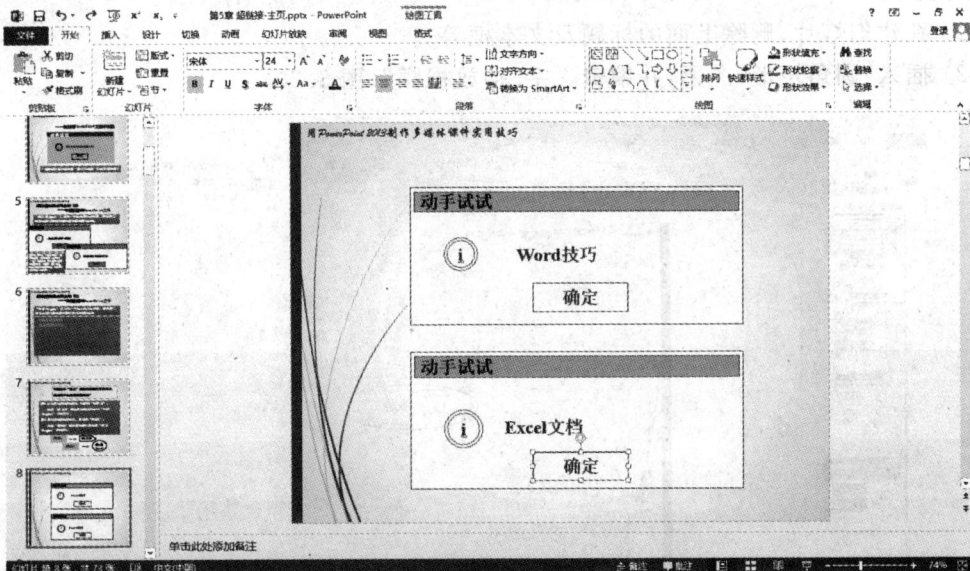

图 5.18

　　(2) 在弹出的"插入超链接"对话框中,单击"现有文件或网页"→"当前文件夹"→
"Books. xlsx"→"确定"(图 5.19)。

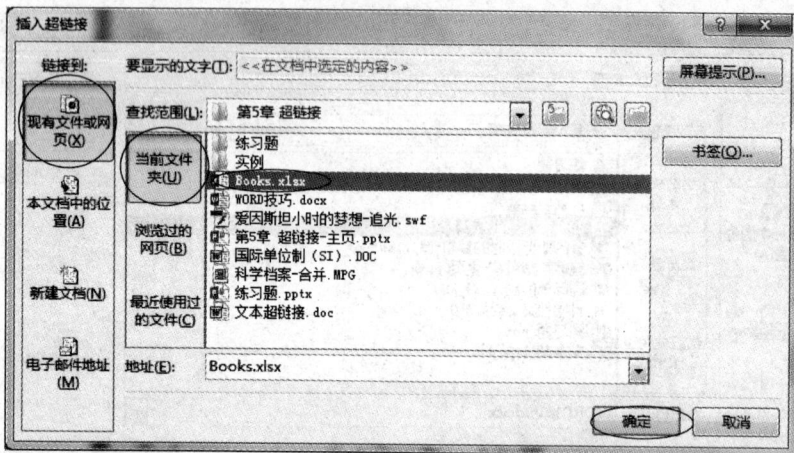

图　5.19

> 强调:在放映幻灯片时,要从"其他文件"返回本页,用屏幕右上角的"×"关闭之。

　　例5.7　链接到视频文件。一段 mpg 或 avi 等格式视频,都可以通过按钮或图片链接
到演示文稿中。

　　(1) 新建幻灯片,删除上面的标题及文本框等。

　　(2) 插入"圆角矩形"图形,并编辑文字"播放视频"(图 5.20)。

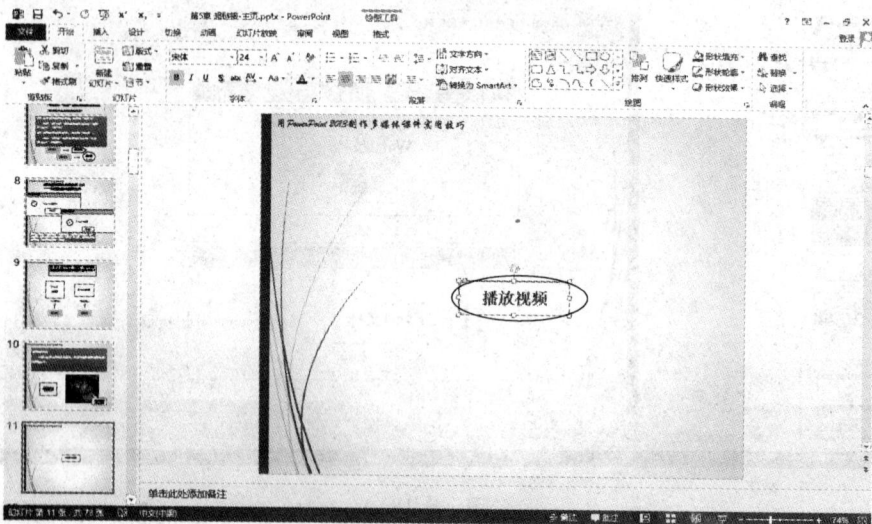

图　5.20

（3）右击圆角矩形（图 5.21）。

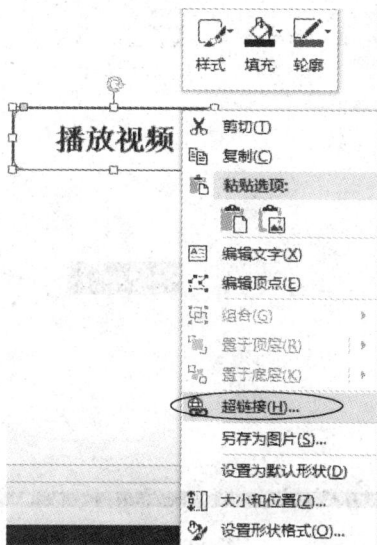

图 5.21

（4）单击"超链接"后，打开"插入超链接"对话框。找到要链接的视频文件后，单击它，然后单击"确定"（图 5.22）。

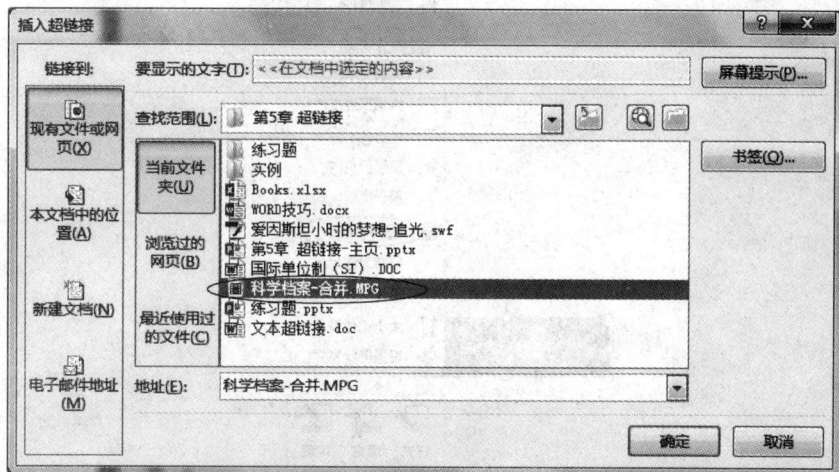

图 5.22

例 5.8 链接到动画文件 swf 和 exe 等类型文件。

（1）新建幻灯片，删除上面的标题及文本框等。

（2）插入"圆角矩形"图形，并编辑文字"播放动画"（图 5.23）。

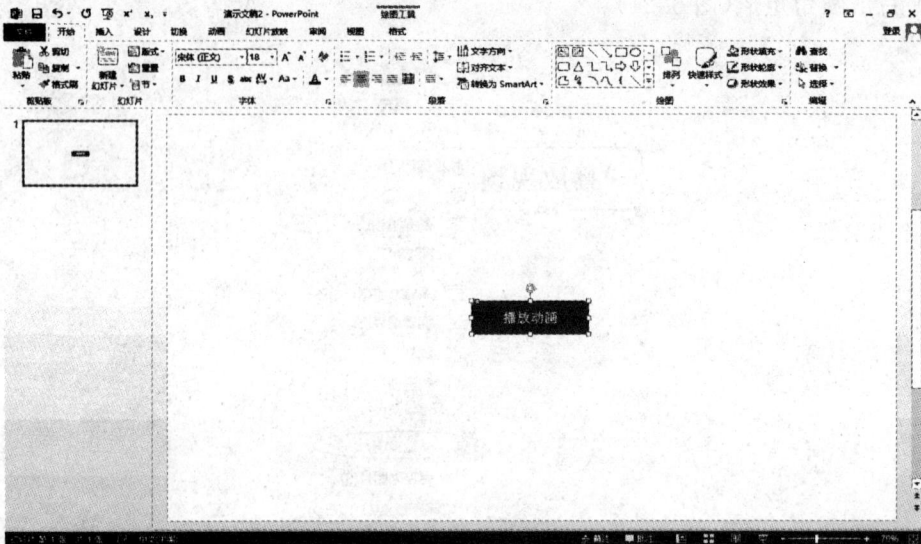

图　5.23

（3）右击圆角矩形（图5.24）。

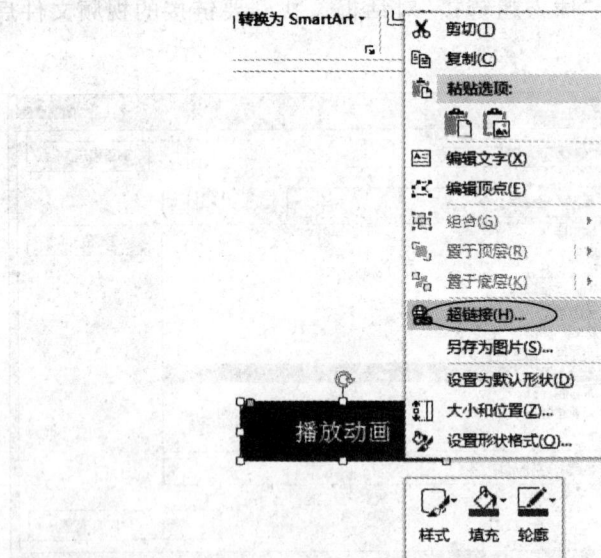

图　5.24

（4）单击"超链接"后，打开"插入超链接"对话框。找到要链接的动画文件后，单击它，然后单击"确定"（图5.25）。

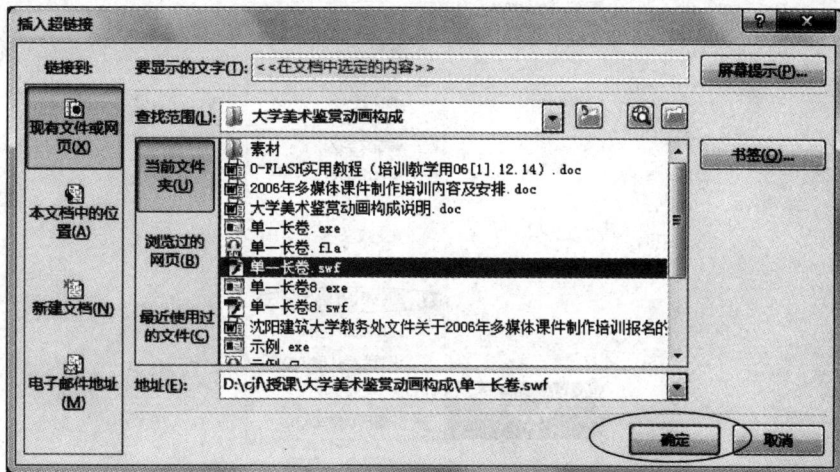

图 5.25

例 5.9 链接到网页。

（1）新建幻灯片，删除上面的标题及文本框等。

（2）插入"圆角矩形"图形，并编辑文字"打开网页"（图 5.26）。

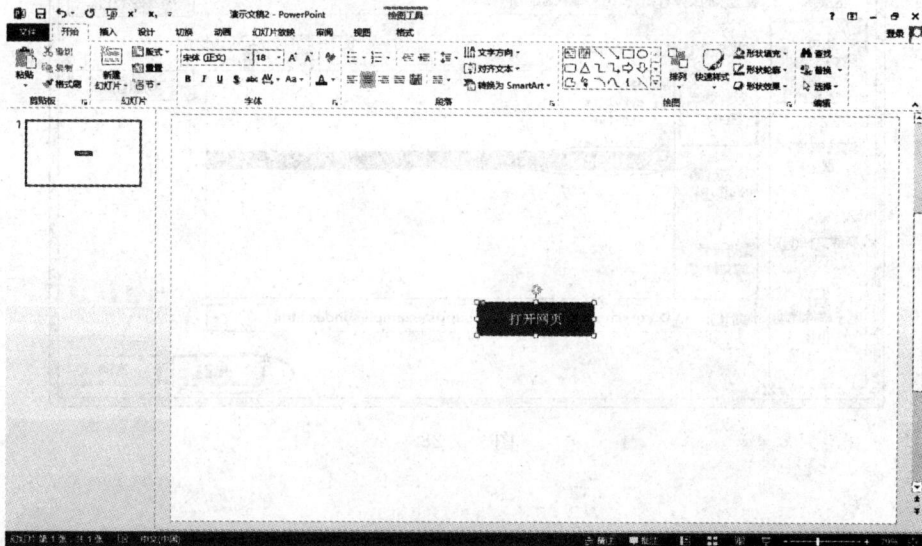

图 5.26

（3）右击圆角矩形（图 5.27）。

（4）单击"超链接"后，打开"插入超链接"窗口。找到要链接的网页文件后，单击它，然后单击"确定"（图 5.28）。

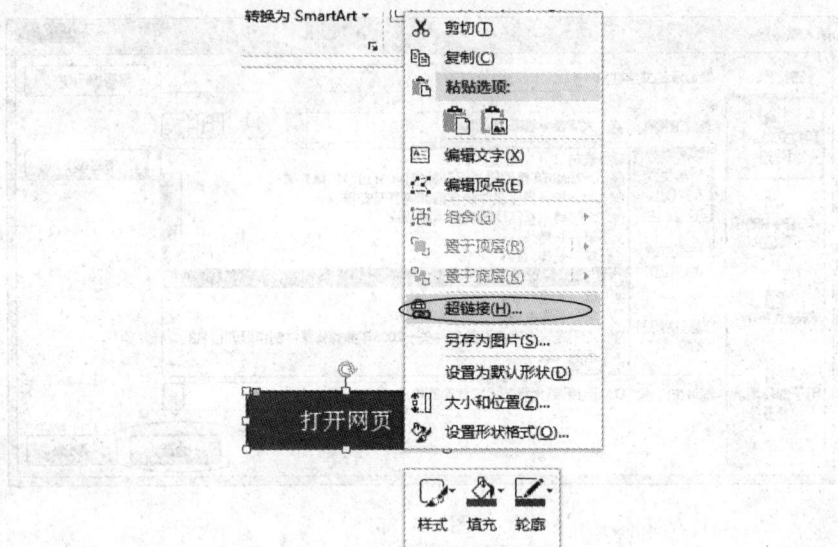

图　5.27

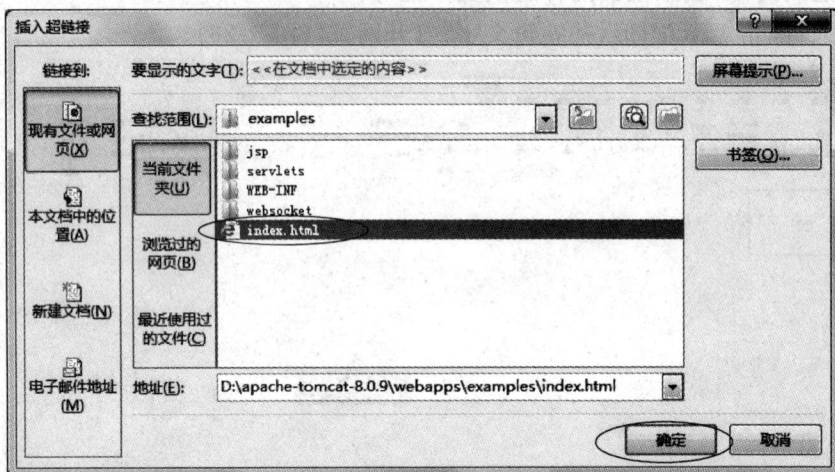

图　5.28

5.2　超链接的方法

5.2.1　认识动态按钮

按钮、文本、形状、图片、透明背景等这些都可设置超链接,单击按钮则执行页面非自然顺序的跳转。

5.2.2 超链接的实现

实现方法 1：对于文本，可以直接设置超链接。

实现方法 2：对于形状、文本框和图片等可以使用"插入"工具栏中的"超链接"或"动作"对话框来设置超链接。

实现方法 3：PowerPoint 提供了一组按钮（"插入"快速访问工具栏中"形状"下的"动作按钮"）使用户在演示文稿中能够插入超链接。

5.2.3 带有超链接设置的 PowerPoint 按钮

PowerPoint 提供了一组按钮（"插入"快速访问工具栏中"形状"下的"动作按钮"）使用户在演示文稿中能够插入超链接。这些按钮包含了常见的形状（图 5.29），例如向左或向右的箭头。在演示文稿中插入"动作按钮"后，会打开"操作设置"对话框。设置完成后，放映被单击时，它们会显示成按下的状态。

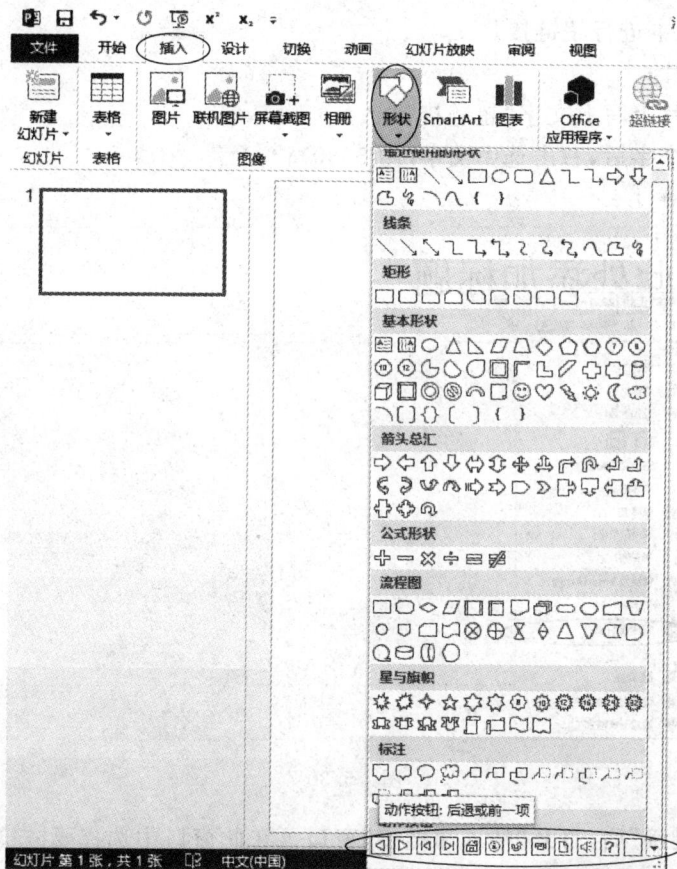

图 5.29

按钮的形状还可在编辑状态下用尺寸控点(指出现在选定对象各角和各边上的小圆点或小方点,拖动这些控点可以更改对象的大小)来调整。做一个 PowerPoint 动作按钮步骤如下:"插入"→"形状"→选择一个动作按钮→用"十"字拉到适当大→"操作设置"→"超链接到"→下拉菜单→选择一个选项→设置链接到某一位置。

> 翻页按钮的应用技巧:在幻灯片一开始就放置一个翻页按钮,这样不论设置了多少动画,都可以实现随时翻页。

5.2.4　使文本进入超链接状态

有超链接的文本会添加下划线,并且显示成配色方案指定的颜色。从超链接跳转到其他位置后,颜色就会改变。因此,可以通过颜色分辨超链接是否被访问过。

把待进行超链接的文本用鼠标选定为黑块→在黑块上右击→下拉菜单自动弹出→"超链接"。

例 5.10　对文本进行超链接。

(1) 新建幻灯片;

(2) 在该幻灯片上写上文字"超链接";

(3) 选中这三个字后,右击选中文字(图 5.30);

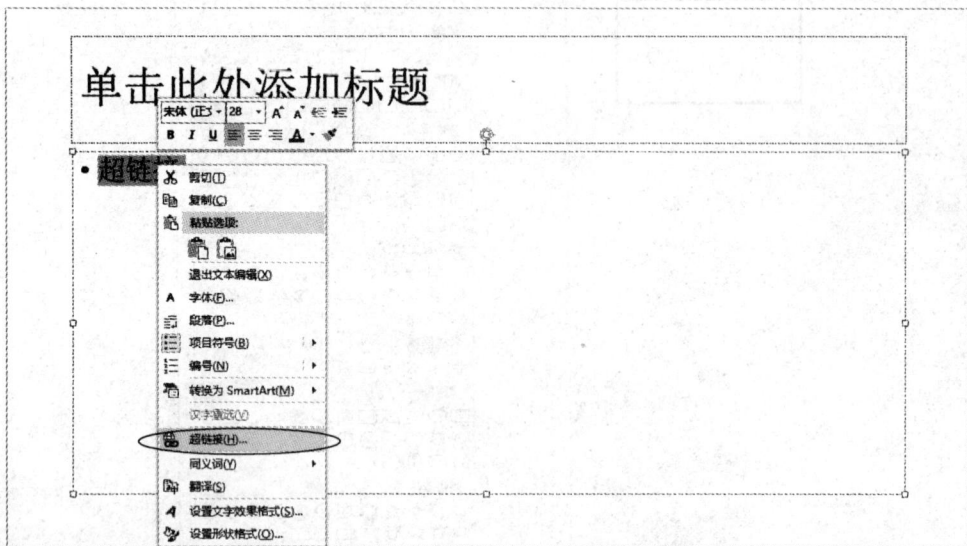

图　5.30

(4) 单击"超链接"后,打开"插入超链接"窗口。在此窗口中选择要链接的目标。

例 5.11　对有文本的形状进行超链接。

(1) 在例 5.10 的幻灯片中插入一个圆角矩形(图 5.31);

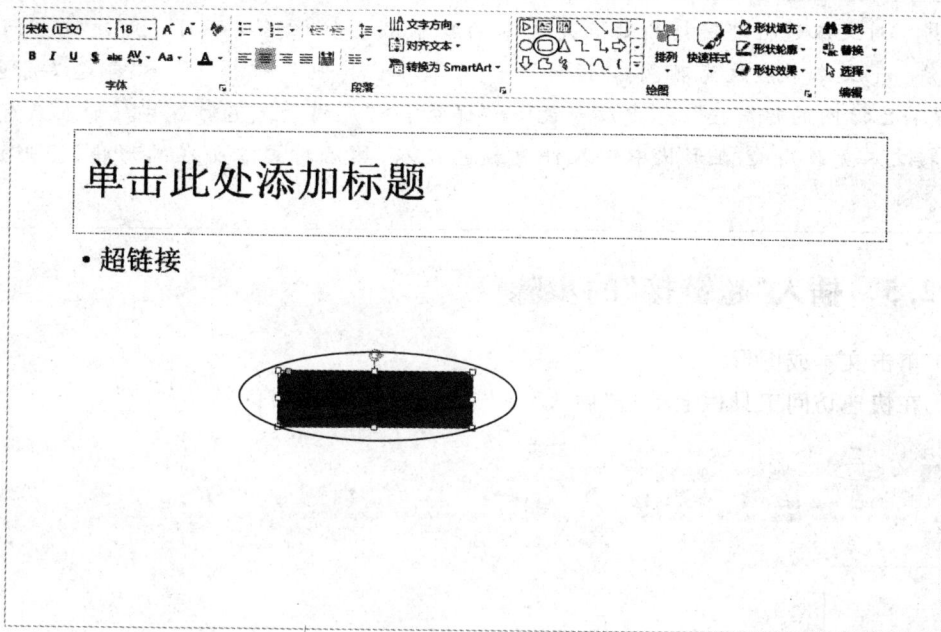

图　5.31

(2) 在圆角矩形上编辑文字"超链接";

(3) 右击圆角矩形(图 5.32);

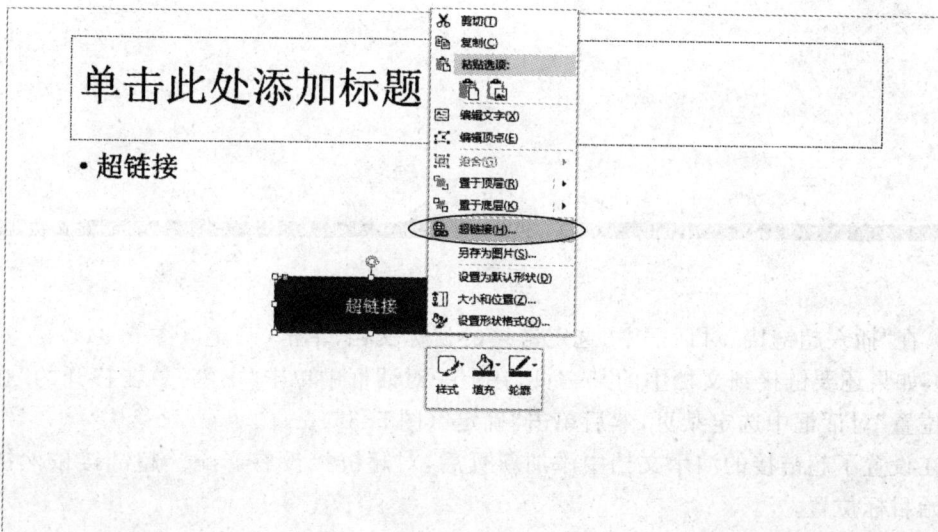

图　5.32

（4）单击"超链接"后，打开"插入超链接"对话框，在此对话框中选择要链接的目标。

> **说明**：对文本进行超链接的缺点是文本的默认颜色往往不够醒目。解决这个问题的改进方法：①文本也能改变颜色："设计"→"变体"→"其他"→"颜色"→"自定义颜色"→"超链接和已访问的超链接"→"更改颜色"→"保存"→"应用于选定幻灯片"（如果只有本页的超链接文本更改）；②在形状中输入任意颜色文本，然后对文本所在的形状（图形）设置超链接。

5.2.5　插入"超链接"的步骤

（1）单击文本或图形；

（2）在快速访问工具栏上单击"插入"→"超链接"（图5.33）；

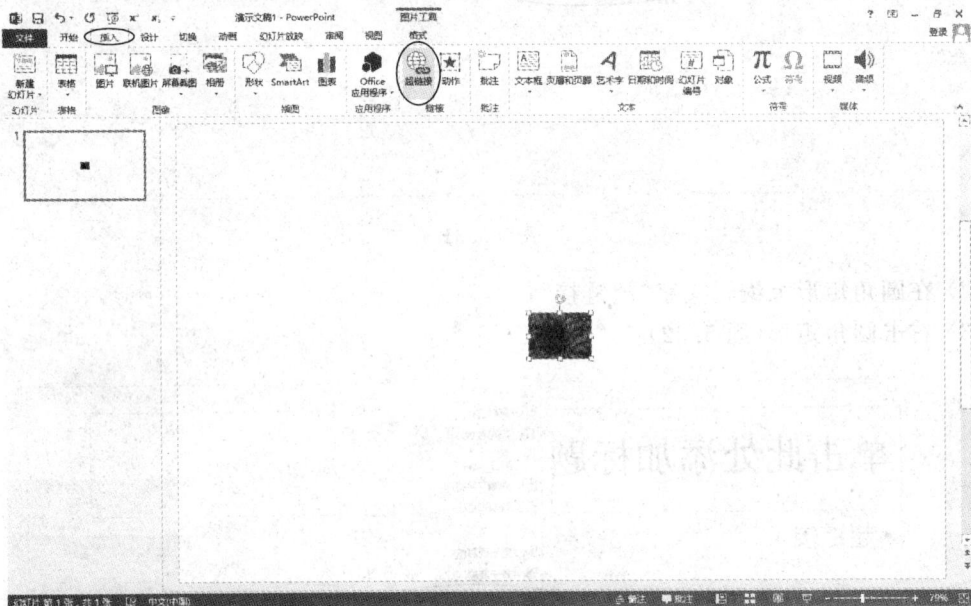

图　5.33

（3）在"插入超链接"对话框中，选定链接的目标文档，单击"确定"（图5.34）；

（4）如果还要链接到文档中的某一页，在上一对话框中单击"书签"。在打开的"在文档中选择位置"对话框中选定某页，然后单击"确定"（图5.35）。

当在设置了超链接的演示文档中添加新页后，对超链接没有影响。超链接依然链接到它的初始目标位置。

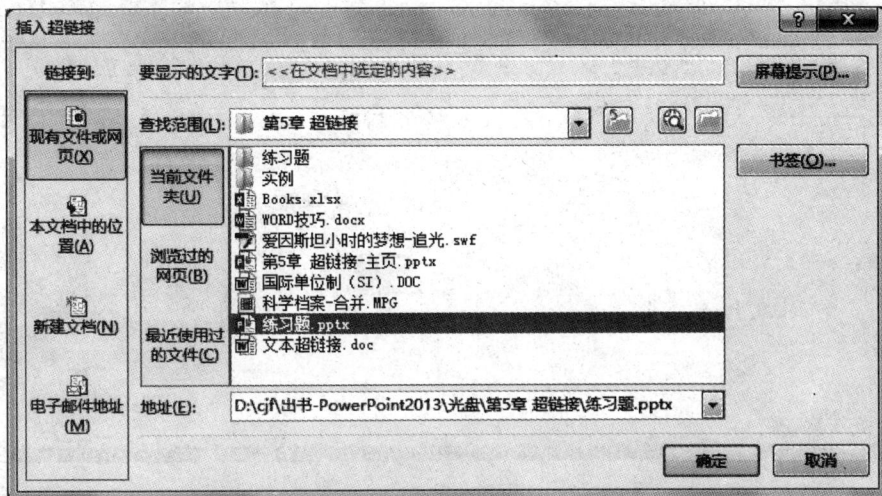

图 5.34

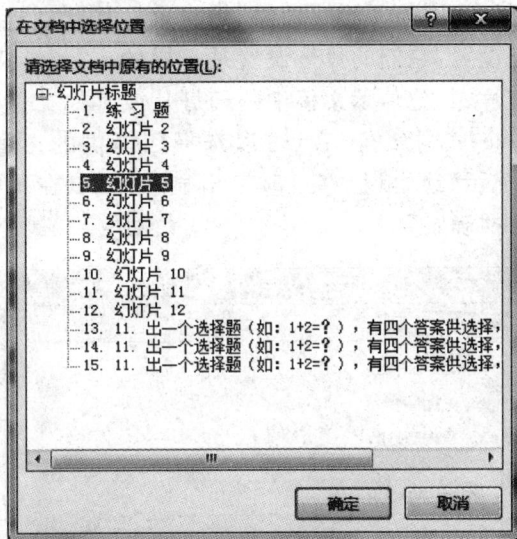

图 5.35

5.2.6 从动作进入超链接状态

图形和文本也可以使用"插入"快速访问工具栏的"动作"按钮进入超链接状态。步骤如下：

(1) 单击图形；

(2) 单击"插入"快速访问工具栏→"动作"(图 5.36)；

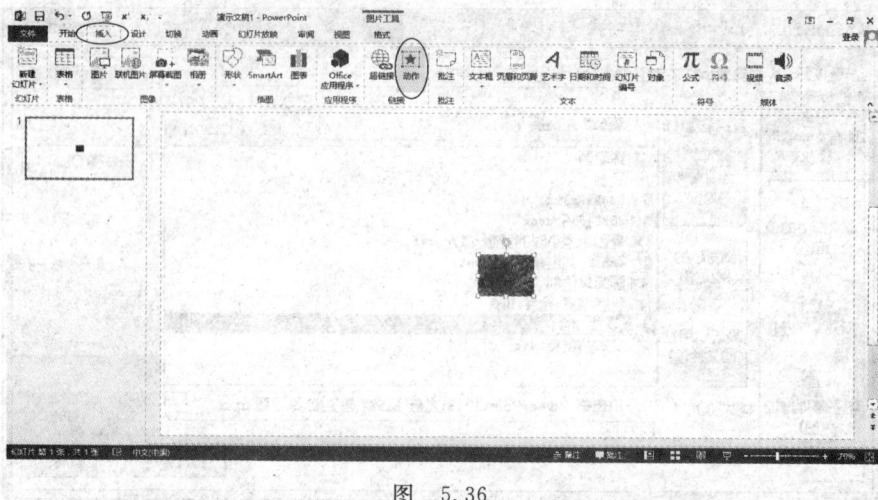

图　5.36

　　（3）在"操作设置"对话框中，包含"单击鼠标"和"鼠标悬停"两种方式（图 5.37）。"单击鼠标"是通过单击鼠标来触发动作；"鼠标悬停"是当鼠标移动到链接上时触发动作。两种方式可以同时设置或分别设置，它们的具体设置是一样的。"超链接到"下拉菜单可以选择链接到当前文稿中的幻灯片、其他演示文稿中的幻灯片或其他文件（图 5.38）；"运行程序"可以选择执行程序（ * . exe）；"播放声音"可以选择已提供的声音或其他声音（ * . wav）（图 5.39）；"单击时突出显示"或"鼠标移过时突出显示"可以在鼠标单击或悬停时突出显示链接。设置完成后，单击"确定"。

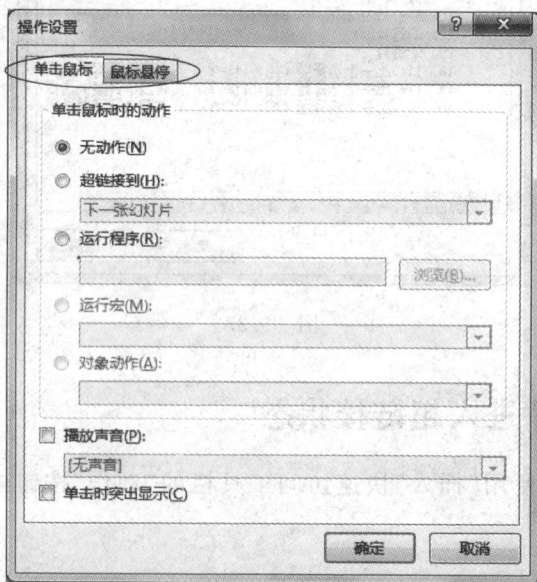

图　5.37

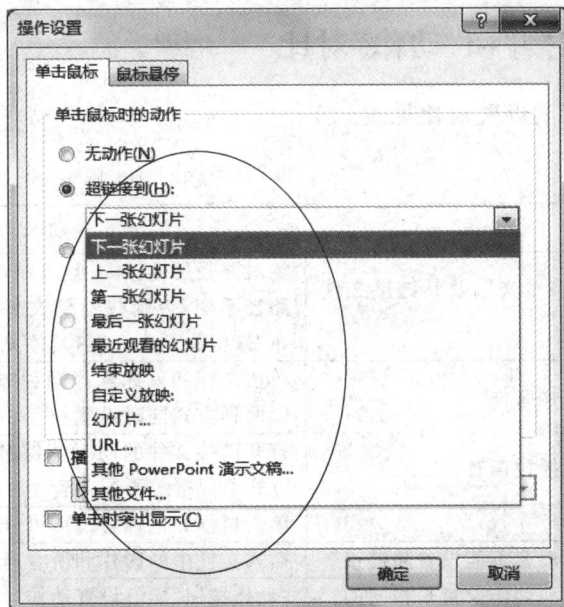

图　5.38

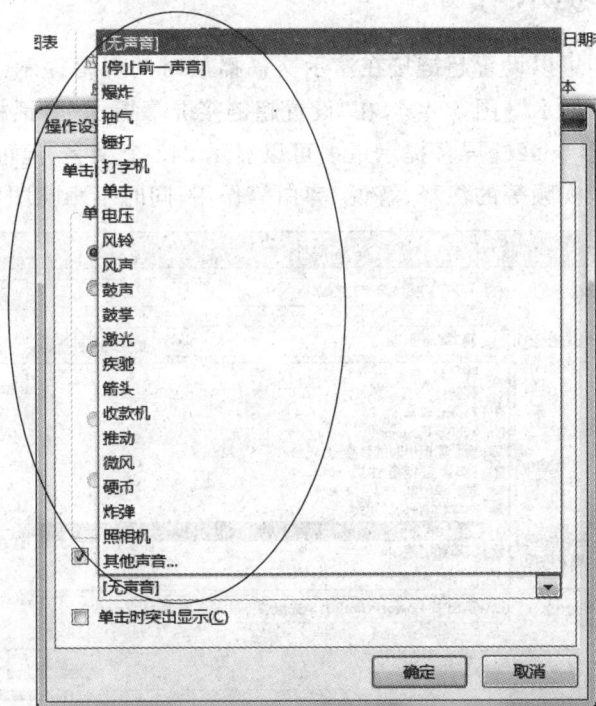

图　5.39

5.2.7 "超链接"和"动作"对比

"超链接"和"动作"的设置对比见表5.1。

表 5.1

超　链　接	动　　作
相对路径的链接,有利于演示文稿及其链接文件的复制	绝对路径的链接,一旦复制,被链接文件要保持绝对路径不变,否则找不到文件。解决办法是通过"发布"来解决这个问题(具体见7.1.3节)
单击鼠标一种方式打开链接文件	单击鼠标和鼠标悬停两种方式打开链接文件,还可以两种方式同时设置
打开链接文件的同时不能播放声音	打开链接文件的同时能够播放声音,两种不同打开方式可以播放不同声音
单击后链接会变色	单击鼠标和鼠标移过可以分别设置突出显示链接
插入文件中的影片和所有声音不能设置超链接	插入文件中的影片和所有声音能够设置动作
"动作按钮"的超链接设置和动作设置是相同的	"动作按钮"能够设置动作

5.2.8 屏幕提示

在插入超链接时,可以设置超链接在演示文稿播放时的屏幕提示。在"插入超链接"对话框右上角单击"屏幕提示"(图5.40),在"设置超链接屏幕提示"对话框的文本栏中输入文本(图5.41),效果见图5.42。屏幕提示最多可以显示242个汉字,但可以输入256个汉字。放映时可起到对图片、视频等的注释、解说、旁白等作用,同时不影响图面的简洁布局。

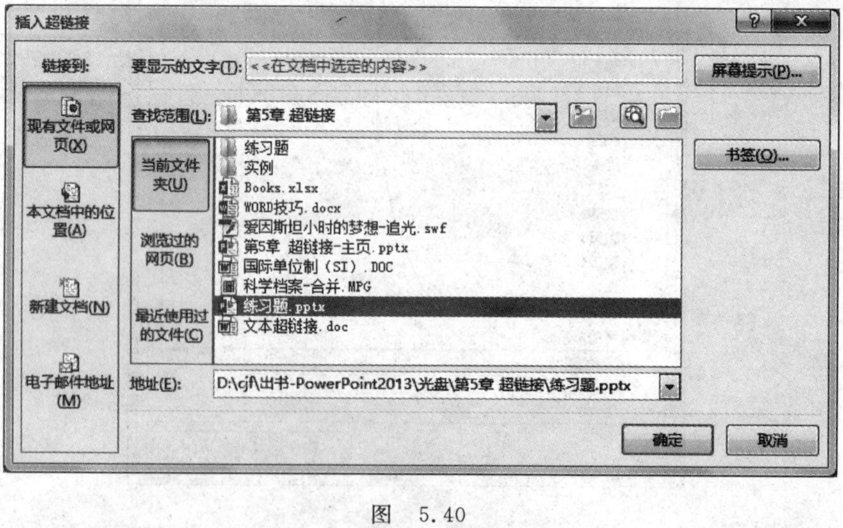

图 5.40

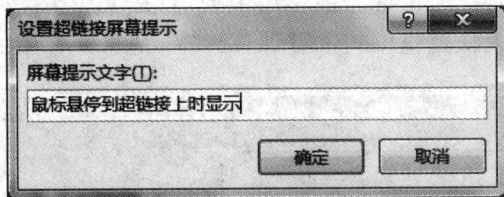

图 5.41

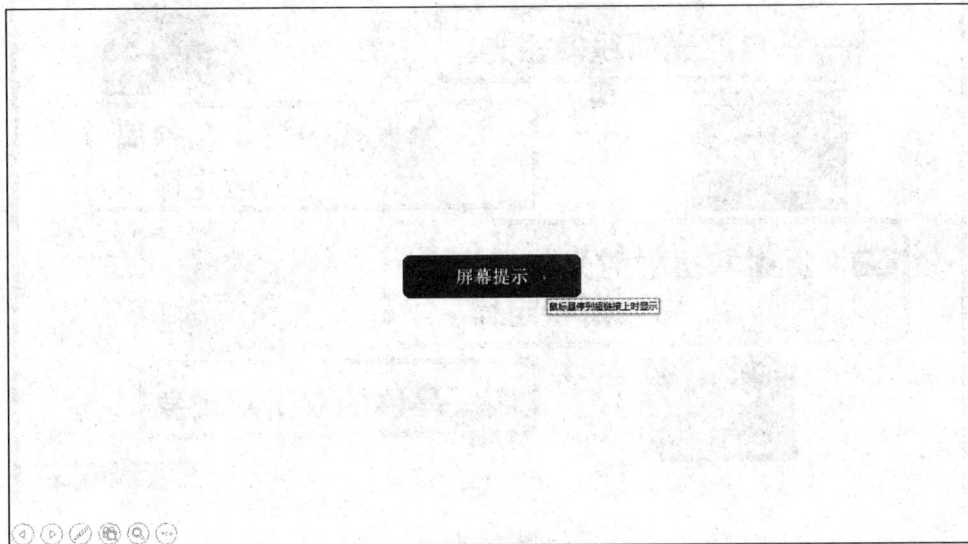

图 5.42

5.2.9　返回按钮的设置

在同一个 PowerPoint 文档中,被超链接的幻灯片还要做一个返回按钮,设置超链接回原页(或某一目标页)。

5.3　设计制作主菜单

5.3.1　主文档和多个子文档

在设计讲稿时,往往有多个章节。如果把每章作成一个演示文稿,放入主文档的主文件夹中,在目录页的主菜单中用超链接根据用户需要调出某章以至某小节。这在制作和使用时都比用一个含全部内容的文档更方便、灵活。过长的演示文稿最好分为几个演示文稿

（图 5.43～图 5.45）。教师平时上课一般不用主页，只是上一次课用一个演示文稿。但作为整个课程，尤其要方便别人快速查阅或参赛课件评审，是非常有用的。

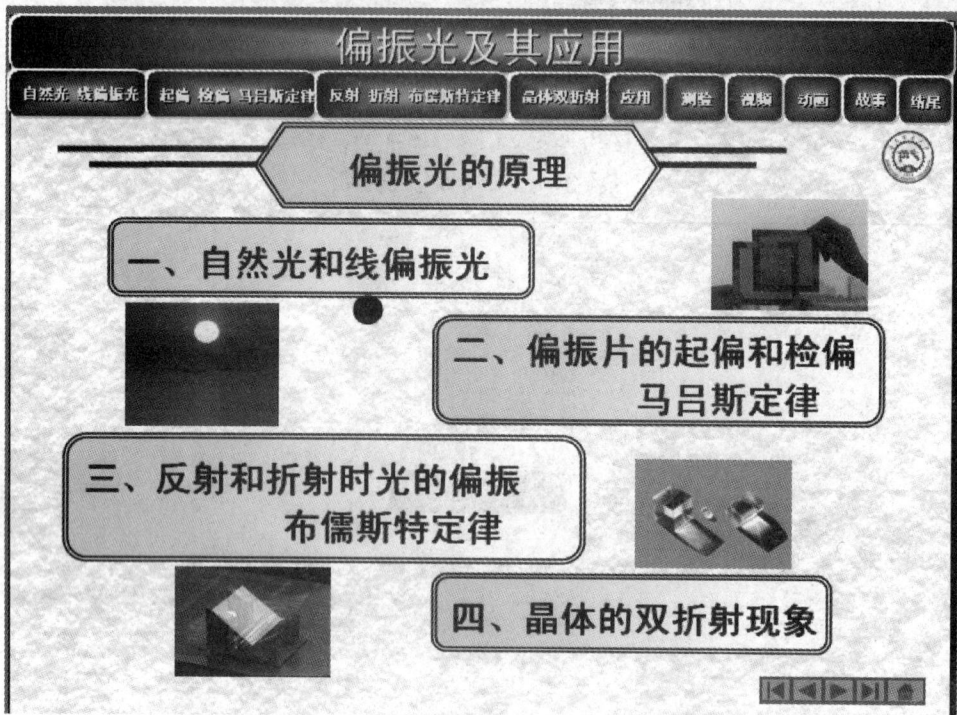

图　5.43

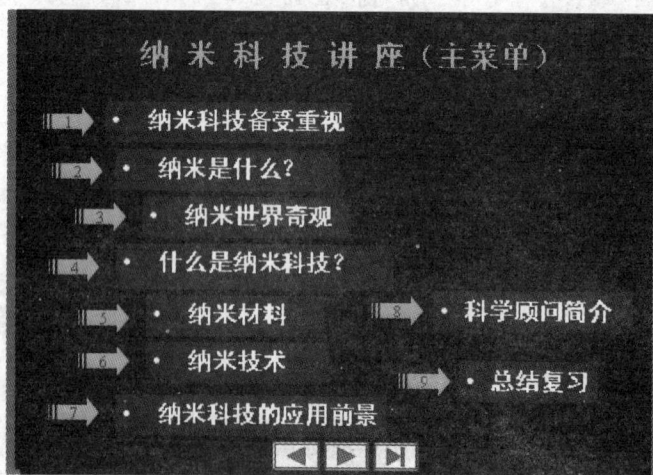

图　5.44

图　5.45

5.3.2　主文档动态联结按钮的设计

几种不同设计方案(图 5.46)：

(1) 利用文本超链接；

(2) 利用形状超链接；

(3) 利用图片超链接；

(4) 利用透明薄膜超链接。

图　5.46

5.3.3　"返回"超链接方法的重要性

在同一个 PowerPoint 演示文稿内,在被超链接的幻灯片上所做的返回按钮,要设置超链接到本文档的原页。

　　由主页目录菜单超链接逐个打开许多 PowerPoint 演示文稿,放映完一章或某章的一部分,想回到主页菜单时,如果超链接动作设置到主演示文稿的主菜单,其缺点是:

　　(1) 结束放映主演示文稿后,还必须逐一关闭每一个 PowerPoint 分演示文稿;

　　(2) 更麻烦的是,配置低的计算机还容易因打开文档过多而死机;

　　(3) 当主演示文稿改名后原返回链接失效。

　　由一个 PowerPoint 演示文稿超链接到另一个 PowerPoint 演示文稿时,在被超链接的幻灯片上所做的返回按钮,要设置"结束放映"关闭被超链接的演示文稿,自动返回主页菜单,以避免上述缺点。

　　解决此问题的关键是:在每一个 PowerPoint 演示文稿的每张幻灯片上做一个按钮,按钮动作设置为"结束放映"(但标明回到主菜单)。按该按钮后,该子演示文稿即关闭,主菜单页露出,实现了回到主菜单的目的。

　　在放映过程中,还可以用鼠标右击屏幕,再单击"结束放映",也可达到同样的效果。

5.4　不同文件夹下文件的链接

　　有子文件夹时文件的链接指的是如果两个相互链接的 PowerPoint 演示文稿不在同一个文件夹内的情况。如果有动画、视频、声音等多媒体插入演示文稿,一般可分为多个文件夹。一个演示文稿和与之相关的多媒体放在同一个文件夹中,避免换到另一台计算机后插入或链接的多媒体不能播放,另外也便于查找。这时我们可以不修改已建立的超链接。就是说,从主菜单或主演示文稿可以直接链接到其他文件夹中的演示文稿。

　　使用"超链接"链接的文件,无论其是否与主演示文稿在同一文件夹,在复制到另一台计算机或另一位置后,只要相对路径不发生变化,这个链接就不会有问题;而使用"动作设置"的超链接的文件,只要绝对路径不发生变化,也就是说被链接的文件还在原来的位置,这个链接就不会有问题。而一旦这个绝对路径发生变化,例如被链接文件被移动或复制到另一台计算机后绝对路径发生变化,这个链接就出现找不到文件的提示。解决办法一个是保持其绝对路径不变,另一个是利用发布功能将主演示文稿包含所有链接文件一同发布。

5.5　"透明薄膜覆盖"技巧

5.5.1　透明薄膜的第一个用途

　　对文本进行超链接的缺点是文本默认的颜色往往不够醒目。如果你不希望文本颜色被改变和出现超链接的下划线,就可以用一个框及其边线设成"无填充颜色"和"无轮廓"的矩形覆盖之,称它为"透明薄膜"。

　　如果在目录页使用,每条文本必须分别用一个透明薄膜覆盖。

在实际操作中发现透明处只有箭头光标,边线才有手状光标,这时我们用95％透明度的与背景颜色近似颜色填充来解决。设置步骤为：右击薄膜对象→"设置形状格式"(图 5.47)→"填充"→"透明度"设置"95％"→"线条"→"透明度"设置"95％"(图 5.48)。

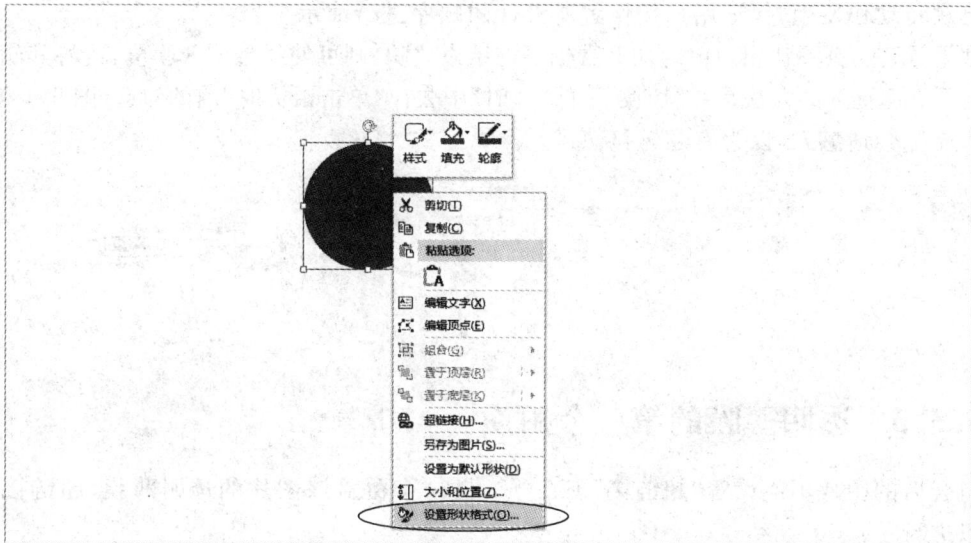

图 5.47

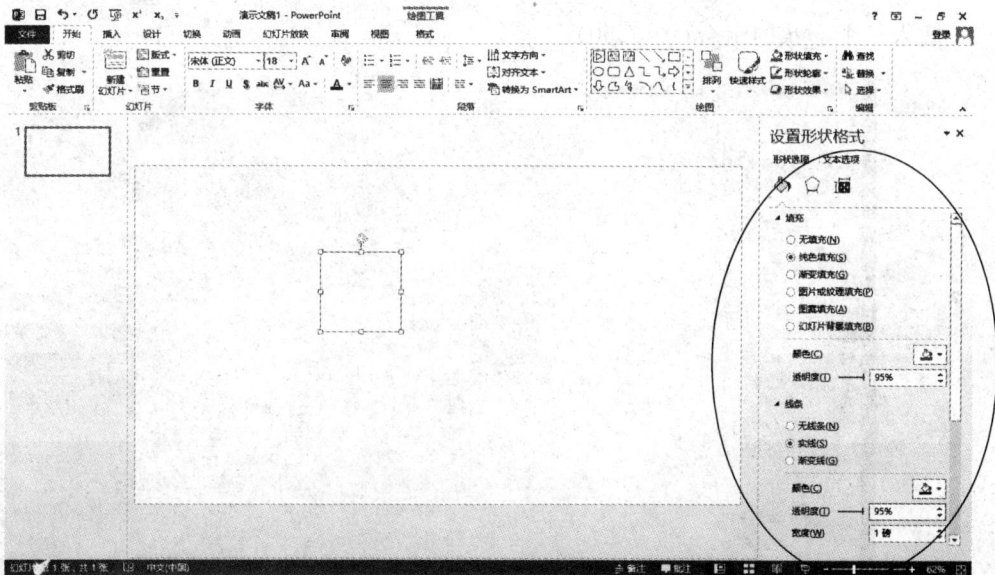

图 5.48

5.5.2 透明薄膜的第二个用途

把覆盖全屏的透明薄膜超链接设置到本张幻灯片,能限制用户只有在单击超链接按钮处才有跳转动作发生,保证用户按作者所设计的顺序进行演示。

如果看完本页不让用户继续往下看也不许结束放映,则可使用透明薄膜覆盖,将其超链接到指定页。但更好的办法是在"切换"下的"计时"中去掉"单击鼠标时"前的勾选(图 5.49)。因为小手光标会迷惑人,以为有超链接热区。

图 5.49

5.5.3 透明薄膜的第三个用途

组合后的图片不能设置"超链接"怎么办? 做一个覆盖该图片的透明薄膜,超链接设置就可以进行了!

5.5.4 "透明薄膜"制作方法

(1) 插入一个形状的组合(图 5.50)。

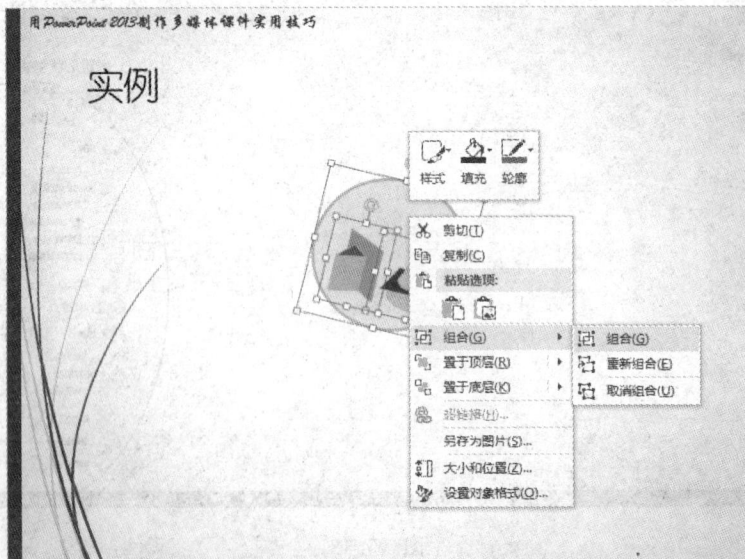

图 5.50

（2）由于形状组合不能直接超链接，所以给它覆盖一个透明薄膜。单击"插入"→"形状"→"椭圆"后，在组合形状之上，按住 Shift 键，用鼠标左键画一个和组合形状直径相同的圆（图 5.51）。

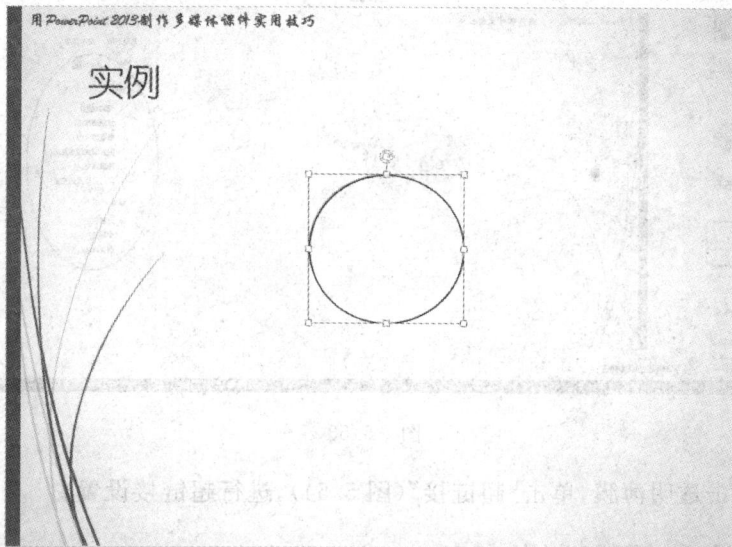

图　5.51

（3）在所画圆上右击（图 5.52），在弹出的下拉列表中单击"设置形状格式"，打开"设置形状格式"窗格。将"填充"选为"无填充"，"线条"选为"无线条"（图 5.53）。

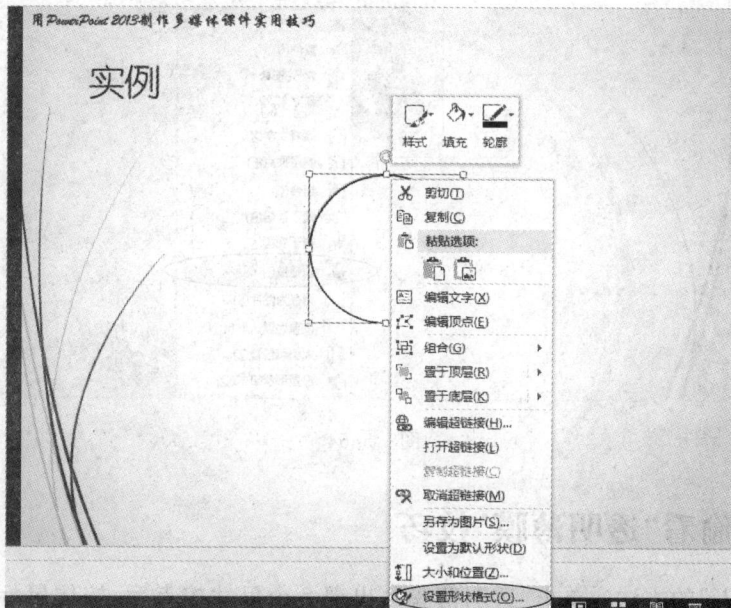

图　5.52

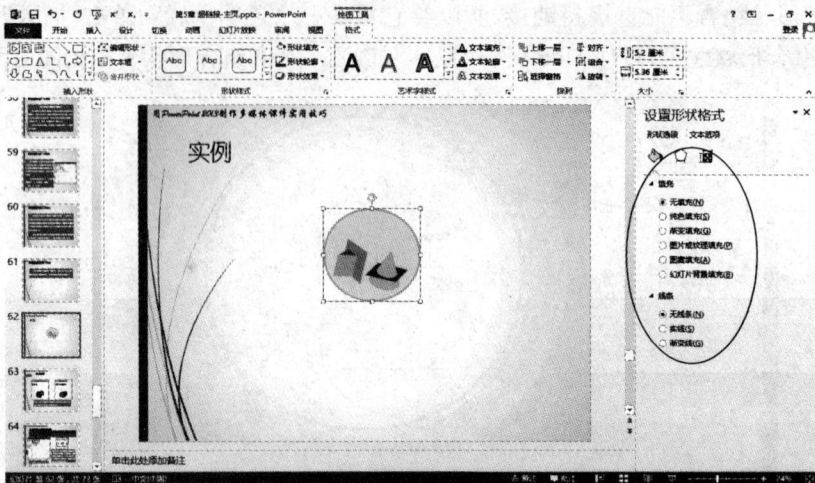

图 5.53

（4）再次右击透明薄膜，单击"超链接"（图5.54），进行超链接设置。

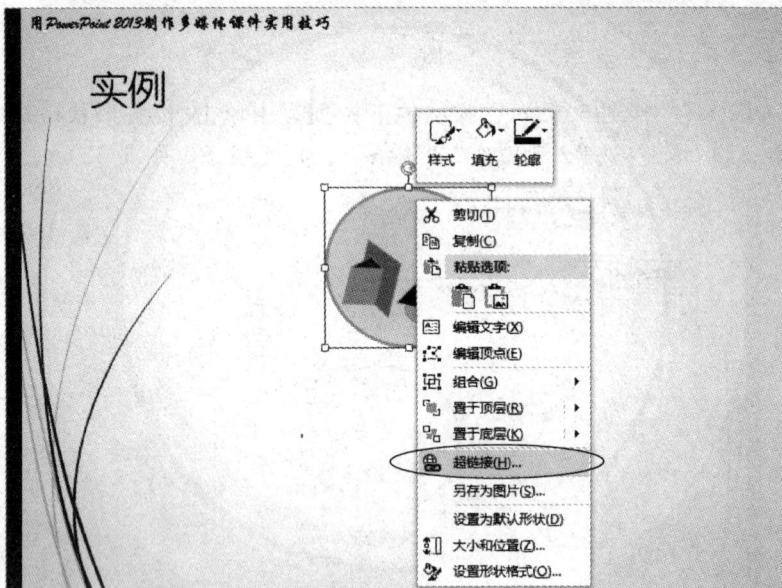

图 5.54

5.5.5 偷看"透明薄膜"技巧

要看"隐身人"的方法：单击"透明薄膜"，出现8个尺寸控点后，按住鼠标左键后稍微移动一点，就会看到"透明薄膜"的虚边线——它在这里——可移开它，露出要编辑的文本，再移回原处。为方便编辑起见,还可暂时给它的边线着色。

5.6　程序的超链接

在文稿中可超链接一个编程生成的可执行文件(如用 Delphi、Authorware、Director 和 Flash 等软件编程制作动画生成的 *.exe 文件)。用文字、图片和按钮都可作为超链接对象。

链接的方法如下:

(1)"插入"→"动作"→"超链接到"→"其他文件"。

(2)"插入"→"动作"→"运行程序"→"浏览"。

(3)"插入"→"超链接"→"现有文件或网页"。

5.7　实例

本章共有 5 个实例(见随书光盘),部分实例图片见彩页。由于超链接功能非常重要,应用广泛,所以这里选用了较多实例。在第 10 章中也有许多实例使用超链接。对这些实例进行学习和研究,将帮助理解和掌握超链接。

5.7.1　《下拉菜单》

单击鼠标或鼠标悬停而出现下拉菜单在网页等其他软件中经常见到,有方便跳转和互动的效果。本课件介绍了在 PowerPoint 中实现上面效果的具体方法。

编者点评:

(1)使用 PowerPoint 基本功能制作下拉菜单。

(2)按钮修饰应用了"反白"效果小技巧。

(3)应用了大纲视图显示标题小技巧。

(4)应用了横拉菜单小技巧。

5.7.2　《纳米科技讲座》选择题(超链接)

该测试题来源于课件《纳米科技讲座》,用超链接技术实现。

编者点评:

它的优点是超链接技术容易理解和掌握;缺点是需要复制幻灯片,演示文稿的篇幅多。但对于当堂巩固复习用的少量选择题,篇幅不是问题。

5.7.3　《振动和波小结》

该课件是多媒体课件《机械振动和机械波》的一部分，是使用 PowerPoint 制作互动式演示文稿的实例。

编者点评：

该课件教学信息量大。简谐振动、简谐波和驻波的五种物理量以对比的形式在一张表格中列出。设计中使用了 PowerPoint 超链接的多种技巧，实现在表格中随机单击鼠标分行展示和单击鼠标局部放大显示两种效果。

5.7.4　《小学英语练习互动应答》

该课件是为低年级教学设计的单选练习题模式，应答方式有四种。

编者点评：

该课件应用了超链接的屏幕提示功能，图片来自于素材光盘，图片质量较好。

5.7.5　《视频播放屏幕文字提示》

该实例取自课件《狭义相对论基础》主框架，在幻灯片放映状态（播放或不播放视频的同时）可以通过看屏幕提示文字，方便用户同步或复述视频解说词。

编者点评：

应用了设置屏幕提示文字两种方法：在鼠标悬停"注释"热区时出现屏幕提示文字；如果单击"注释"，可打开文本文件看放大的录入文字。

练习题

1. 练习准备工作：

（1）在幻灯片母版上插入幻灯片编号，位于每页右下角，20 号字。

（2）制做一个 Word 文档，复制下面的一段文字后命名"文本超链接"，保存在当前文件夹中。

文字内容："对文本进行超链接的实用技巧：对文本进行超链接的缺点是文本的默认颜色往往不够醒目。解决这个问题的改进方法：①文本也能改变颜色：设计→变体→其他→颜色→自定义颜色→超链接和已访问的超链接→更改颜色→保存→应用于选定幻灯片（如果只本页的超链接文本更改）；②在形状中输入任意颜色文本，然后对文本所在的形状（图形）设置超链接。"

2. 在第 4 页做一个按钮，在按钮上写字"到 3 页"，设置超链接到第 3 页。

3. 再把"到 3 页"动作按钮更改为虚尾箭头，功能不变。

4. 在幻灯片第 3 页再做一个返回第 4 页的超链接按钮,并在按钮上写字"返回第 4 页",按钮超链接到第 4 页。

5. 在幻灯片第 5 页做一个图片按钮,在按钮左侧写字"对文本进行超链接的实用技巧",超链接到 Word 文档"文本超链接"。

6. 再在图片按钮上设置屏幕提示文字:

屏幕提示文字:"对文本进行超链接的实用技巧:对文本进行超链接的缺点是文本的默认颜色往往不够醒目。解决这个问题的改进方法:①文本也能改变颜色:设计→变体→其他→颜色→自定义颜色→超链接和已访问的超链接→更改颜色→保存→应用于选定幻灯片(如果只本页的超链接文本更改);②在形状中输入任意颜色文本,然后对文本所在的形状(图形)设置超链接。"

7. 在幻灯片第 8 页对文字"对文本进行超链接的实用技巧(1)",设置超链接到 Word 文档"文本超链接",改变文字默认的颜色。

8. 在幻灯片第 8 页中插入文本框或形状,用鲜艳的颜色写文本"对文本进行超链接的实用技巧(2)",超链接到 word 文档"文本超链接"。

9. 在幻灯片母版中插入 5 个动作按钮,分别设置动作为"第一张幻灯片"、"上一张幻灯片"、"下一张幻灯片"、"最后一张幻灯片"、"结束放映"功能,第一页没有按钮。

10. 在幻灯片各页上方做一个导航条,分别链接到第 5～9 题。

11. 制作一个选择题(如:1+2=?),有四个答案供选择,能应答文字和声音。

第6章

制作多媒体幻灯片

在演示文稿中插入音频、视频和动画,能制作出内容丰富多彩的多媒体幻灯片。与教学实际密切结合的多媒体课件,不仅可以解决教学中有些理论难以理解的问题,而且可以提高学生听课的兴趣和注意力,从而有利于提高教学效果和效率。在本章中,主要介绍如何插入音频、视频和动画等内容。

6.1　制作课件时的重要准备工作

你遇到过这种麻烦吗?

在 PowerPoint 演示文稿中插入了视频、音频、动画后,有时候课件移到本机另一个盘符或其他计算机,视频、音频、动画不播放了。事情的起因往往是作者为了方便,在 PowerPoint 演示文稿之外新建立了视频、音频、动画等文件夹。

PowerPoint 演示文稿要插入视频、音频、动画等,事先要建一个文件夹,把准备插入文档的各种资料(视频、音频、动画等文件)都和该 PowerPoint 演示文稿一起放在同一个文件夹内。为制作时方便,图片可单独放在一个子文件夹,图片要用"插入",不要用超链接!制作后,图片文件夹可以删除或移走放入图片资料库。

这样做的好处是:无论文档移到哪个盘符下,甚至文件夹改名,路径都会自动更新。相对路径不变,就不会影响多媒体的播放。

6.2　音频

6.2.1　搜集途径

（1）自己录制——用麦克和操作系统"附件"中的"录音机"进行简单的编辑（第8章"需要掌握的相关软件简介"）。

（2）录音带/录像带声音转化——用声卡线路输入。使用操作系统中的"录音机"或专业声卡自带的录音软件录制成为wav等格式文件。

（3）光盘音乐（CD盘）——用Media Player等软件转换为wav等格式。

（4）从网上下载。

6.2.2　添加方法

方法1：插入音频。

单击"插入"→"音频"→"PC上的音频"（图6.1），在打开的"插入音频"对话框中找到要插入的音频文件，然后单击"插入"（图6.2）。在幻灯片窗格中，出现灰色喇叭图标（图6.3）。

图　6.1

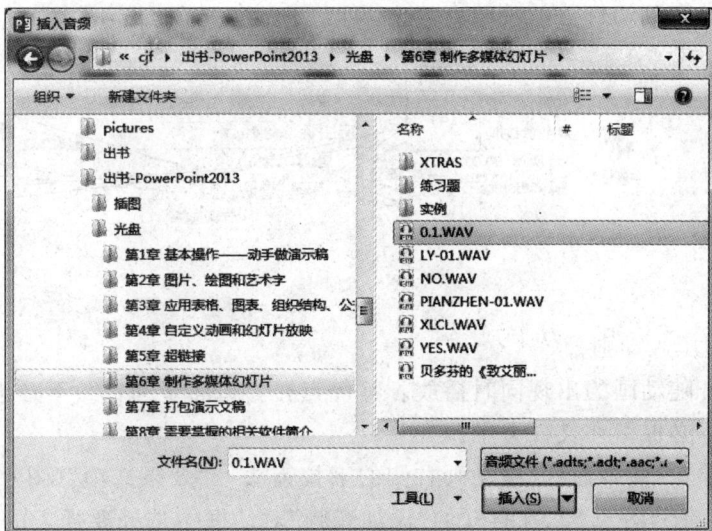

图　6.2

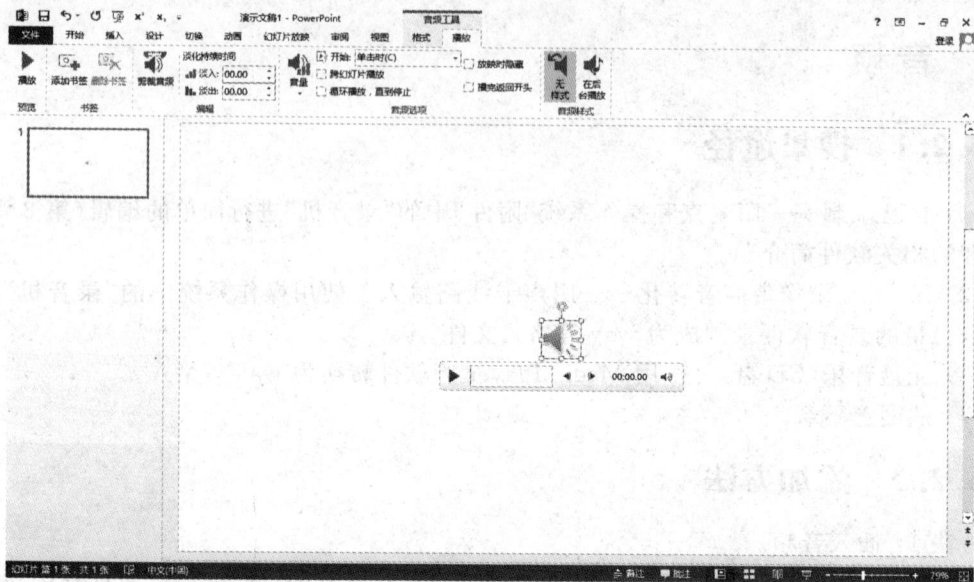

图 6.3

插入音频的效果,根据用户的不同需要至少可实现以下五种效果(图6.4):

(1) 自动播放;

(2) 单击喇叭图标播放;

(3) 声音跨幻灯片播放;

(4) 循环播放直到翻页停止;

(5) 循环播放直到幻灯片放映结束停止。

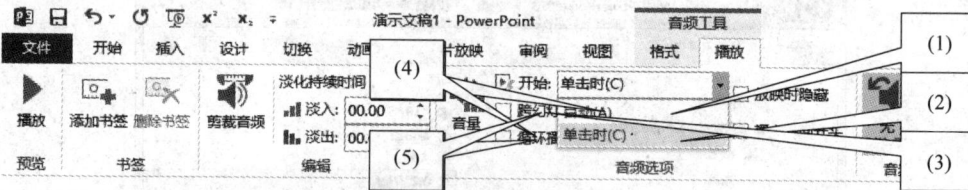

图 6.4

方法2:音频压入动画。

其特点:声音随动画的出现同时播放。其优点:①画面干净;②不必担心声音文件丢失;③声音文件不必保留在文件夹中。

步骤如下:单击"动画窗格"中动画右侧的下拉箭头→"效果选项"(图6.5)→"效果"→"声音"→"其他声音"(图6.6),在打开的"添加音频"对话框中选择要插入的音频文件,单击"打开"(图6.7)。这种方式插入的声音,不出现喇叭图标。

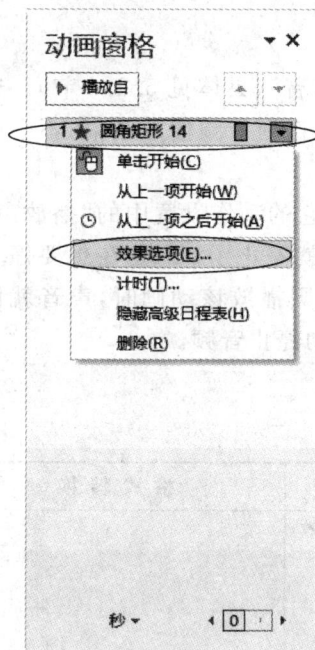

图 6.5

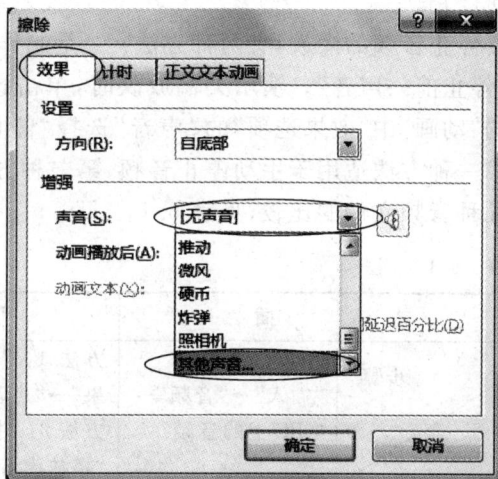

图 6.6

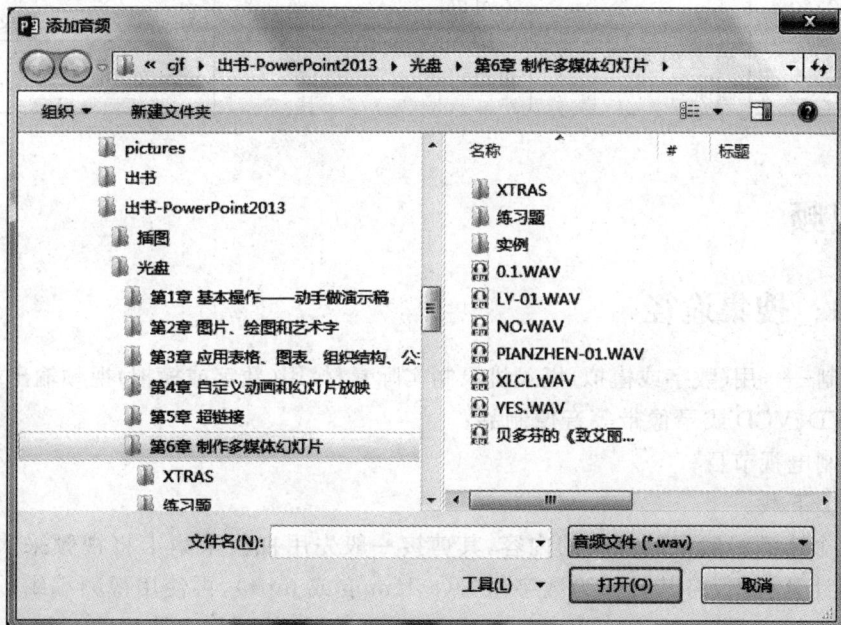

图 6.7

方法 3：音频压入动作。

其特点：声音在鼠标单击或悬停链接后播放。

步骤如下：单击"插入"→"动作"→"播放声音"→"其他声音"（具体见 5.2.6 节）。这种方式插入的音频，不出现喇叭图标。插入的音频会持续播放，直到音频播放结束，不会由于翻页而停止。

要停止音频的播放，有两种方法：一是制作一个按钮，在它的动作设置中的"播放声音"选择"停止前一声音"。演示文稿放映时，单击这个按钮音频就停止了；二是在想要停止音频后的"动画"中"效果选项"的"声音"选择"停止前一声音"，则播放该动画时，声音就停止了。第一种方法适用于手动停止音频，第二种方法适用于自动停止音频。

几种音频文件的比较，见表 6.1。

表　6.1

类型 \ 步骤	插　入	压　入	格式转换
	"插入"→"音频"→"PC上的音频"	方法 1："效果选项"→"效果"→"声音"→"其他声音" 方法 2："插入"→"动作"→"播放声音"→"其他声音"	
CD	不可以	不可以	可利用软件转换为 MP3 或 wav 文件
MP3(＊.mp3)	插入图标为灰色喇叭	不可以	可利用软件将 MP3 格式转换为 wav 文件，MP3 文件比较小
WAVE(＊.wav)	插入图标为灰色喇叭	可以	wav 文件比较大

6.3　视频

6.3.1　搜集途径

（1）录制——用（数字或模拟）摄录机录制实际素材，用（数字或模拟）视频输出端口输出；

（2）DVD、VCD 或录像带等音像制品；

（3）录制电视节目；

（4）网上下载。

以上 4 个来源一般录制较长的内容，其剪接一般先用视频采集卡将视频采入计算机或直接复制到计算机中，将其转换为数字信号（avi、mpg 或 mp4），再使用视频编缉软件对视频进行剪接和编辑，制成课件中能利用的视频文件。通过软件可将上述格式互相转换（具体见第 8 章"需要掌握的相关软件简介"）。

6.3.2 添加方法

单击"插入"→"视频"→"PC 上的视频"（图 6.8），在打开的"插入视频文件"对话框中，找到要插入的视频，然后单击"插入"（图 6.9）。

图 6.8

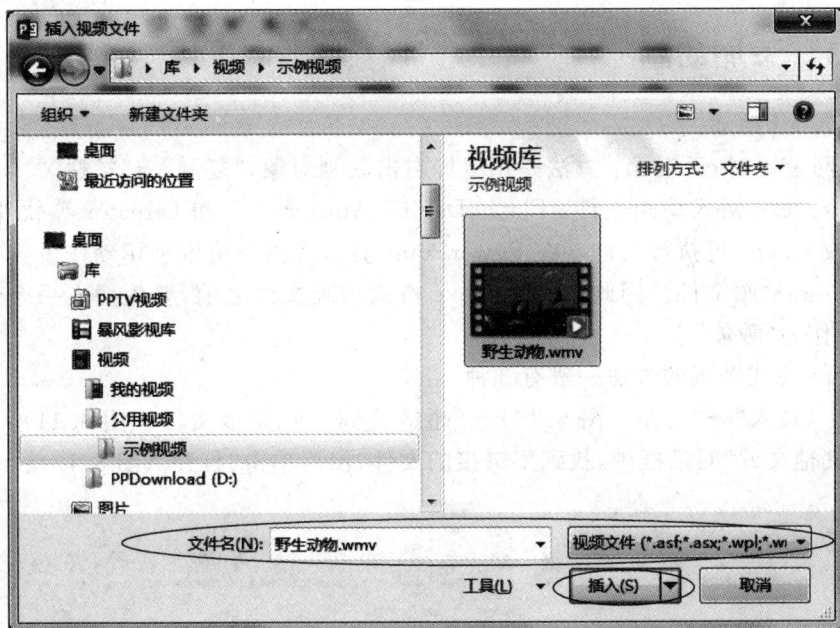

图 6.9

6.4 动画

6.4.1 搜集途径

（1）从网上下载；

（2）从光盘复制；

（3）根据课件的需要，自己用动画制作软件设计制作动画。

6.4.2 了解制作动画的部分方法

（1）PowerPoint 有简单实用的动画功能，易学（详见 4.1 节"动画设置"）。

（2）二维动画。要先期处理图片（可用图片处理软件 Photoshop、操作系统"附件"中的"画图"等来处理已有的图片）。

制作二维动画的多媒体工具软件有 Director、Authorware 和 Flash 等。各种编程语言（C语言、VB、PB、Delphi、JAVA 等）可做矢量动画。对于 Flash 动画，文件小是最大的优点。除了 swf 文件外，Flash 还可生成可执行文件（.exe 格式）或 avi 文件插入 PowerPoint 演示文稿。

（3）三维动画。可用 3D Max 制作，立体感强，除了可生成 avi 文件插入到 PowerPoint演示文稿外，还可由用户用按钮将 3D Max 调出，时时操控演示动态的三维效果。

6.4.3 添加动画

（1）插入 gif 动画。

（2）从网上复制 gif 动画：方法是用鼠标右击动画对象，"复制"→"粘贴"。

（3）插入 .exe 格式动画文件：Flash、Delphi、Authorware 和 Director 等软件制作的动画，都可生成 ∗.exe 可执行文件。在 PowerPoint 演示文稿中可以利用动作设置插入（或超链接）.exe 格式动画文件。因此，在插入 .exe 格式动画文件之前，要先插入一个形状、图片或文本框等作为"载体"。

插入 .exe 格式动画的方法一般有 3 种。

方法 1："插入"→"动作"（图 6.10）→"超链接到"→"其他文件"（图 6.11）。在打开的"超链接到其他文件"对话框中，找到要链接的文件，然后单击"打开"（图 6.12）。

图 6.10

方法 2："插入"→"动作"→"运行程序"→"浏览"（图 6.13）。在打开的"选择一个要运行的程序"对话框中，找到要运行的程序，然后单击"打开"（图 6.14）。

方法 3："插入"→"超链接"→选择动画文件。

（4）插入 .swf 格式动画文件：一般也有 3 种方法。

方法 1："插入"→"动作"→"超链接到"→"其他文件"。

方法 2："插入"→"超链接"→选择动画文件。

方法 3："文件"→"选项"（图 6.15）→"自定义功能区"→勾选"开发工具"→"确定"（图 6.16）→"开发工具"→"其他控件"（图 6.17）→Shockwave Flash Object→"确定"

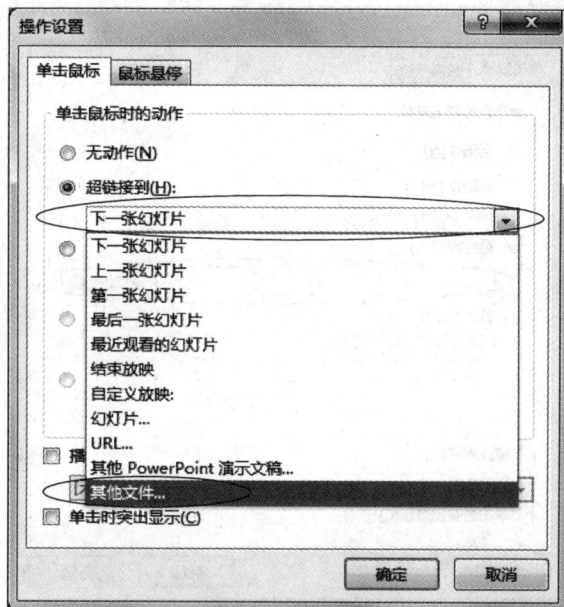

图 6.11

图 6.12

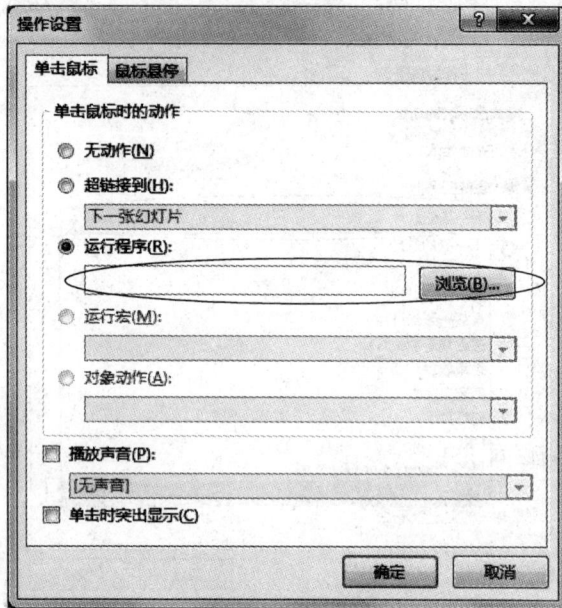

图　6.13

图　6.14

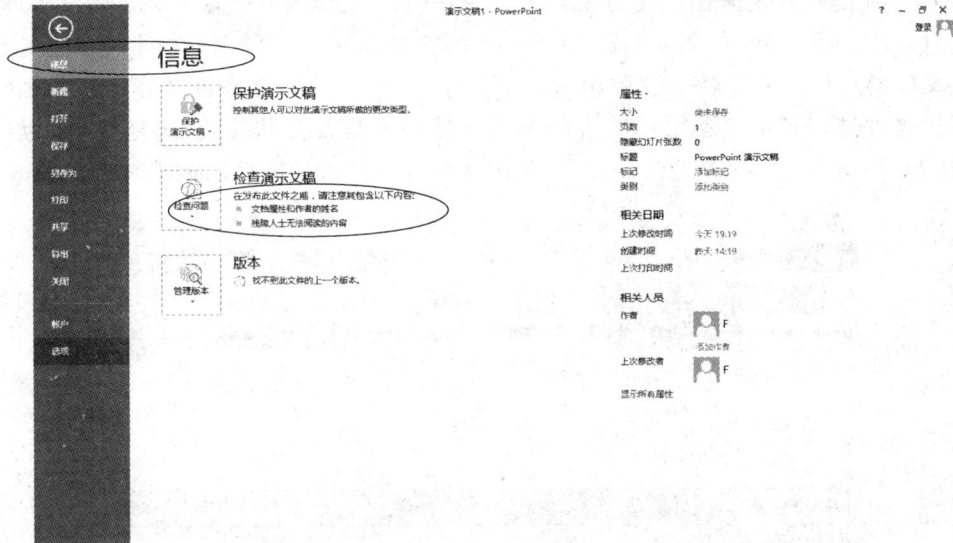

图　6.15

图　6.16

（图 6.18）→在幻灯片上画出一个方框（图 6.19）→右击新对象→"属性表"（图 6.20），打开"属性"对话框。在"Movie"文本框输入 .swf 动画文件路径和文件名（在同一文件夹下可以只输入文件名），切记文件名一定要包含后缀 .swf；Loop 值决定是否循环播放，选择 True 为循环播放，选择 False 为不循环播放；Playing 值决定是否自动播放，选择 True 为自动播放，选择 False 为不自动播放（图 6.21）。利用这种方法插入动画后的放映效果见图 6.22。

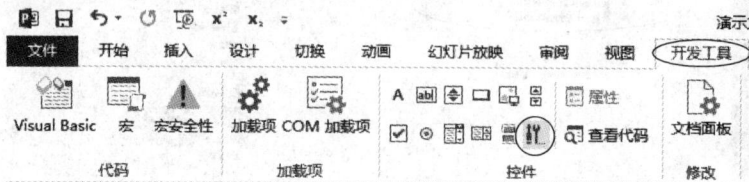

图　6.17

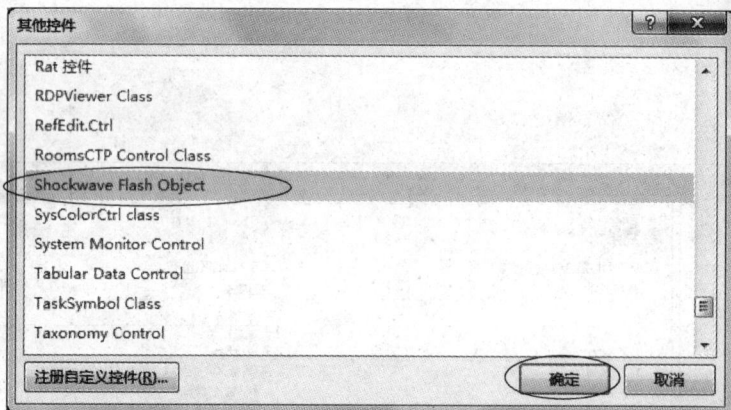

图　6.18

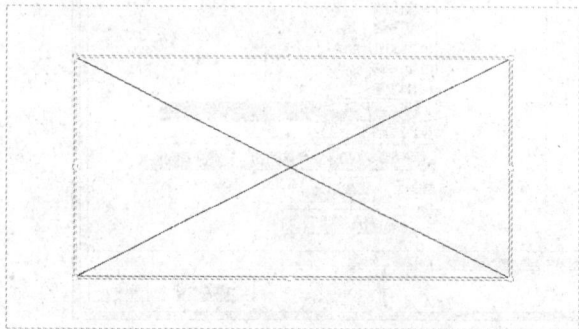

图　6.19

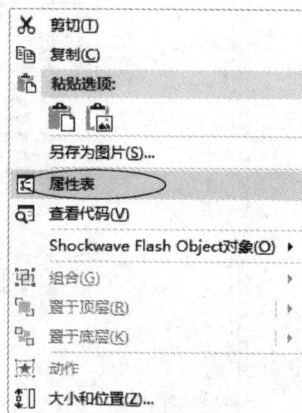

图　6.20

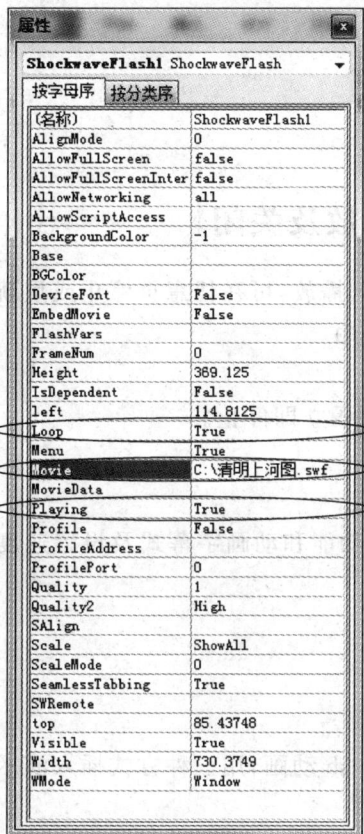

图 6.21

图 6.22

用方法 3 插入的.swf 格式动画文件在播放时文件框大小不变,不显示文件名,可以不保留原动画文件。

(5) 插入.avi 格式动画文件:方法为单击"插入"→"视频"→"PC 上的视频"。其特点是播放时在原处,框大小不变,不带文件名。注意:文件必须保存在演示文稿所在文件夹中。

(6) 关于 Flash 生成几种不同文件的比较,见表 6.2。

表 6.2

文件格式	应用方法	文件大小
avi 文件	以视频插入	12.5MB,比较大
exe 文件	超链接	1.33MB,比较小
swf 文件	超链接或插入	408KB,最小

6.5 实例

本章共有 2 个实例（见随书光盘），部分实例图片见彩页。

6.5.1 《活动电子屏幕——背景音乐的播放及关闭》

作品是实际应用的演示文稿，音乐可在所有幻灯片中连续播放，可在任意页停止或重新从头开始。这是对音乐插入幻灯片方式的一个比较全面的应用。

编者点评：

（1）功能：按"播放"背景音乐从头开始，按"停止"背景音乐立即停止。

（2）设置"播放"和"停止"按钮的功能。

（3）按钮突出显示。

（4）背景图片的设计、母版的应用和幻灯片的切换、放映功能和动画字幕式及设置速度等的应用。

6.5.2 《三种方式插入 Flash 动画》

编者点评：

（1）提供了 swf 和 exe 两种文件格式供演示文稿调用 Flash 动画，用三种方式插入演示文稿，以适应用户多种运行环境的要求。

（2）应用了 PowerPoint 2013 版的背景样式、SmartArt 和形状的棱台效果。

练习题

1. 插入音频"YES"，设置"在单击时"播放。

2. 对文本"压入音频"设置音频"NO"。

3. 插入音频"朋友们举杯.wav"，设置在两张幻灯片后停止播放。

4. 添加一个音频播放按钮，设置音频"贝多芬的《致艾丽丝》-1.wav"；再添加一个音频停止按钮，可随时停止音频播放。

5. 插入视频"纳米应用.mpg"，设置自动播放。

6. 制作一个圆角矩形按钮，在按钮上写字："动画"，链接动画"感应电动势分析判断.exe"。

7. 截屏动画"追光.exe"的第 2 页场景，复制该图片到本页，再链接图片到动画"追光.exe"。

8. 插入 Flash 动画"追光.swf"。

第7章

打包演示文稿

使用 PowerPoint 制作演示文稿后，教师要带到课堂上给同学上课。幸运的是，PowerPoint 提供的"打包成 CD"可以把演示文稿保存到 CD 或 U 盘上。

7.1 打包

打开你要"打包"的演示文稿，选窗口左上角"文件"→"导出"→"将演示文稿打包成CD"→"打包成 CD"（图 7.1）。在"打包成 CD"对话框中，可以给 CD 命名，默认为"演示文稿CD"（图 7.2）。以下分别讲述该对话框 4 个按钮的功能。

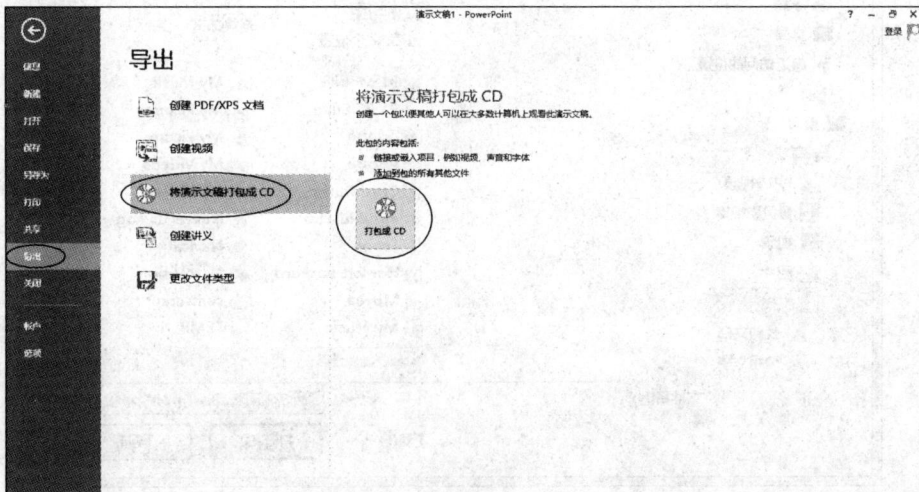

图　7.1

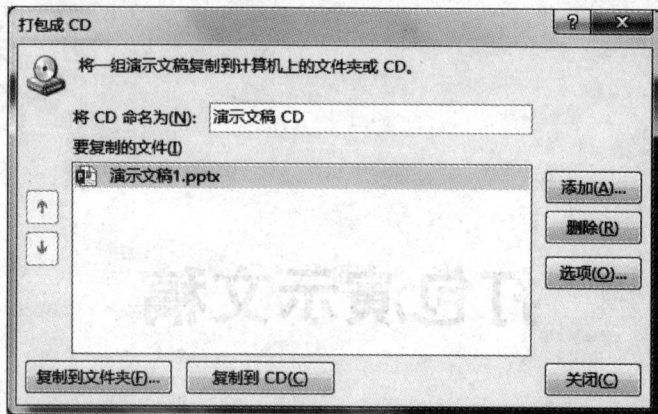

图 7.2

7.1.1 "添加"按钮

如果要打包的不止一个演示文稿,可以单击"添加"按钮,打开"添加文件"对话框,找到想要添加的演示文稿,单击"打开"(图7.3)。之后,"打包成 CD"对话框变成如图7.4所示的对话框。在这个对话框中,可以利用"添加"或"删除"按钮来继续添加演示文档或删除已添加的演示文档,也可以利用左侧的上下箭头来调整已添加演示文档的播放顺序(图7.4)。

图 7.3

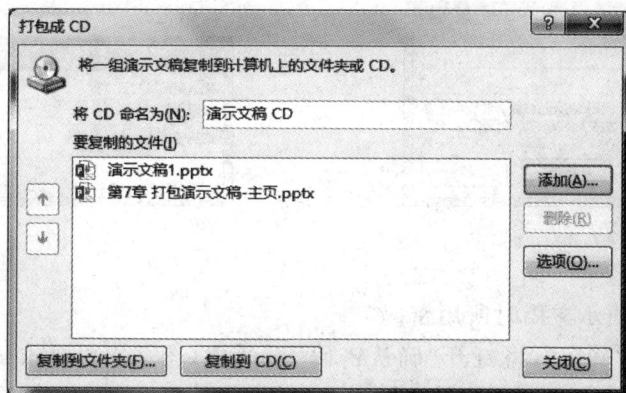

图　7.4

7.1.2　"选项"按钮

单击"选项"按钮，打开"选项"对话框（图 7.5）。

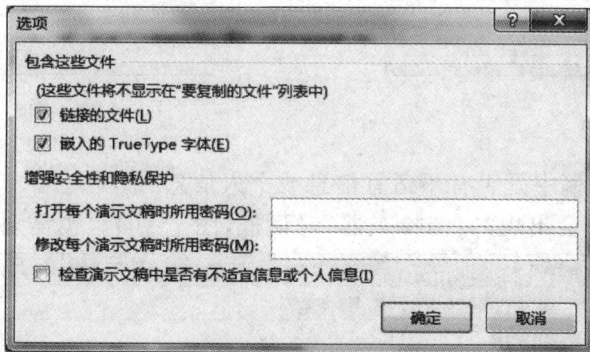

图　7.5

（1）"链接的文件"选项

选择该项，打包后包含演示文稿所链接的全部文件。如果链接了其他演示文稿，演示文稿的格式将不发生变化，即原来是.ppt 文件仍然是.ppt 文件，原来是.pptx 文件仍然是.pptx 文件。

（2）"嵌入的 TrueType 字体"选项

选择该项，打包后的演示文档将包含所使用的 TrueType 字体。也就是说，在演示文稿中使用的特殊字体将能按原字体显示；不选择该项，如果播放演示文稿的计算机没有所使用的字体，中文将以"宋体"代替，英文将以 Calibri 代替。

（3）"打开每个演示文稿时所用密码"

输入密码，单击"确定"，将打开"确认密码"对话框（图 7.6），要求重新输入一次密码。没有密码，是不能打开演示文稿的。在打包完成后，打开演示文稿时会出现"密码"对话框（图 7.7）。

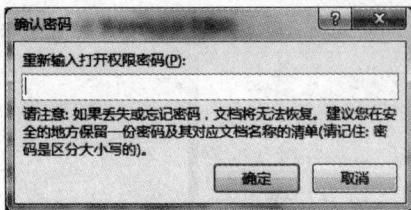

图 7.6

图 7.7

（4）"修改每个演示文稿时所用密码"

输入密码，单击"确定"，将打开"确认密码"对话框（图 7.8），要求重新输入一次密码。没有密码，只能以只读方式打开演示文稿，打开后不能编辑和复制，也不能保存和另存。在打包完成后，打开演示文稿时出现"密码"对话框（图 7.9）。

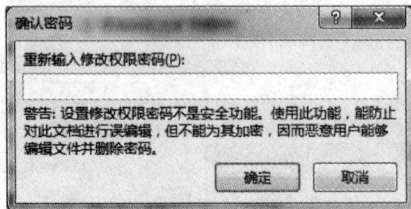

图 7.8

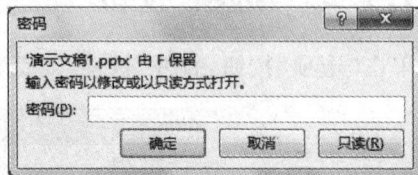

图 7.9

（5）"检查演示文稿中是否有不适宜信息或个人信息"选项

选择该项，打包时会出现"文档检查器"对话框（图 7.10）。按需要选择检查选项后，单

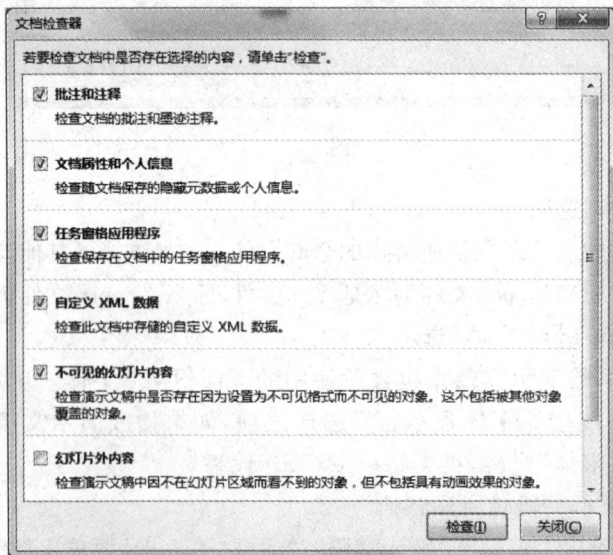

图 7.10

击"检查",出现检查结果对话框(图 7.11)。如果某项有问题,可以删除。

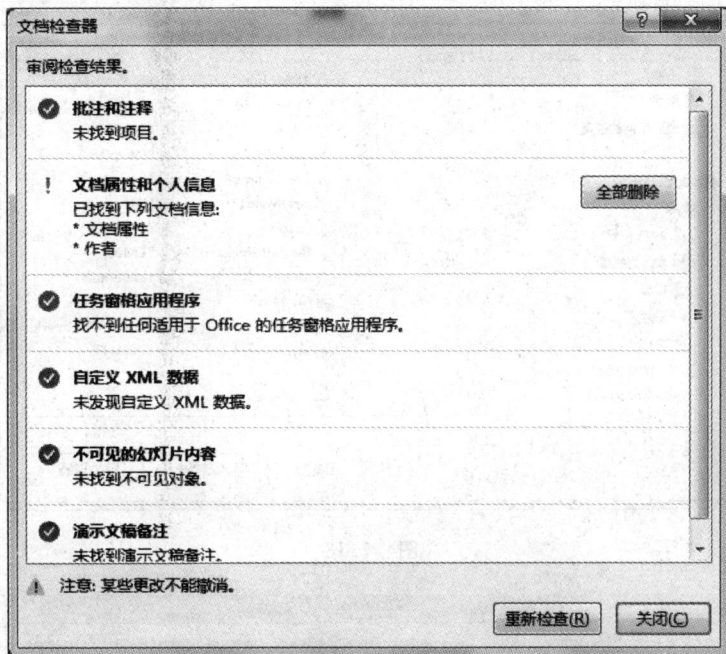

图 7.11

7.1.3 "复制到文件夹"按钮

单击"复制到文件夹"按钮,打开"复制到文件夹"对话框(图 7.12)。单击"浏览"按钮,进入"选择位置"对话框。选择好保存位置,单击"选择"(图 7.13)。然后单击"确定"按钮,在弹出对话框中,选择是否要在包中包含链接文件(图 7.14)。

图 7.12

图 7.13

图 7.14

7.1.4 "复制到 CD"按钮

单击"复制到 CD"按钮,将出现插入空白 CD 的对话框(图 7.15)。插入一张空白 CD 到刻录机中,就可以打包到 CD 了。

图 7.15

练习题

将本练习题演示文稿及其链接的全部文件打包,修改密码设为 123。

第8章

需要掌握的相关软件简介

在制作演示文稿的过程中,经常需要用其他软件来处理视频、音频和图片等,使它们能够插入到 PowerPoint 演示文稿中,或内容更加符合所需。本章主要介绍暴风影音 5、百度音乐 2014、录音机、Premiere Pro CS6 和 Photoshop CS6 等。当然,这些软件只是目前较流行软件的一部分,具体使用哪个软件来处理视频、音频和图片,还是取决于用户对哪个软件更熟悉。

8.1 暴风影音 5

暴风影音 5 是目前中国使用最多的播放软件之一,其产品具有支持格式多、占用资源少、免费下载等特点。利用暴风影音 5 抓取静态图片的步骤如下:

(1) 打开暴风影音 5(图 8.1)。

(2) 单击窗口左上角"主菜单"按钮→"文件"→"打开文件"(图 8.2),在"打开"对话框中打开视频文件(图 8.3)。

(3) 播放视频文件,随时准备单击暂停按钮。

(4) 当出现需要的画面时,单击暂停按钮,然后按 F5 键。当前画面即被保存到指定位置。如果要查看保存位置,单击"主菜单"→"高级选项"→"截图设置"(图 8.4)。

暴风影音 5 基本上支持目前所有的常见视频压缩格式,均可以通过此种方式抓取静态图片。

图　8.1

图　8.2

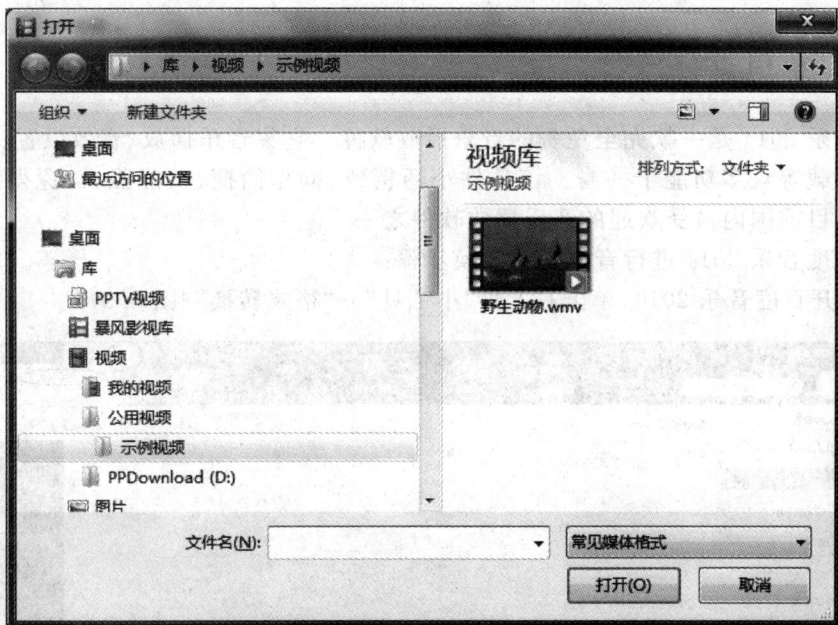

图 8.3

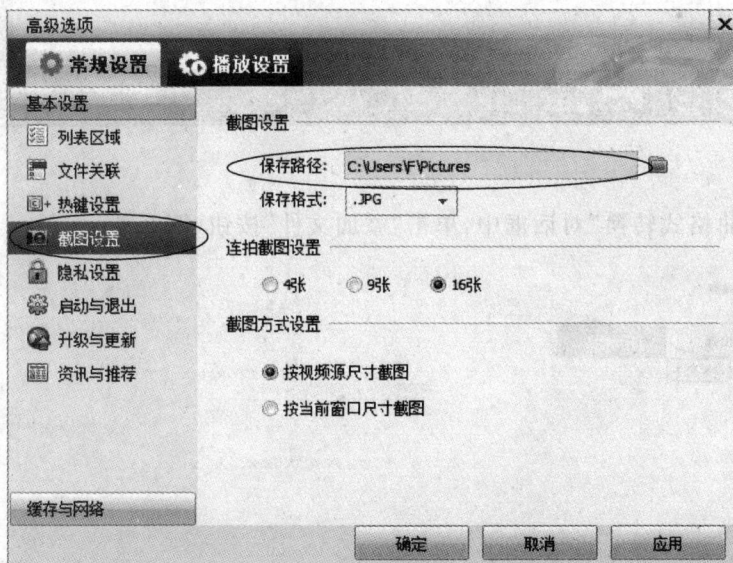

图 8.4

8.2 百度音乐2014

百度音乐2014是一款完全免费的音乐播放软件。它集音乐播放、音效设置、格式转换、歌词自动下载等众多功能于一身。该软件小巧精致、操作简捷、功能强大,深得用户喜爱。它已经成为目前国内最受欢迎的音乐播放软件之一。

使用百度音乐2014进行音频格式转换步骤:

(1) 打开百度音乐2014,单击右上角"小工具"→"格式转换"(图8.5)。

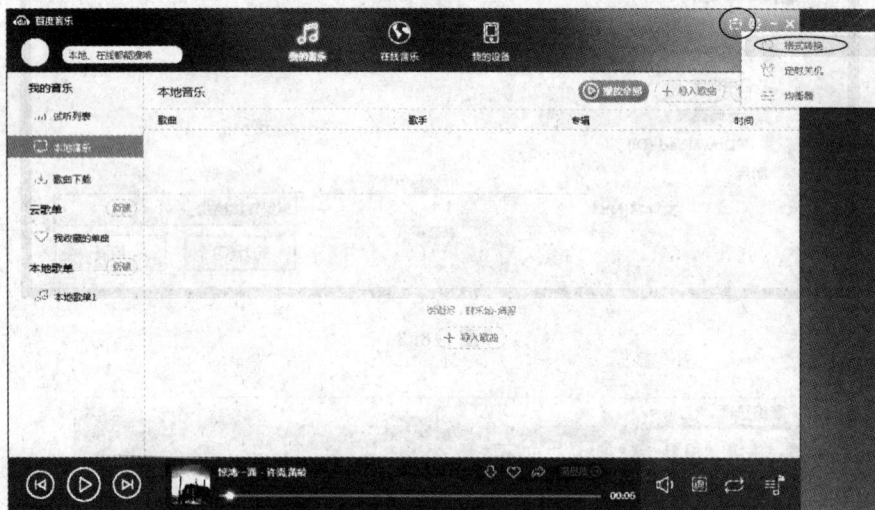

图 8.5

(2) 在"歌曲格式转换"对话框中,单击"添加文件"按钮(图8.6)。

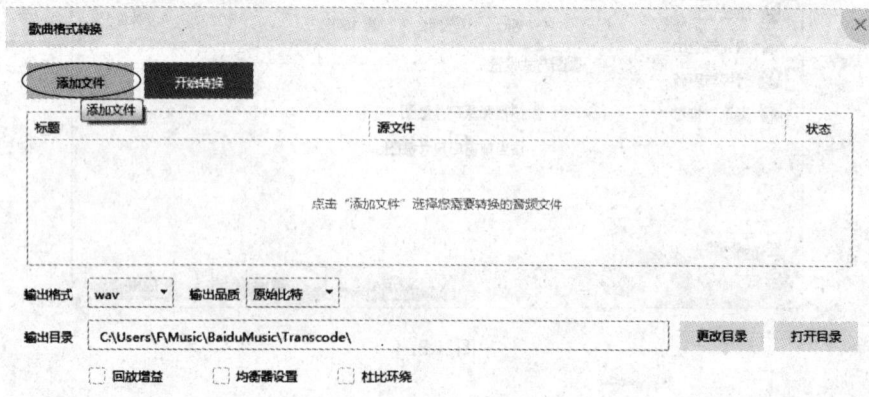

图 8.6

（3）在"打开"对话框中，选择要转换格式的音频文件，然后单击"打开"按钮（图 8.7）。

图 8.7

（4）选择"输出格式"（图 8.8）。

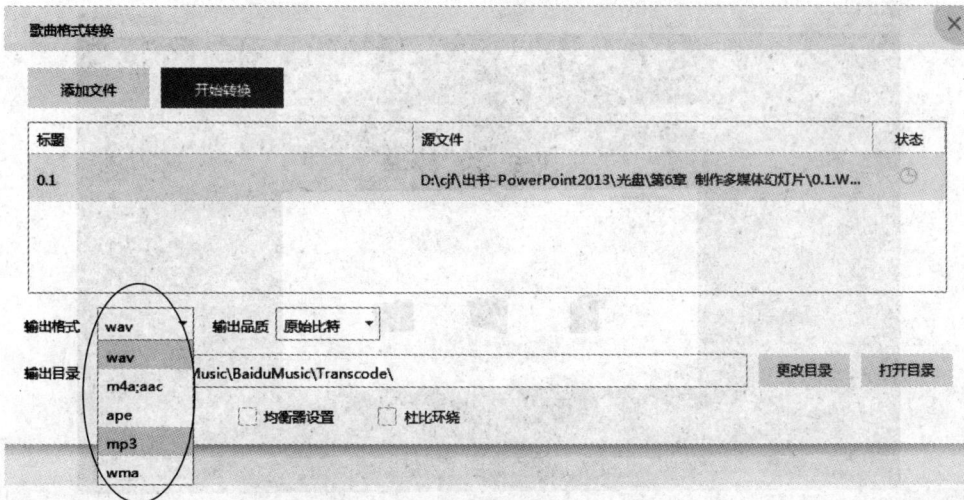

图 8.8

（5）单击"开始转换"按钮（图 8.9），转换过程即开始。当格式转换结束后，在"输出目录"文本框中就会找到转换后的音频文件。

图 8.9

8.3 Premiere Pro CS6

Premiere Pro CS6 是一个非线性编辑软件，用于编辑视频文件。对于视频文件的剪接处理，静态图像的抓取非常方便、实用。

8.3.1 抓取静态图像

(1) 打开 Premiere Pro CS6 软件(图 8.10)，单击 New Project，建立一个新的项目。

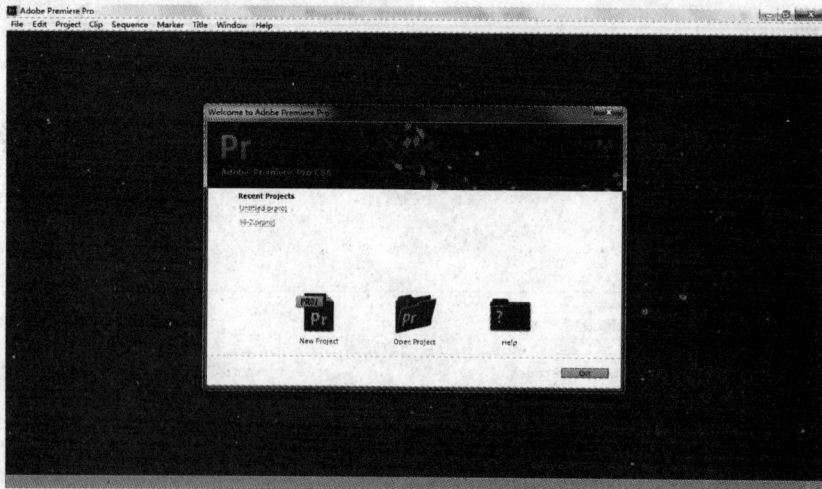

图 8.10

(2) 在打开的 New Project 对话框中，选择 Capture Format 为 DV，并在 Name 文本框中输入项目名，单击 OK 按钮(图 8.11)。

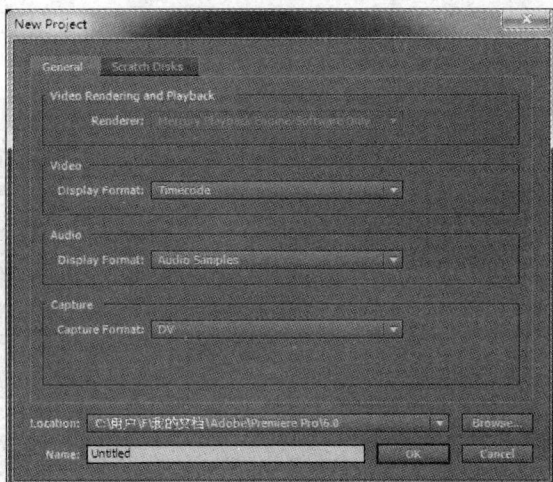

图 8.11

（3）在打开的 New Sequence 对话框中，选择"DV-PAL""Standard 32kHz"，即选择 PAL 制式标准 32kHz 视频类型，然后单击 OK 按钮（图 8.12）。

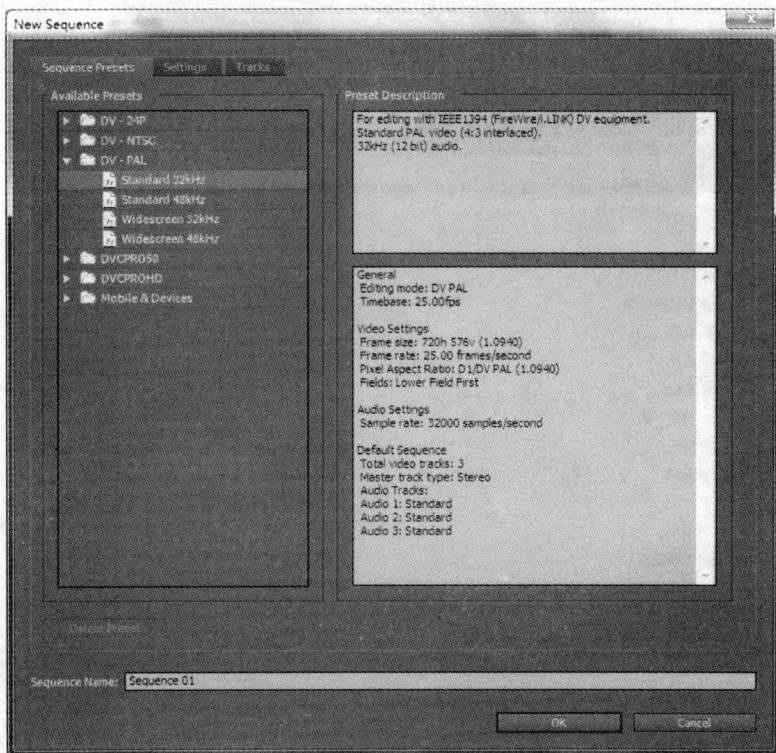

图 8.12

（4）右击 Project 面板空白处，在弹出的菜单中选择 Import（图 8.13）。

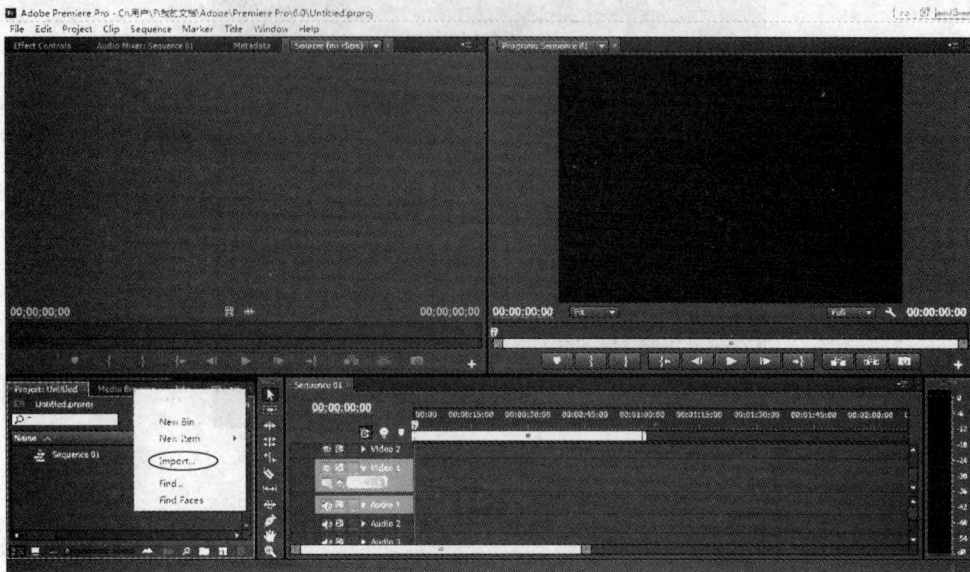

图 8.13

（5）在 Import 对话框中（图 8.14），找到要导入的视频文件，并打开它。

图 8.14

（6）在 Project 面板上，出现导入的视频文件（图 8.15）。

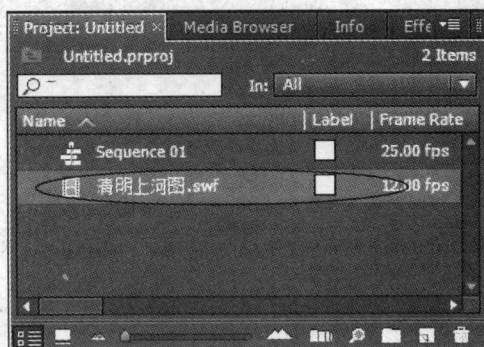

图　8.15

（7）拖动该文件到"Sequence 01"面板上的"Video 1"轨道上，在 Monitor 面板上出现该视频（图 8.16）。单击播放按钮，出现所需画面时单击暂停按钮。单击 Monitor 面板上 Export Frame 按钮（图 8.17），在打开的 Export Frame 对话框中，选择保存的位置，给图片文件命名，选择图片格式，然后保存文件（图 8.18），则完成从视频素材中剪裁画面的过程。

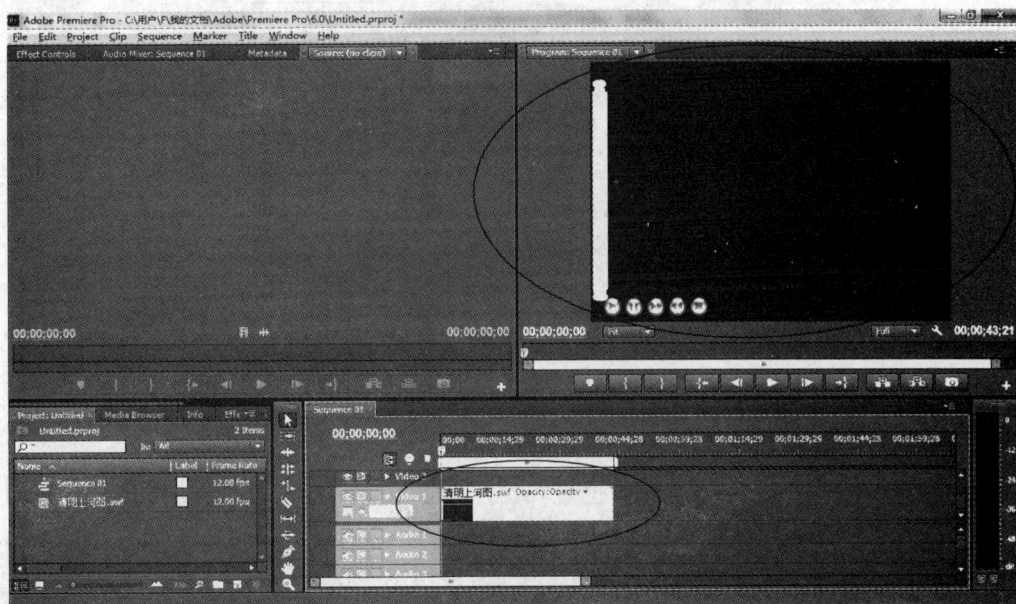

图　8.16

图　8.17

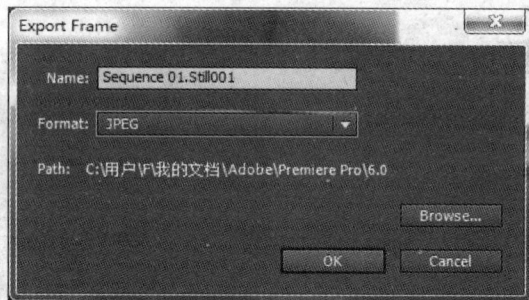

图　8.18

8.3.2　编辑视频素材

（1）播放视频素材，到所需的起始位置，暂停播放，使用 Tools 面板中的 Razor Tool 工具对"Sequence 01"面板上的视频进行切割（图 8.19）。

（2）继续播放，到所需的截止位置，暂停播放，再切割一次。

（3）右击要删除的视频，然后单击 Ripple Delete（图 8.20），就可删除这段视频，并且后面的视频向前移动。

（4）删除所有不需要的视频，仅剩需要的视频片段（图 8.21），如果有多段视频，还可以拖动一段，来调整顺序。

图　8.19

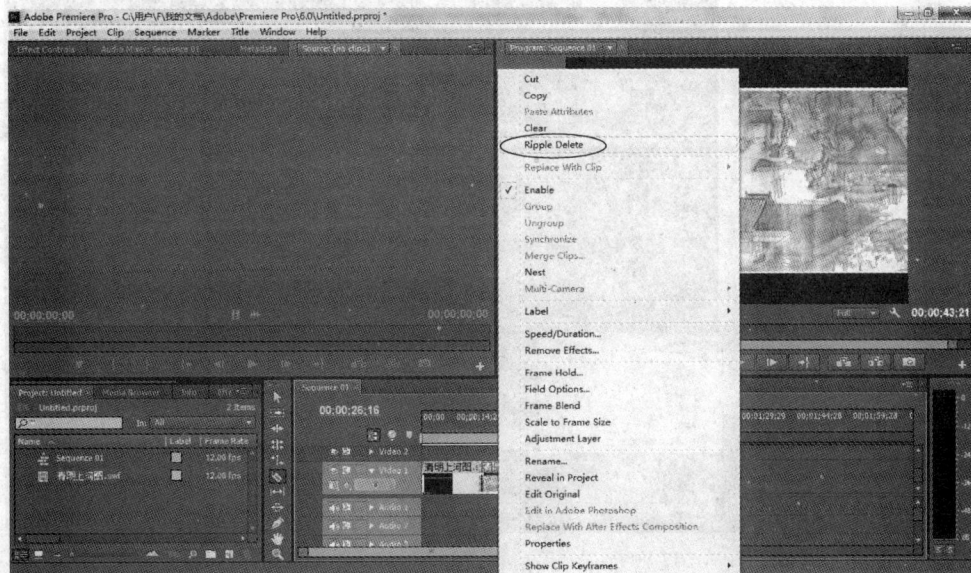

图　8.20

图 8.21

(5) 单击 File→Export→Media 命令(图 8.22)。

图 8.22

(6) 在打开的 Export Settings 对话框中,将 Preset 改为 PAL DV,选择保存位置,并给文件命名,单击 Export(图 8.23),开始导出视频。

图 8.23

8.4 Photoshop CS6

Photoshop 是平面处理的专业级软件,功能强大。本节仅简单介绍利用 Photoshop 简单处理、转变格式储存的方法,如想继续深入了解 Photoshop 的其他功能及处理方法,请参考相关 Photoshop 书籍或学习相关 Photoshop 课程。

8.4.1 编辑保存图片

(1) 打开 PowerPoint 软件,按 Alt＋Prt Sc 组合键,对 PowerPoint 进行截屏。

(2) 打开 Photoshop CS6 软件(图 8.24)。

(3) 单击"文件"→"新建"命令(图 8.25)。

(4) 打开"新建"对话框,其中的"宽度"和"高度"就是截屏图片的宽度和高度,单击"确定"按钮(图 8.26)。

(5) 打开一个新的空白图片(图 8.27)。

(6) 按 Ctrl＋V 组合键,将截屏图片粘贴到新的空白画面上(图 8.28)。

图 8.24

图 8.25

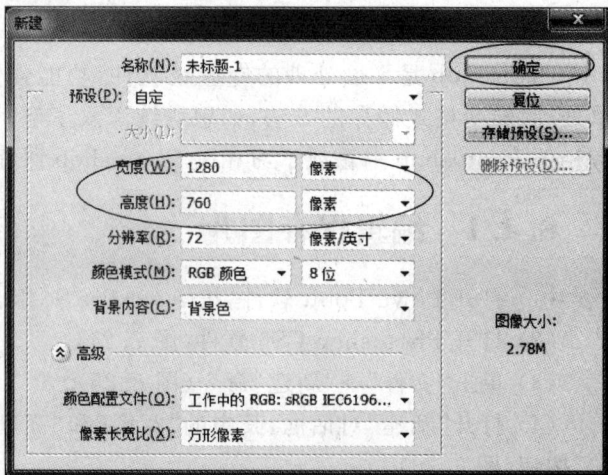

图 8.26

图　8.27

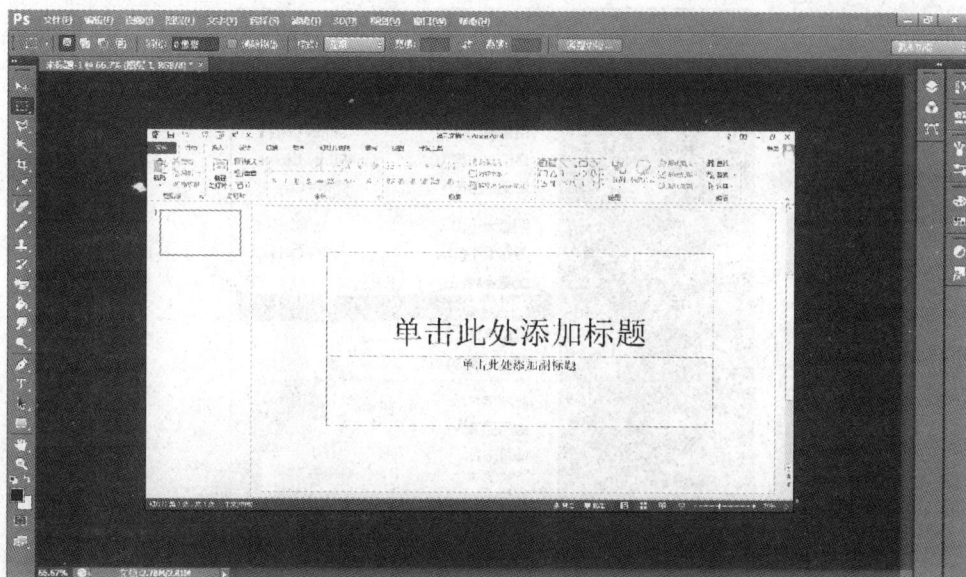

图　8.28

（7）用左侧工具栏中的"矩形选框工具"选择图片上 PowerPoint 快速访问工具栏（图 8.29）。

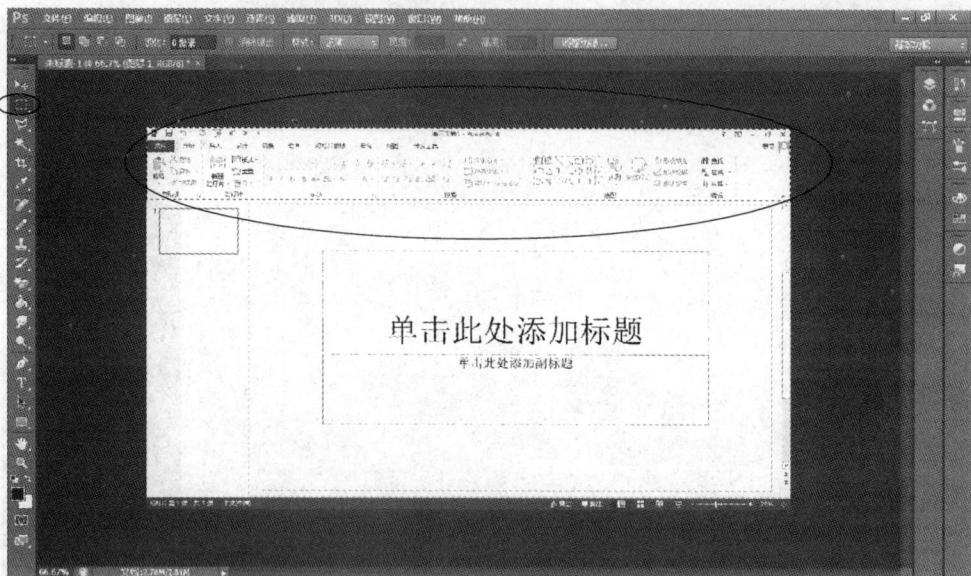

图　8.29

（8）单击"图像"→"裁剪"命令（图 8.30），即把所需的图片裁剪下来（图 8.31）。

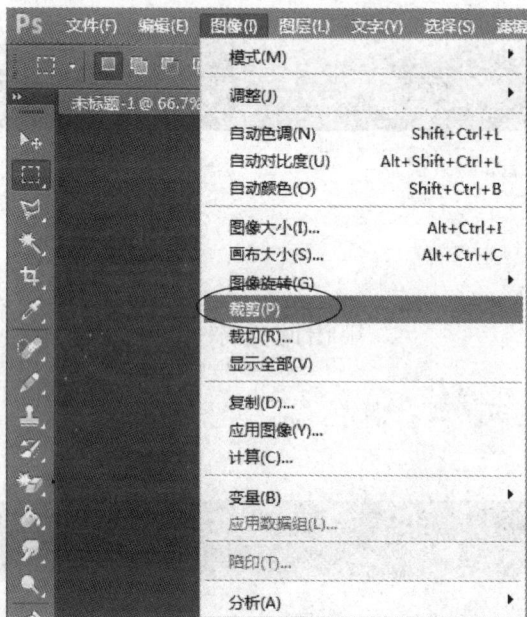

图　8.30

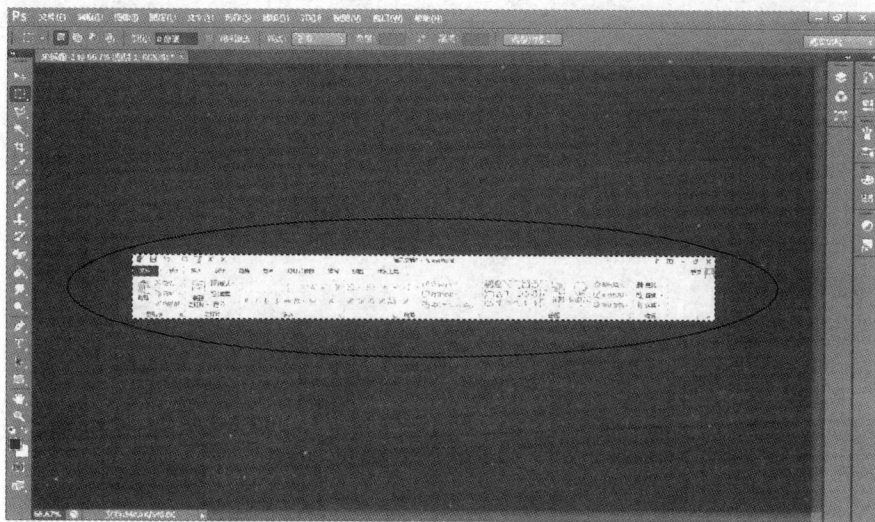

图　8.31

（9）单击"文件"→"存储"命令（图8.32），在打开的"存储为"对话框中，单击"格式"→"JPEG（*.JPG；*.JPEG；*.JPE）"命令，选择保存位置，给文件命名，单击"保存"按钮（图8.33）。

图　8.32

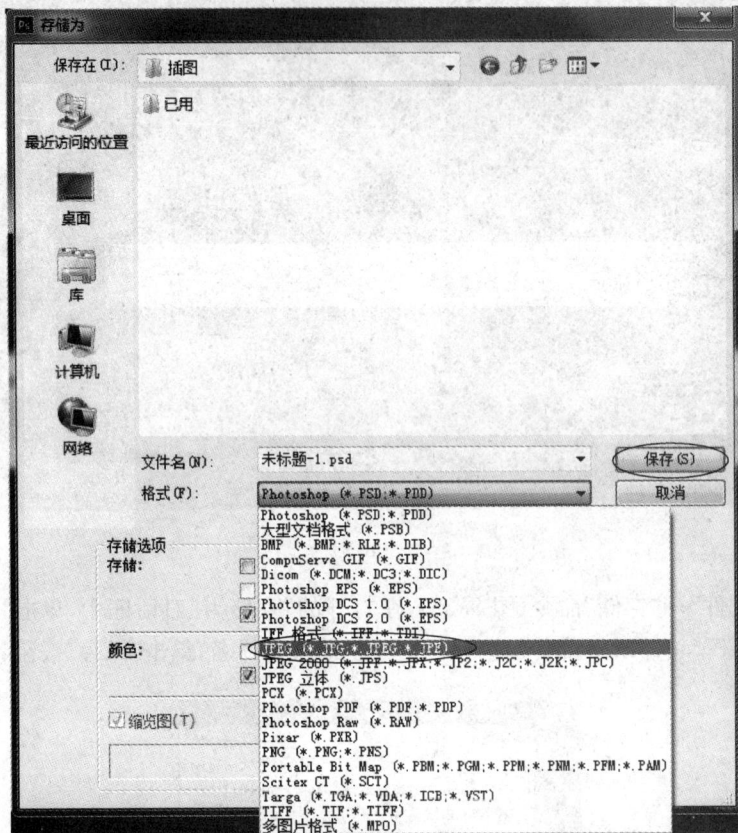

图 8.33

8.4.2 图片格式比较

以 8.4.1 节所剪切图片为例,图片格式比较见表 8.1。

表 8.1

格 式	文 件 大 小
bmp	592KB
jpg	160KB

8.4.3 处理透明图片

(1) 复制要处理的图片。

(2) 打开 Photoshop 软件。

（3）单击"文件"→"新建"→"背景内容"→"透明"→"确定"命令（图8.34）。

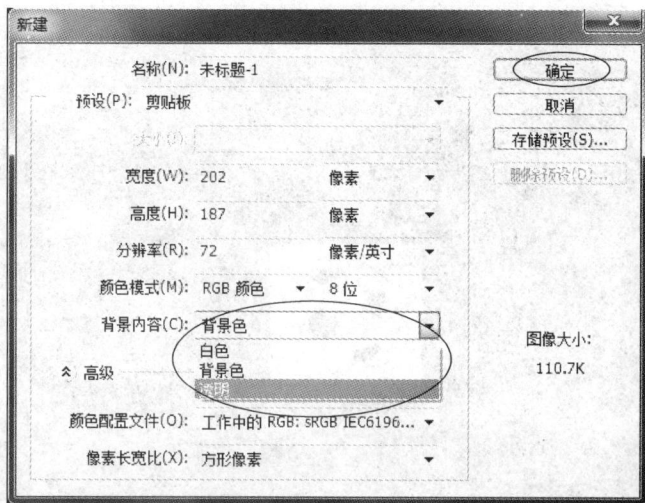

图　8.34

（4）单击"编辑"→"粘贴"命令。

（5）使用选框工具、套索工具和魔棒工具等选择不透明部分（图8.35）。

图　8.35

（6）单击"选择"→"反向"→"编辑"→"清除"命令（图 8.36）。

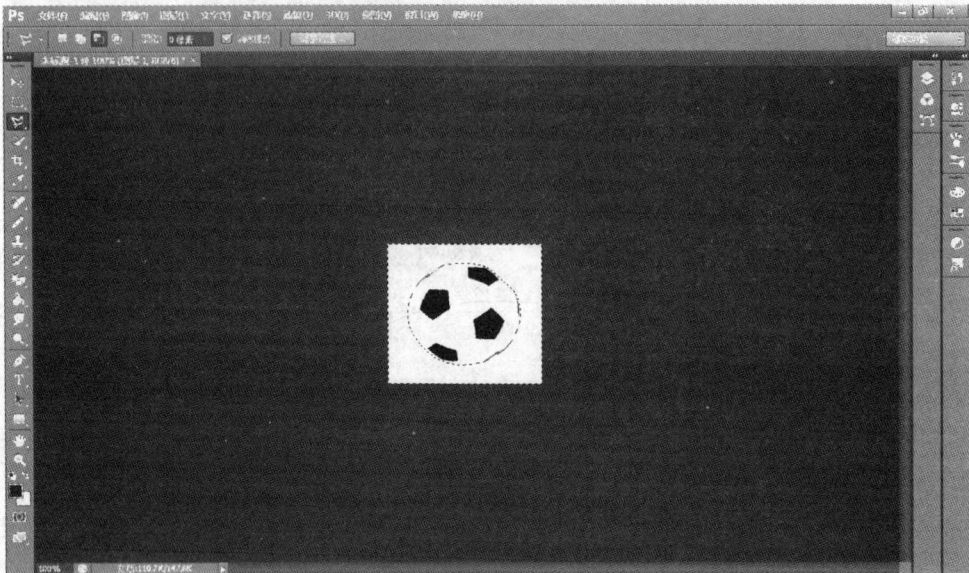

图 8.36

（7）将该图片另存为 gif 格式文件，其背景是透明的。

8.5 智能手机和数码相机

智能手机和数码相机由于型号不同，都有各自的设置，一般图片质量设置有差、中、高三档。对于制作课件而言，质量中档、尺寸 640×480 像素就可满足要求。

练习题

1. 用"剪裁音频"将音频"贝多芬的《致艾丽丝》-1 . wav"截取为 9s，设置"在单击时"播放。

2. 用"录制音频"录制一段声音，设置"在单击时"播放。

3. 将声音"YES"、"NO"、"YES"音频文件插入本页，并接成一段声音"YES-NO-YES"，设置在单击第一个时连续播放。

4. 利用暴风影音 5 抓取"车刀切削. avi"的一张静态图片并插入本页。

5. 利用百度音乐 2014 对一首歌进行格式转换，分别转换成 mp3 和 wave 文件，再插入本页。

6. 利用 Photoshop 把图 8.37 中的图片变成透明背景。

图　8.37

7. 利用手机或数码相机拍两张照片，插入本页，再用"图片效果"进行处理。

第9章

演示文稿和移动设备

像平板电脑和智能手机这样的移动设备在日常生活中应用极其广泛。PowerPoint 演示文稿也可以在平板电脑和智能手机上进行放映。在本章中，主要介绍演示文稿在平板电脑和智能手机上的放映方法。

9.1　PowerPoint 演示文稿在平板电脑上的放映

在苹果 iPad 和 iPhone 上放映 PowerPoint 演示文稿的方法是一样的。以 iPad 为例，演示文稿在平板电脑上放映的具体步骤如下：

（1）在计算机上制作好 PowerPoint 演示文稿。

（2）将 iPad 用数据线连接到计算机上。

（3）在计算机上打开 iTunes 软件，单击左上角的 iPad 图标（图 9.1）。

（4）单击"应用程序"→"文件共享"中的 PowerPoint→"添加文件"命令（图 9.2）。

（5）选择添加文件，单击"打开"按钮（图 9.3），即可将 PowerPoint 演示文稿复制到 iPad 上的 PowerPoint 中（图 9.4）。

（6）打开 iPad 上的 PowerPoint 软件，单击"打开"→iPad→演示文稿（图 9.5）。

（7）单击右上角放映按钮（图 9.6），即开始在 iPad 上放映演示文稿（图 9.7）。

（8）向下滑动手指，单击"结束幻灯片放映"（图 9.8），或者两个手指在屏幕上一捏，则可以退出放映状态。

利用苹果 Lightning to VGA 适配器可以将 iPad 连接到投影仪上（图 9.9）。

图　9.1

图　9.2

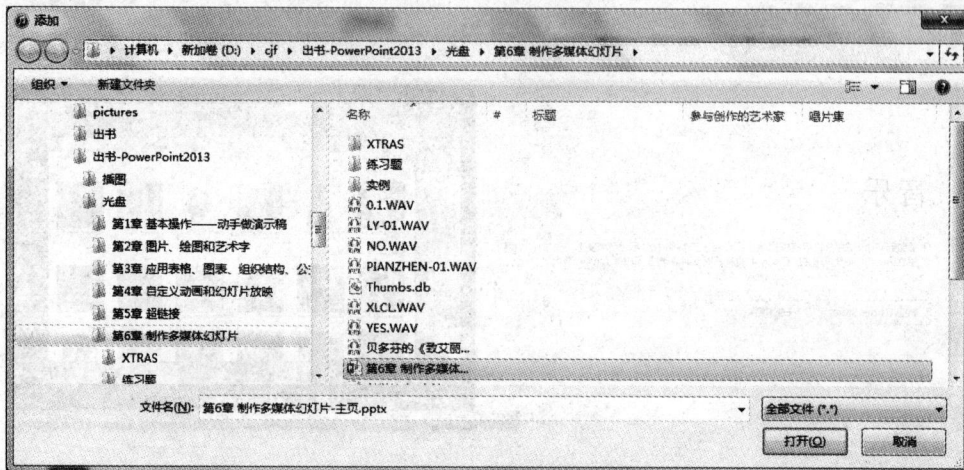

图 9.3

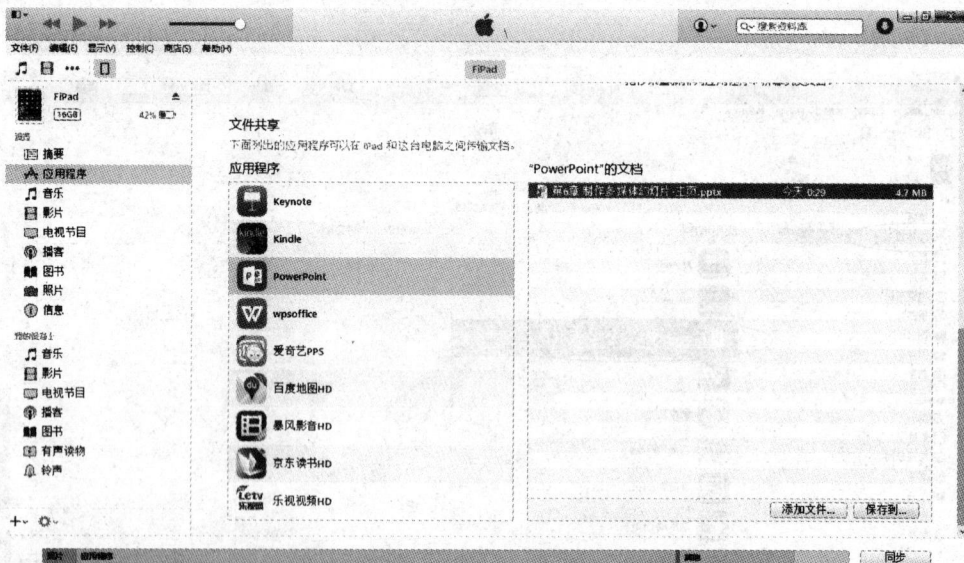

图 9.4

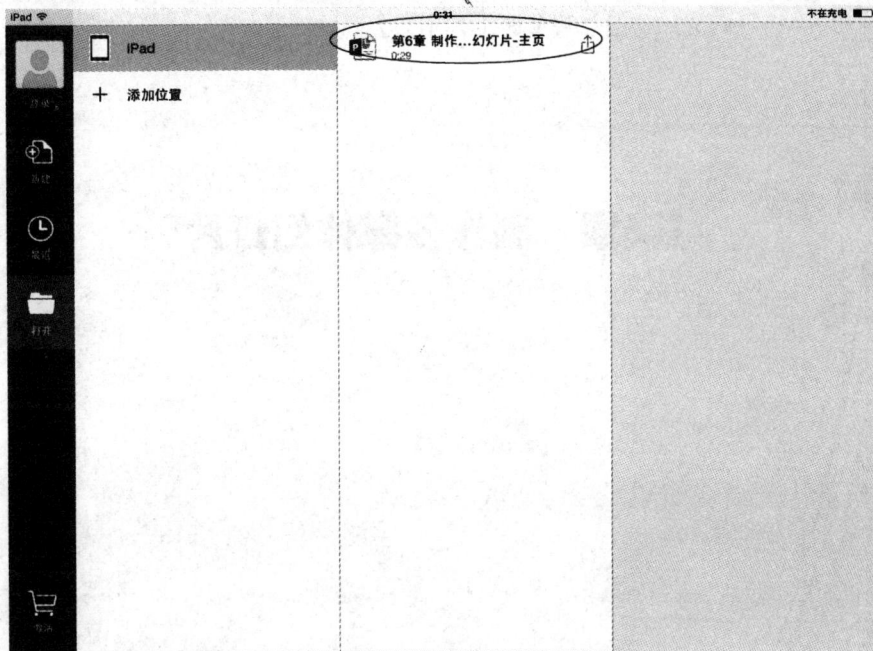

图 9.5

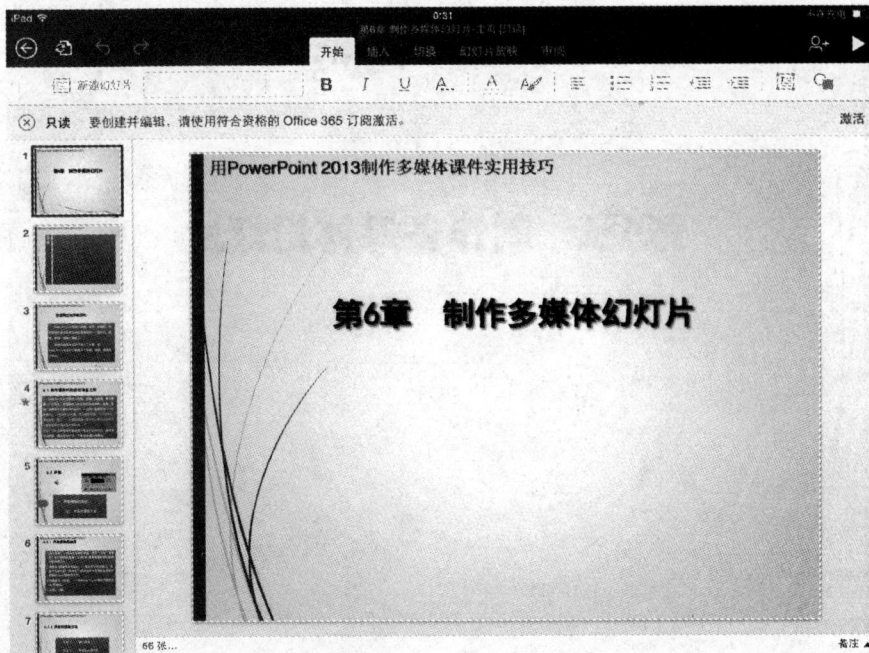

图 9.6

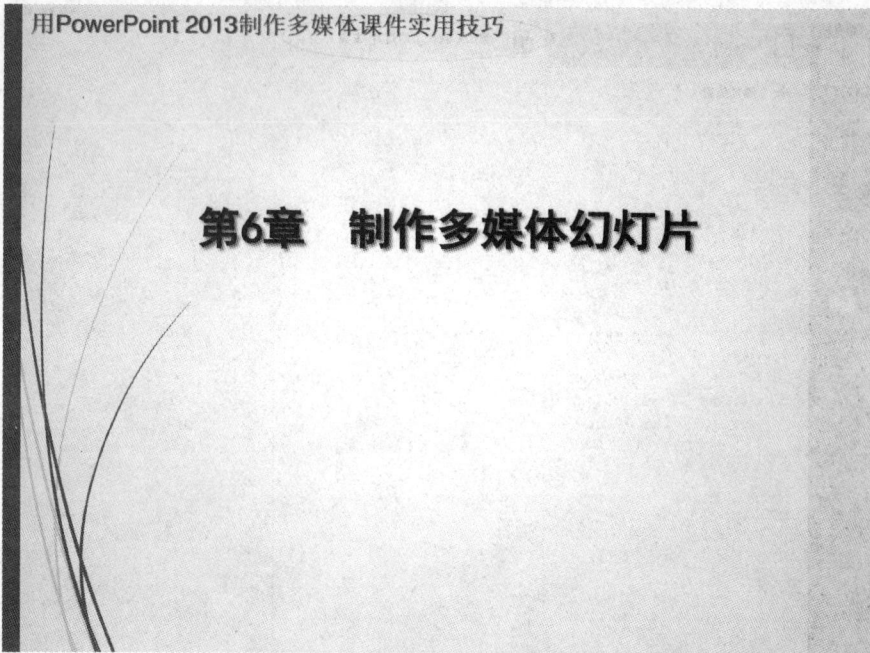

图 9.7

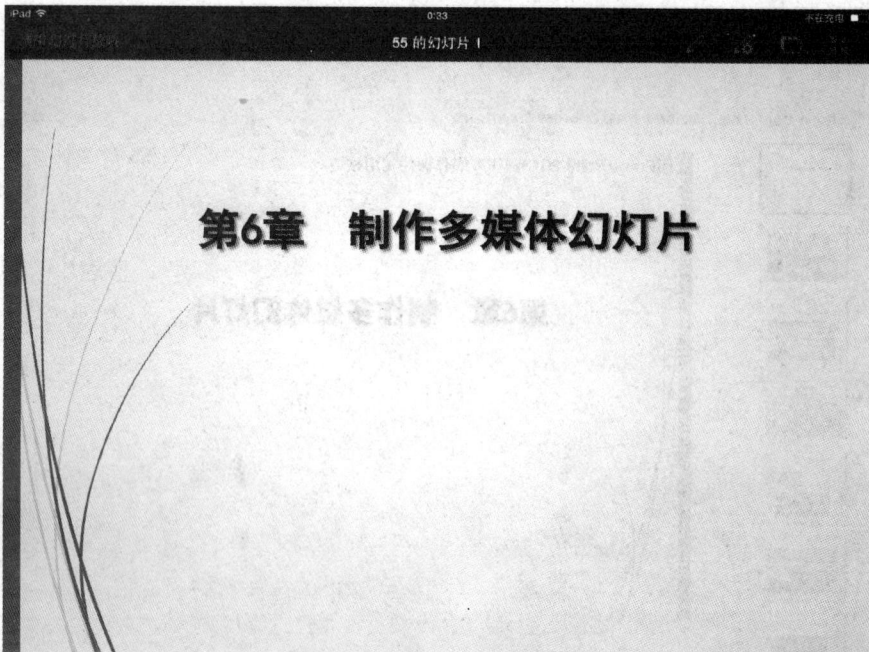

图 9.8

图 9.9

在 PowerPoint 演示文稿中插入的 Flash 文件、不在同一个文件夹下的其他文件、exe 文件等都不能被放映。因此,建议在计算机上制作的简单 PowerPoint 演示文稿可以在 iPad 上放映,而复杂的演示文稿只有在计算机上才能保证放映效果。

9.2 智能手机和平板电脑同时放映演示文稿

平板电脑连接投影仪的连接线非常短,有时会不方便对平板电脑的放映控制。iPhone 可以作为遥控器来控制 iPad 上的演示文稿的放映,具体步骤如下:

（1）将 iPad 用数据线连接到计算机上。

（2）在计算机上打开 iTunes 软件,单击左上角的 iPad 图标。

（3）单击"应用程序"→"文件共享"中的"Keynote"→"添加文件"命令（图 9.10）。

（4）选择添加文件,单击"打开"按钮,即可将 PowerPoint 演示文稿复制到 iPad 上的 Keynote 中（图 9.11）。

（5）打开 iPad 上的 Keynote 软件,单击"打开"→iPad→演示文稿（图 9.12）。

图 9.10

图 9.11

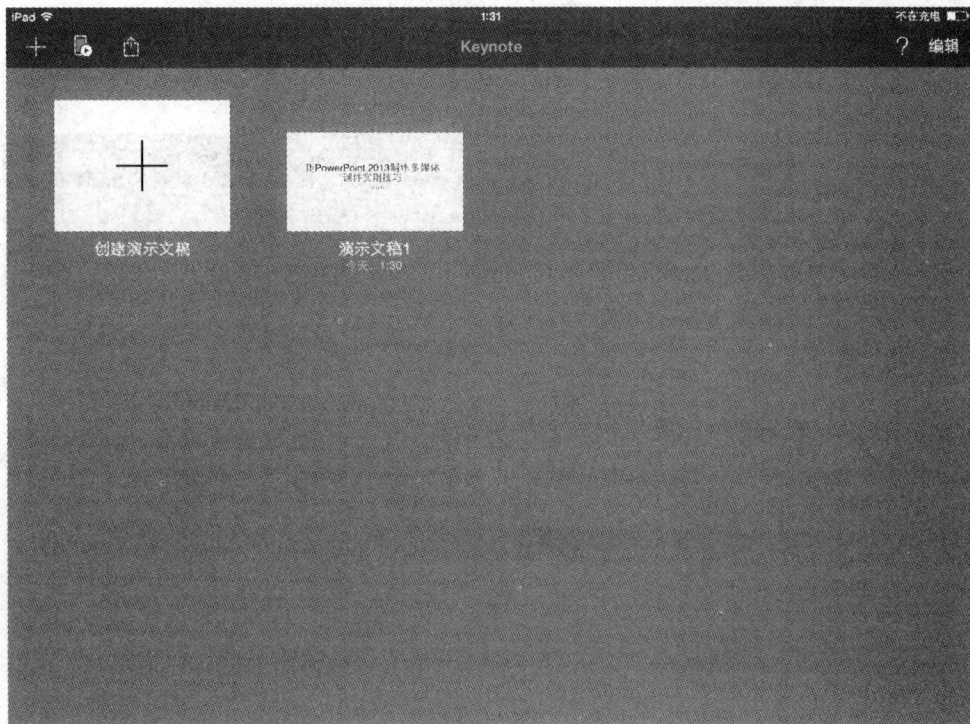

图 9.12

(6) 打开 iPad 上的蓝牙，打开 iPhone 上的蓝牙和网络（能够连通网络的 Wi-Fi 或者蜂窝移动网络）。

(7) 打开 iPhone 上的 Keynote 软件，单击左上角的遥控按钮（图 9.13）。

(8) 如果连接不成功，则单击左上角的"设备"按钮（图 9.14）。

(9) 向左滑动设备名（图 9.15）。

(10) 单击"删除"按钮（图 9.16）。

(11) 单击 iPad 右上角的"工具"按钮→"演示文稿工具"命令（图 9.17）。

(12) 单击"允许 Remote 控制"命令（图 9.18）。

(13) 单击"取消链接"按钮（图 9.19）。

(14) 单击 iPhone 上的"继续"按钮（图 9.20）。

(15) 单击 iPad 上设备名后的"链接"按钮（图 9.21）。

(16) 当 iPhone 和 iPad 上都出现确认码时，单击 iPad 上的"确认"按钮（图 9.22、图 9.23）。

(17) 在 iPhone 上单击"播放"按钮（图 9.24），则 iPad 被 iPhone 遥控放映演示文稿（图 9.25）。

图　9.13

请确定已在"FiPad"上打开 Keynote，并且您的
设备位于同一 Wi-Fi 网络或者已打开蓝牙。

图　9.14

图　9.15

图　9.16

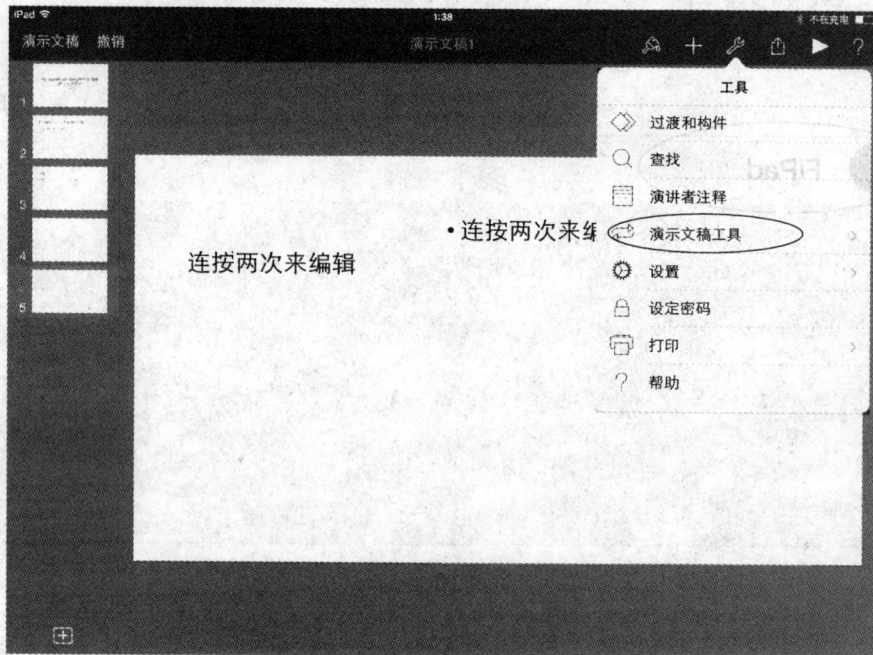

图 9.17

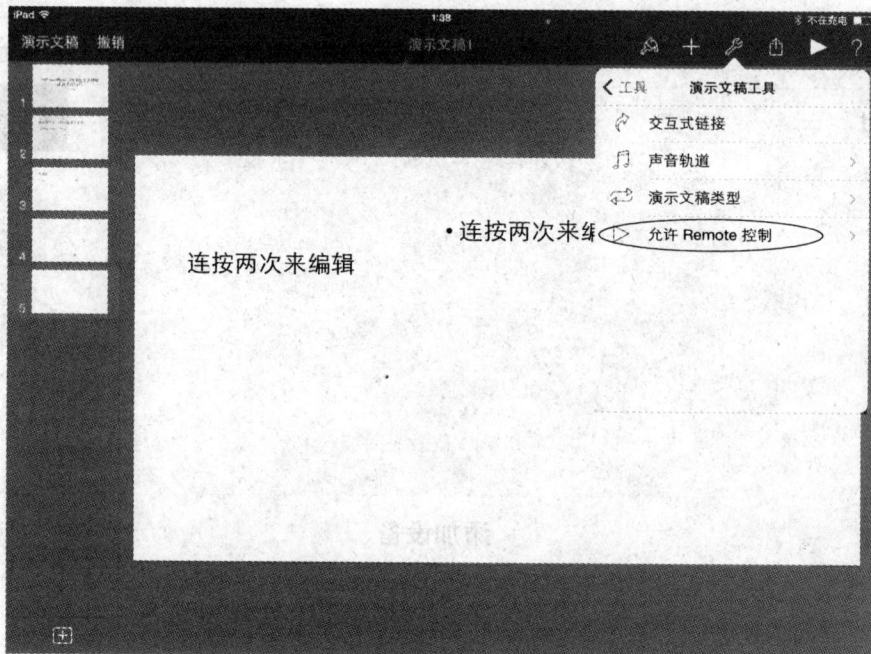

图 9.18

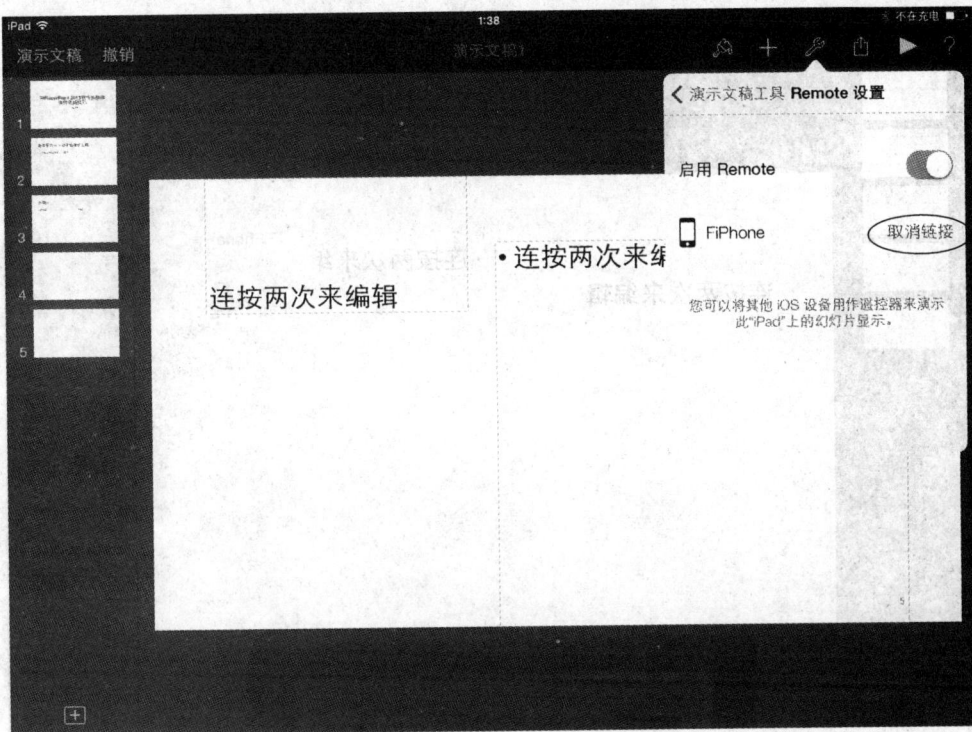

图 9.19

图 9.20

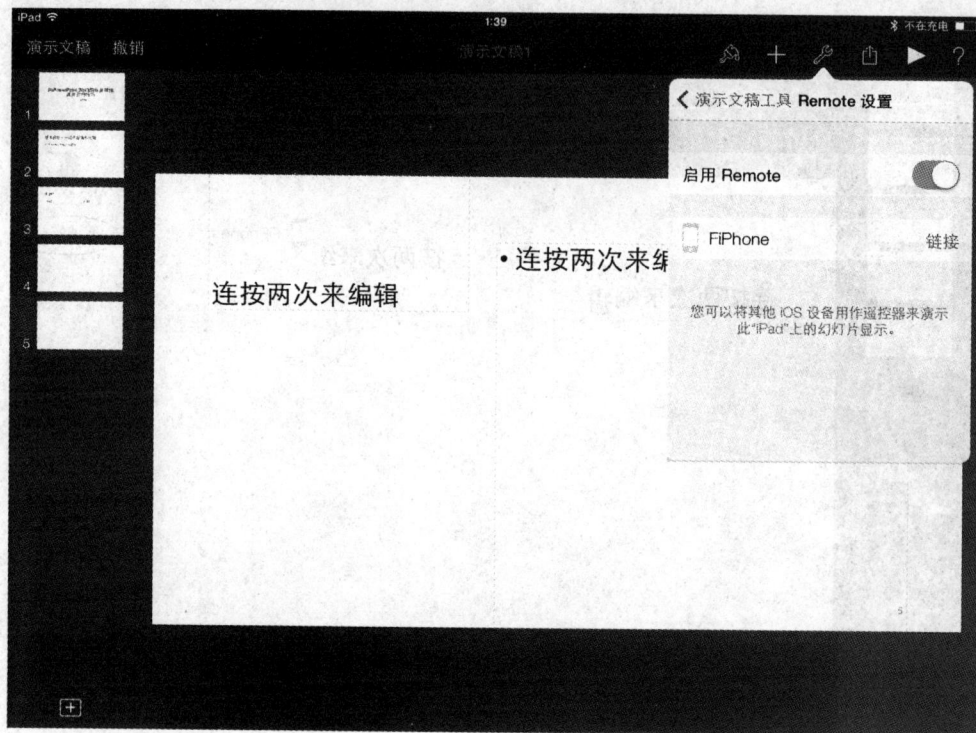

图 9.21

设置 Remote

在"FiPad"上确认此密码。

1890

取消

图 9.22

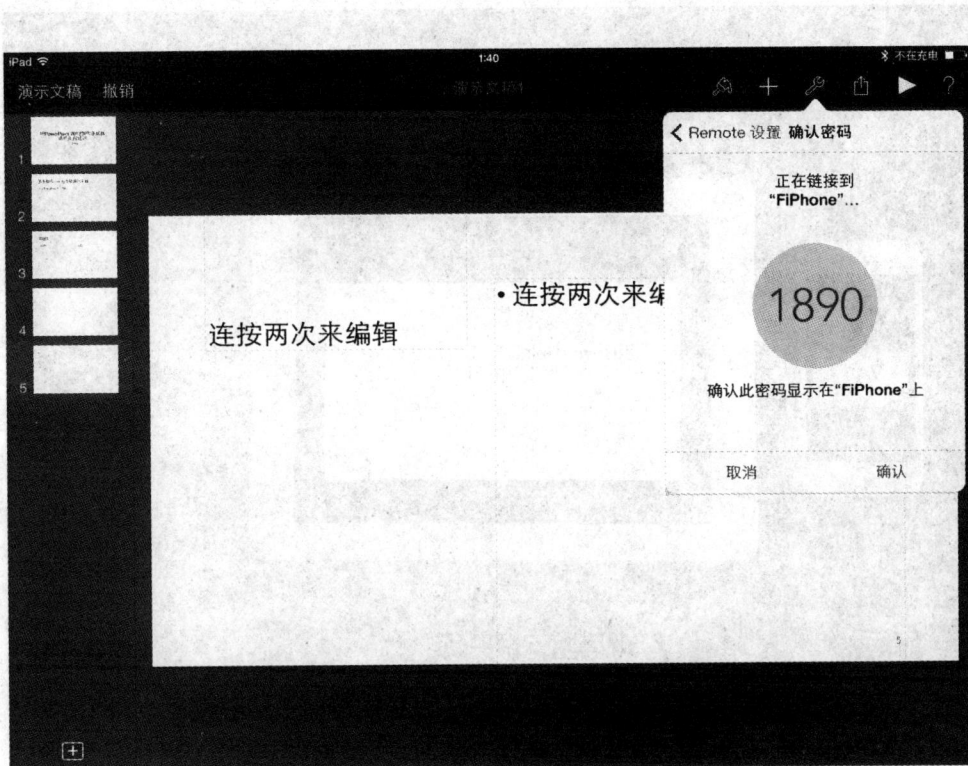

演示文稿　撤销　　　　　　　演示文稿4　　　　　✏ ＋ 🔧 ⬆ ▶ ？

‹ Remote 设置　**确认密码**

正在链接到
"FiPhone"…

1890

确认此密码显示在"**FiPhone**"上

取消　　　　　　确认

·连按两次来编

连按两次来编辑

图　9.23

设备　　　　　　**Keynote Remote**　　　　　　完成

您已可以控制"**FiPad**"上的幻灯片显示了。

播放 ▶

图　9.24

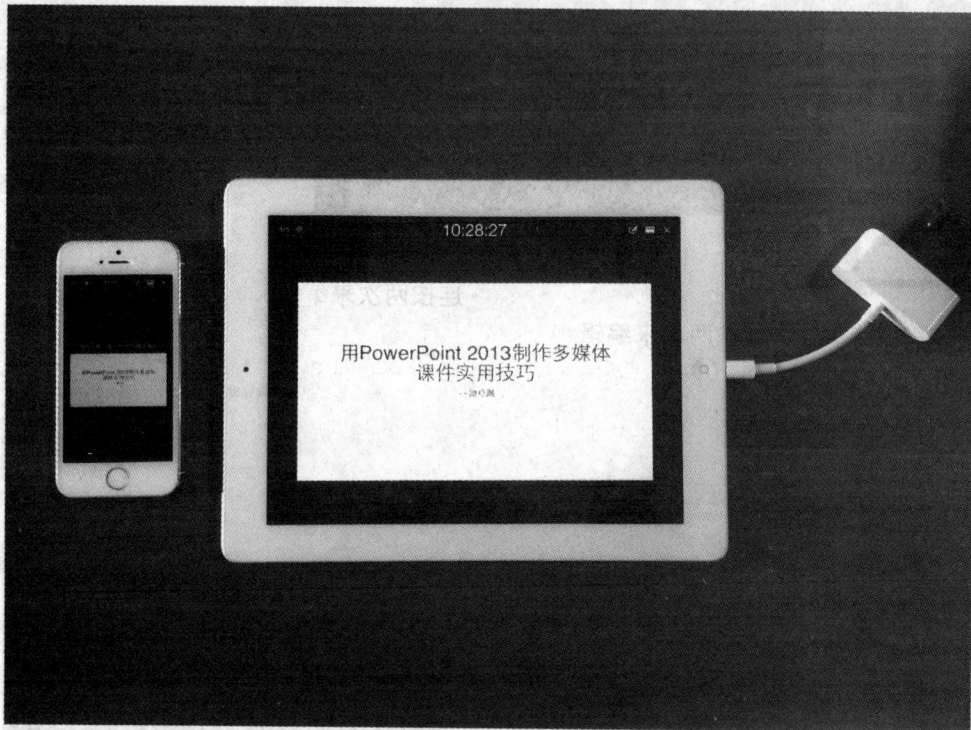

图 9.25

练习题

将本章演示文稿复制到智能手机或平板电脑上进行放映。

第10章

综 合 实 例

本章搜集了用 PowerPoint 制作的 20 个综合实例。这些实例有的是曾在各级多媒体课件大赛中获奖的课件节选，有的是教学或实际生活中应用效果较好的作品，有的是为 PowerPoint 培训针对知识点专门制作的实例。这些实例涵盖范围广，向读者展示了 PowerPoint 演示文稿的多种用途。这些实例对 PowerPoint 强大功能的应用是多方面的和深层次的，是学习的总结、实践和提升，是本书的特色之一。每个实例都有编者点评，以飨读者。希望读者在学习和掌握每一章的练习题和实例的基础上，欣赏实例，剖析实例，认真思考它们应用了 PowerPoint 的哪些功能，如何应用，融会贯通，边学边用，创新性地制作出自己的高水平演示文稿。

这些实例的作者从 20 多岁到 60 多岁。您大概也在这个年龄段中，他们能行，你也能行！

以下实例见光盘，部分图片见彩页。

10.1 《理论力学》课件

该课件是从《理论力学》课件"第 8 章 点的合成运动"中节选的，适用于大学工科本科"理论力学"课堂教学。作者侯祥林。

编者点评：

(1) 幻灯片中插入自制的 3D 动画；

(2) PowerPoint 绘图做工精细，颜色搭配合理；

(3) 绘图巧妙使用了颜色填充和三维效果，使平面物体表现出很强的立体效果；

(4) 演示文稿关键部分设置自定义动画功能分步出现，有利于学生接受；

（5）设置形状的分步出现与 3D 动画的演示及文字的出现按授课顺序互相穿插、有机结合，遵循教学规律；

（6）应用了虚拟现实技术，可以如身临其境从各方位去观察研究对象。

10.2　《钢结构设计原理》课件

《钢结构设计原理》课件曾多次参加多媒体课件大赛并获奖。我们从中精选了部分绘图和动画的幻灯片以飨读者。所选的幻灯片内容前后不一定连贯。作者张曰果。

编者点评：

作品的最大特点是手绘图非常规范和精美。线条粗细、填充颜色选择和搭配得当，巧妙使用色彩的透明度使得立体感增强。最叫绝的是精心绘制的一颗颗倒棱的六角螺栓，排布得整整齐齐。还有对图形尺寸的标定及描述，表现出作者制图手法很专业。另一个特点是自定义动画的设计，构件的组合动画天衣无缝，表现了作者熟练驾驭自定义动画的水平。另外对公式编辑器的运用和幻灯片的布局很到位。作者制作课件的态度非常认真，水平很专业。

10.3　《工程图学 CAI》课件

本课件是作者多年来《画法几何》《机械制图》课件内容的精选。历年来，作者多次在各级多媒体课件大赛上获奖，并曾获沈阳建筑大学 CAI 立项首个特级资助。作者周佳新。

编者点评：

（1）手绘图非常规范和大气。线条粗细、填充颜色搭配合理。在大教室投影演示，想叫学生看不清楚都难。

（2）形状设置自定义动画，线条分步出现，有利于学生接受。

（3）背景音乐应用了播放和随时可以停止的技巧。

（4）将 3D MAX 的多种技术应用于演示文稿中。

10.4　《建筑大师作品分析》课件

该课程是为建筑学、城市规划等专业本科生开设的课程。该课件获全国第二届建筑类多媒体课件大赛三等奖、辽宁省第九届教育软件大赛三等奖。所节选部分是其中的第四节。作者李绥。

编者点评：

（1）课件插入大量图片、视频录像、优秀学生作品展示等。

（2）本课件以新颖的手段、直观的方式，文字、声音、图片、图形、动画等手段相结合，幻灯片放映采用多种手段。

（3）应用其他软件精心设计的背景插入母版，艺术性强，整个课件风格一致。

10.5　《建筑概论》课件

该课件来自作者的教案节选。作者满红。

编者点评：

（1）该课件使用 PhotoShop 精心设计了颇有建筑特色、又简洁的背景图片。

（2）应用了大量自定义动画技术，如自定义路径、一个对象设置多个动画、图片用快速擦除上下进入、退出等，令人目不暇接。

（3）制作精细。很多幻灯片可查看到十几条自定义动画的设置。

10.6　《多媒体 CAI 集锦》课件

该课件是作者从多个多媒体课件中精选而成的。作者叶选。

编者点评：

该课件应用了大量动画、视频、程序等。我们想通过该课件说明应用 PowerPoint 制作课件虽然很容易，但制作的课件却可以丰富多彩，通过各种技巧的应用，在演示文稿中使用各种动画、视频和应用程序等，达到很好的教学效果。

10.7　《狭义相对论基础》课件

该课件是多媒体课件《狭义相对论基础》（2008 年修改版）的主框架的一部分，是使用PowerPoint 多种功能制作的实例。没有提供与主框架链接的全部 PowerPoint 文本、视频、动画、声音和图片，但课件中的导航条设置链接到该课件相应幻灯片。作者于智清、汪青杰、葛运培。

编者点评：

课件中使用了 PowerPoint 超链接和自定义动画、幻灯片母版、背景颜色填充、插入视频、动画和图片等功能，设计了精致的导航条链接本课件幻灯片，设计多个菜单透明薄膜链接其他演示文稿，实现视频解说屏显等多种效果。小结和选择题应用了超链接和自定义动画触发器功能。

10.8 《静电场中的导体》课件

这是课件作品节选。作者单亚拿。

编者点评：

（1）静电屏蔽原理一页幻灯片是该作品成为精品的亮点。作者巧妙地应用自定义动画效果中的"播放动画后隐藏"和"单击鼠标后隐藏"等功能，把静电屏蔽原理演示得惟妙惟肖。作者花费了相当大的精力来实现这一效果。

（2）作者选用了纯深蓝色做课件的统一背景，文字用黄、白色为主，辅以少量黄、橙、浅蓝色，电荷用红色标出，很好照顾到学生保护视力和以求达到最佳、仿黑板的视觉效果。虽然比使用白背景或现成的幻灯片版式费时间，但更受学生欢迎。

（3）使用透明薄膜超链接课件首页小标题。

10.9 《新视野大学英语预备二级》课件

《新视野大学英语预备二级》在辽宁省第九届教育软件大赛高等教育组获三等奖。本作品节选的是该课件中的第一节。作者吴明海。

编者点评：

（1）该课件制作精良，艺术性强，视觉效果好；

（2）幻灯片母版进行了调整和再加工；

（3）背景、配色、图片、文本框、边框和字体等都进行了认真和合理的选择、搭配；

（4）恰当地应用了自定义动画效果，如"活学活用"里中、英文各六句话采用了声音链接、重叠并以劈裂形式出现，达到了较好的教学效果；

（5）导航条应用超链接，习题部分的超链接应用了触发器功能，实现填空题中显示备选词的声音和文本互动应答效果；

（6）配合英语教学的需要插入适当的视频和声音等多媒体素材。

10.10 《单排休闲轮滑》课件

《单排休闲轮滑》采用开放式教学模式进行自助餐式教学，为高校轮滑教学的创新与发展提供了参考素材。该课件参加全国多媒体课件大赛获高校文科组二等奖。作者杜忠杰。

编者点评：

（1）采用 PowerPoint 平台插入大纲所列知识点抓屏图片和视频短片；

（2）应用自定义动画在抓屏图片上动态标明动作要点；

（3）全部视频为作者演示；

（4）作者是一位 55 岁的体育教师，多年利用业余时间研制为教学服务的体育多媒体课件，深受学生欢迎。

10.11 《三角形内角和》课件

该课件是作者专门为本书的中小学教师读者群设计，制作全部使用 PowerPoint 技术和功能。作者葛运培。

编者点评：

该课件中使用多种 PowerPoint 的功能和技巧：

（1）选择的演示文稿主题是"聚合"母版，出发点是界面简洁，白背景有浅色暗纹有益于保护学生视力；

（2）应用自定义动画的出现、伸展、擦除、切入、弹跳、消失、忽明忽暗、自定义路径、之前、之后、下次单击后隐藏、播放声音等动画效果；

（3）应用了触发器、延时、重复等计时功能；

（4）对一个对象应用多次动画效果；

（5）设计超链接导航条、按钮排、翻页提示图标；

（6）插入表格、图形、SmartArt 图形、图片、幻灯片编号等；

（7）应用抓图、绘图功能、选择和可见性、排列、组合、编辑形状、重新着色及应用 Photoshop 处理透明背景图片。

10.12 《大学物理网络资源》

该作品为大学物理网络教学资源。教学演示部分是由演示文稿另存为网页生成的。它大量使用了超链接，操作简单，内含 PowerPoint 和影音文件等素材。原 PowerPoint 超链接的动画、插入的视频可以在网页中打开，保持准确、流畅的播放。作者李鹏。

编者点评：

（1）利用网络平台很好实现了教师和学生之间教与学的互动；

（2）充分运用视频动画从不同角度同步、生动、清晰地展现了狭义相对论基础、偏振光及其应用以及机械振动和机械波的教学内容；

（3）课件的进程可交互、可控制，以便能与学生的思维同步，循序渐进；

（4）课件内容详尽，包含内容简介、内容设置、自学超市、网络互动、自测题、精品课网站、教学动画和视频等。

10.13 《高速木材复合加工中心外观造型设计》

该演示文稿"高速木材复合加工中心外观造型设计"是华中科技大学机械学院工业设计系 04 级本科生李文彬的大学毕业设计论文答辩演示节选。该毕业设计历时 4 个月,设计成果已投入实际生产,以此为背景的学士学位论文《木工机械造型设计研究》荣获湖北省优秀学士学位论文三等奖。作者于 2008 年 7 月大学毕业后被选为西部计划抗震救灾专项活动志愿者,到四川省雅安市汉源县支教一年。现任雅安市汉源职业高中教师,教授计算机和机械制图。

编者点评:

(1) 版式和毕业设计的流程都很有特色;

(2) 应用古典型相册模板,颜色新颖,构思处理朴素、大方、简洁;

(3) 毕业设计流程规范、重点突出、图文处理精细;

(4) 图片处理使用图片样式、图片映像等效果,图片处理艺术性强。

10.14 《知青的诗》

40 年前,一群毕业于辽宁省实验中学的青年学生,到昌图县大洼公社刘家大队插队时,写下了 170 余首诗歌。最近作者以幻灯片的方式编录了这个诗集。这里节选的是这个诗集的开头、结尾和其中一部分诗歌。作者潘曦。

编者点评:

(1) 制作精美,母版背景的设计、构图、变化,整体的美工设计、颜色、插图和字体的选择等都很好。

(2) 采用了很少人使用的竖排版形式,而对于诗歌、目录这类题材,竖排版是非常得当的。

(3) 作品的编排层层深入,按内容分类。作品有开头、总目录、段目录、诗歌、结尾,总目录用超链接导航,素材多而不乱。

(4) 精选了大量与主题相配的歌曲烘托气氛。音乐播放时间是数个幻灯片自动切换时间的总和,一个曲子播完,再播放下一个。

(5) 应用自定义动画功能来实现动画效果。如,开篇文本淡入、淡出的效果,是对文本对象的进入和退出方式设置了渐变效果。又如,片头的图片由黑白到单色渐变再出现彩色标题的效果,是使用了 5 张事先处理好的图片,依次以不同的速度,采用渐入和渐变的入场方式来完成的。

(6) 这个幻灯片作品做得如此精美,是作者花费了大量心血,结合多方面的专业技能,特别是带着感情精心制作完成的,因为她是当年的诗歌作者之一。她说:"制作这个诗集,其实没有太多的技术含量,就是包含了许多心情。有的地方是很美,当时自己也非常感动。如果原作者看到触动了心情,或许会流泪也未可知。"这告诉我们,一个好的作品一定要用心去做。

10.15 《天涯共明月》

这是作者应用 PowerPoint 制作的"中国曲艺家协会美加文化交流巡回演出 2007 年 ACP 达福地区全侨庆祝中秋国庆暨扶贫慈善晚会"演出的展示作品。作者梁晓彤、梁应普。

编者点评:

(1) 作品整体艺术性强,从内容到形式给人以美的享受。

(2) 背景图主题暗香扑面扇面、颜色的选择与主题风格一致,扇面与上下边条的搭配,上下边条经颜色填充处理,都体现了作者精心选择,恰到好处。

(3) 插入的大量图片经精心处理并统一使用绘图中的阴影样式,调角度及映像的倒影更具多样性。

(4) 插入两个录像片段,生动形象。

(5) 介绍文字活泼、简洁有个性,使读者有身临其境的感觉。

10.16 《大学物理动画素材库简介》

该作品是《大学物理动画素材库》参加全国多媒体课件大赛现场决赛的课件简介,该课件最终获高校理科组二等奖。作者李星、葛运培。

编者点评:

(1) 该演示稿内容突出介绍课件重点和特色,图文并茂,适时插入表格、抓屏图片和动画链接。

(2) 展示 Flash 动画,提供了 swf 和 exe 两种文件格式,三种方式插入 PPT(swf 和 exe 两种格式用按钮超链接,以及 swf 格式插入演示文稿),以适应用户多种运行环境要求。

10.17 《动态表格 New Words》课件

该作品从作者课件中节选。作者吴明海。

编者点评:

用普通表格设计出巧妙的动态效果,界面布局合理、表格色彩搭配视觉效果好,艺术性强。并且巧妙地应用超链接功能和透明薄膜、幻灯片瞬时切换的视觉效果,使原本死板的单词表格出现了诱人眼球的动态效果。

10.18 《沈阳南大学城动态互动地图》

用 PowerPoint 超链接功能模仿 VB 等软件可随机单击动态按钮产生动态和交互效果。作者葛运培。

编者点评：

综合应用了母版调整、自定义动画、超链接等技巧。

10.19 《新校区教学楼导游》

该课件是一个导游展示演示文稿。作者葛运培。

编者点评：

（1）利用幻灯片普通视图中的备注栏，写入各页的制作技巧过程的说明，可供用户在编辑状态阅读参考。

（2）大量应用自定义动画的功能，比如闪烁效果、播放动画后隐藏、变色、自定义路径、计时、延缓设置、效果、自动翻转、播放声音等。

（3）应用母版、幻灯片编号、换页图标提示、返回主菜单超链接、绘图、组合、插入图片、取消组合、修改图片、重新组合等功能。

（4）两种方式控制幻灯片切换，可以自动播放或手动播放。

（5）随时可回到主菜单，并设置了循环放映。

10.20 春节贺卡

这是 2009 年春节作者制作的一个很红火又很有个性的多媒体贺卡。我们认为这个作品对广大读者快速制作贺卡有很普遍的示范意义。作者马婷婷。

编者点评：

（1）整体设计艺术性较强，喜庆、生动、信息量大。

（2）整体突出大红为主，但注意到读者的视觉疲劳，间隔浅色背景图片。

（3）适当融入个性化元素。

（4）自定义动画功能和音乐的应用，使贺卡更多样化、生动活泼。